suhrkamp taschenbuch
wissenschaft 2085

Die Ethnologie hat sich gerade in jüngster Zeit vom Nischenfach zu einer interdisziplinären Grundwissenschaft entwickelt, deren Methoden in vielen Fächern Anwendung finden. Zugleich gibt es immer weniger Klarheit über ihre zentralen Fragen und Kernkompetenzen. Vor diesem Hintergrund führt Hans Peter Hahn nicht nur didaktisch klug in ethnologische Grundbegriffe und Fachtraditionen ein, sondern thematisiert auch ausgewählte Fragen, die für eine gegenwartsorientierte Ethnologie von besonderer Bedeutung sind. Die Unterschiede zu anderen Disziplinen spielen dabei ebenso eine Rolle wie die Grundlagen, die Ethnologen mit anderen Sozial- und Kulturwissenschaftlern teilen.

Hans Peter Hahn ist Professor für Ethnologie an der Goethe-Universität Frankfurt am Main.

Hans Peter Hahn
Ethnologie

Eine Einführung

Suhrkamp

Weitere Materialien zu dieser Einführung finden Sie auf der Website:
www.ethnologie-einfuehrung.de

3. Auflage 2026

Erste Auflage 2013
suhrkamp taschenbuch wissenschaft 2085

Umschlag nach Entwürfen
von Willy Fleckhaus und Rolf Staudt
Druck und Bindung: C. H. Beck, Nördlingen
Printed in Germany
ISBN 978-3-518-29685-1

Suhrkamp Verlag GmbH
Torstraße 44, 10119 Berlin
info@suhrkamp.de
www.suhrkamp.de

Inhalt

Einleitende Bemerkungen 9

I. Ethnologische Grundfragen

1. Was ist Kultur? 17
   1.1 Vorgeschichte und erste Annäherungen an den Begriff 18
   1.2 Von der Philosophie zur Ethnologie: Evolutionistischer Kulturbegriff 21
   1.3 Widersprüche innerhalb der Ethnologie: Kulturhistorischer Kulturbegriff 23
   1.4 Gemeinsamkeiten, Unterschiede und Kritik der Kulturbegriffe des 19. Jahrhunderts 25
   1.5 Kultur und Zivilisation 26
   1.6 Beschreibende Bestimmungen des Begriffs 26
   1.7 Der Niedergang des Kulturbegriffs 28
   1.8 Interpretative Ansätze: Kultur und Repräsentationen 30
   1.9 Zwei Modelle zur Erklärung von Kultur: Schichttorte und Rührkuchen 33
   1.10 Zusammenfassung: Kultur als Kulturkritik 37
2. Was ist eine ethnische Gruppe? 40
   2.1 Historische Motive für die Verwendung des Konzepts »Ethnos« 42
   2.2 Ethnizität und Kolonialismus: Die Produktion von Andersartigkeit 44
   2.3 Der konstruktivistische Ethnizitätsbegriff 49
   2.4 Die ethnische Gruppe als »Wir-Gruppe« 53
   2.5 Vorteile des konstruktivistischen Konzepts von ethnischen Gruppen 54
   2.6 Zur Modernität ethnischer Gruppen 58
   2.7 Zusammenfassung 60
3. Was sind ethnografische Methoden? 61
   3.1 Beobachten als ethnografische Methode 63
   3.2 Frühe Methoden in der Ethnologie 64
   3.3 »Feldforschung« als ethnografische Methode 68
   3.4 Teilnehmende Beobachtung 71

3.5 Alltag und Praktiken als ethnografische Themen .. 77
3.6 Kritik der ethnografischen Praxis ... 80
3.7 Neue Perspektiven ... 81
3.8 Zusammenfassung ... 83

II. Antworten: Forschungstraditionen in vier Ländern

4. *Cultural Anthropology* in den USA ... 87
4.1 Franz Boas (1858-1942) ... 88
4.2 Ruth Benedict (1887-1948) ... 93
4.3 Margaret Mead (1901-1978) ... 96
4.4 Marvin Harris (1927-2001) ... 99
4.5 Zusammenfassung ... 104
5. *Social Anthropology* in Großbritannien ... 107
5.1 James Frazer (1854-1941) ... 108
5.2 Bronislaw Malinowski (1884-1942) ... 112
5.3 Funktionalismus ... 114
5.4 Gemeinsamkeiten von Frazer und Malinowski 116
5.5 Edward Evan Evans-Pritchard (1902-1973) ... 118
5.6 Mary Douglas (1921-2007) ... 121
5.7 Zusammenfassung ... 125
6. *Anthropologie* in Frankreich ... 127
6.1 Émile Durkheim (1858-1917) ... 128
6.2 Arnold van Gennep (1873-1957) ... 134
6.3 Marcel Mauss (1872-1950) ... 137
6.4 Claude Lévi-Strauss (1908-2009) ... 140
6.5 Zusammenfassung ... 146
7. Ethnologie in den deutschsprachigen Ländern ... 147
7.1 Adolf Bastian (1826-1905) ... 149
7.2 Leo Frobenius (1873-1938) ... 154
7.3 Wilhelm Schmidt (1868-1954) ... 160
7.4 Wilhelm Emil Mühlmann (1904-1988) ... 163
7.5 Zusammenfassung ... 166

III. Fragen an die Ethnologie heute

8. Ethnologischer Kulturvergleich ... 171
8.1 Für und Wider des Vergleichens als Methode 172

8.2 *Cross Cultural Comparison* und
die *Human Relations Area Files* (HRAF) 176
8.3 Interkultureller Vergleich 180
8.4 *Controlled Historical Comparison* 182
8.5 Erste Schlussfolgerung: Vergleichsmethoden 186
8.6 Zweite Schlussfolgerung: Der Kulturbegriff 187
9. Krise der ethnografischen Repräsentation 190
9.1 Die Tagebücher Bronislaw Malinowskis 193
9.2 Clifford Geertz 195
9.3 *Writing Culture* 199
9.4 Postmoderne Ethnologie 201
9.5 Die Macht der Diskurse 204
9.6 Wie ist die Krise der ethnografischen Repräsentation
zu überwinden? 207
10. Ethnografie der Moderne 209
10.1 Modernität und Teilhabe 211
10.2 Moderne und Entwicklung 216
10.3 Grenzen der herkömmlichen Modernitätsbegriffe 218
10.4 *Multiple Modernities, Alternative Modernity*
und *Uneven Modernities* 220
10.5 Schluss: Eine Moderne – viele Modernen? 225

Literaturverzeichnis 227

Einleitende Bemerkungen

> Die Ethnologie ist keine Spezialität, die durch einen Sondergegenstand definiert wäre: die »primitiven« Gesellschaften; sie ist eine Denkweise, die sich aufdrängt, wenn der Gegenstand ein »anderer« ist und uns eine Wandlung unserer selbst abverlangt. Wir werden zu Ethnologen der eigenen Gesellschaft, wenn wir ihr gegenüber auf Distanz gehen. […] Eine einzigartige Methode: es geht darum zu lernen, wie man das, was unser ist, als fremd, und das, was uns fremd war, als Unsriges betrachtet. (Maurice Merleau-Ponty [1959] 1986:20).

> To know one's own country, one must know another country. (Seymour Martin Lipset, zit. nach Lewis 1995:1).

> Die Gleichheit der Dinge unter irgend einem abstracten Schema zu erkennen ist, wahrlich nicht schwer; ihre Verschiedenheit aber und besondere Eigenthümlichkeit zu entdecken, ist die Aufgabe wissenschaftlicher Arbeit. (Lazarus 1860:463)

Eine Einführung in die Ethnologie zu schreiben ist ein Unterfangen, das schon aufgrund der damit verbundenen Ansprüche eine außerordentliche Herausforderung darstellt. Die Ethnologie hat sich in den letzten fünfzig Jahren von einem eher kleinen Orchideenfach zu einem der mittelgroßen kulturwissenschaftlichen Fächer gewandelt. Dieser Prozess vollzog sich simultan in verschiedenen Ländern, und die Grundlage dieser Erfolgsgeschichte ist weniger die Ausweitung der bestehenden Theorien und Denkmodelle als vielmehr eine Reihe von Revisionen. Themen, Arbeitsgebiete und Methoden wurden neu definiert; in der kritischen Auseinandersetzung mit der Geschichte der Ethnologie entwickelten die Vertreter des Fachs neue Perspektiven, Kompetenzen und nicht zuletzt auch neue theoretische Modelle. Die daraus resultierende Vielfalt und die dynamische Veränderung der eigenen Disziplin sind *ein* Grund dafür, warum der Anspruch eines in irgendeiner Weise repräsentativen Überblicks über die Ethnologie kaum zu erfüllen ist.

Die aktuelle Entwicklung des Fachs ist keinesfalls gleichbedeutend damit, ältere Theorien und Methoden aufzugeben. Hier steht jede Einführung in die Ethnologie vor einer zweiten Herausforderung: Wo sind Kontinuitäten zwischen den Wurzeln des Fachs im 19. Jahrhundert und der Gegenwart festzustellen, in welchen Bereichen ist auf Ablehnung und Widerspruch gegenüber den zentralen älteren Thesen hinzuweisen?

Die dritte Herausforderung für eine Einführung besteht in den engen Verflechtungen der Ethnologie mit anderen Fächern. Sowohl in den Anfängen als auch in der aktuellen Forschung spielen Fachgrenzen nur eine geringe Rolle. Im Gegenteil: Ethnologen stoßen mit ihren Studien immer dann auf die größte Resonanz, wenn sie mit Wissensbeständen aus anderen Bereichen arbeiten oder mit Wissenschaftlern verschiedener Disziplinen kooperieren. Das ist der Grund, warum in dieser Einführung nicht von den Grenzen der Ethnologie die Rede sein kann. Stattdessen wird von fruchtbaren Verbindungen zwischen den Fächern zu berichten sein.

Alle drei hier skizzierten Herausforderungen verdeutlichen, warum eine Einführung sich auf eine – notwendigerweise subjektive – Auswahl ethnologischer Themen und Personen beschränken muss. Vorgebildete Leser werden Lücken entdecken und sich an verschiedenen Stellen Ergänzungen wünschen. So legitim dieser Wunsch ist, so gilt es vor dem Hintergrund der geschilderten Komplexität, »Mut zur Lücke« zu beweisen und subjektive Prioritäten zu setzen. Im Bemühen, viele ethnologisch wichtige Themen anzureißen, spiegelt sich in den Kapiteln dieser Einführung doch immer auch die Sicht des Autors.

Die Ethnologie, als Disziplin oder als Korpus von Wissen betrachtet, ist das Ergebnis des Zusammenwirkens unterschiedlicher Ideen und Denkrichtungen der letzten zweihundert Jahre. Aus diesem Grund ist sie kein homogenes Fach, sondern von kontroversen Auffassungen über grundlegende Konzepte geprägt. Das ist gleichermaßen ein Problem wie ein Glücksfall, denn es gibt keine bessere Art, eine Disziplin kennenzulernen, als über die Debatten, die um das richtige Verständnis ihrer Konzepte und Definitionen geführt werden. Deshalb ist es das Anliegen dieser Einführung, die Eckpunkte, also die markanten und herausragenden Positionen zu schildern. Leitend ist dabei das Bemühen, fachliche Differenzen zuzuspitzen und durch die Gegenüberstellung unterschiedlicher Auffassungen auch Widersprüche klar herauszustellen. Oft muss darauf verzichtet werden, Lösungen zu präsentieren, weil die Debatten noch nicht abgeschlossen sind. Für Leser, die diese Einführung als Einstieg nutzen, bedeutet dies, sich von Anfang an mit der Lebendigkeit des Fachs vertraut zu machen, die sich unter anderem in solchen Kontroversen ausdrückt. Es geht also weniger darum, Antworten zu geben, sondern eher darum, Diskursfelder vor Augen zu führen.

Der gegenwärtige, weit über das Fach hinaus strahlende Erfolg der Ethnologie ist ganz überwiegend einer positiven Aufnahme ethnografischer Methoden im weitesten Sinn geschuldet. Wie im Verlauf der Einführung noch näher ausgeführt wird, sind ethnografische Methoden immer dann gefragt, wenn es darum geht, die Komplexität gesellschaftlicher Phänomene zu verstehen, und ihre Flexibilität bei der Bearbeitung unübersichtlicher oder gar unverstandener kultureller sozialer Felder scheint noch längst nicht ausgereizt. Die Ethnologie ist allerdings nicht nur ein Werkzeugkasten zur Bearbeitung schwieriger Methodenprobleme. Vor dem Hintergrund eines zunehmenden Ungleichgewichts zwischen Methode und Gegenstand in der allgemeinen Wahrnehmung des Fachs ist es eine dringende Aufgabe geworden, die eigenen Themen deutlich zu markieren.

Die Ethnologie beobachtet, wie kulturelle Phänomene, Konzepte und Ideologien artikuliert, zwischen Gesellschaften ausgetauscht und an verschiedenen Orten der Welt in ganz unterschiedlichen Kontexten mit Bedeutung aufgeladen werden. Nicht selten ist die Ethnologie selbst an solchen Prozessen beteiligt, zum Beispiel indem sie westliche Ideen in andere Gesellschaften überträgt. Im besten Fall gelingt es ihr auch, kritisch zu beobachten, was mit solchen Phänomenen passiert, wenn sie transformiert und eventuell zu einem späteren Zeitpunkt wieder rückübertragen werden.

Ethnologische Themen bestehen oftmals aus kleinen »Splittern« des Kulturellen, die auf den ersten Blick nur eine geringe Bedeutung haben mögen. Letztlich ist es die Kunst der Ethnologen, Bedeutung und Wert von Kulturphänomenen für das Verstehen von Kultur insgesamt deutlich zu machen. In diesem Sinne hat Lévi-Strauss einmal gesagt, Ethnologen seien Lumpensammler, die in den Abfällen herumstöbern und jede Menge kleine Dinge fänden, die andere Wissenschaften verachten, weil sie scheinbar nicht wichtig genug sind (Lévi-Strauss und Eribon 1989:177). Globale Verflechtungen sind nur ein Beispiel für Kulturphänomene, die lange Zeit als unbedeutend erachtet wurden, die Ethnologen aber früh aufgriffen haben. Sie erweisen sich, mit zunehmendem Bewusstsein für die Auswirkungen der Globalisierung, als ein immer wichtigeres Thema. Immer wieder ist es der Ethnologie gelungen, grundlegende Themen, die alle menschlichen Gesellschaften betreffen, also Themen der *conditio humana*, ins Zentrum ihrer Arbeit zu rücken. Es ist ein genuin ethnologisches Anliegen, die Bedeutung solcher Grundlagen für die Gestaltung unserer Gegenwart deutlich zu machen.

Die Ethnologie ist zudem eine Wissenschaft des Indirekten. Es geht ihr niemals nur um das, was auf der Ebene der Beobachtung im Fokus zu stehen scheint. Bedeutungen entstehen zumeist dadurch, dass mehrere Ebenen fokussiert werden, und erst im Zwischenspiel der Ebenen oder der kulturellen Einbettungen ist die Relevanz eines Phänomens zu ermessen.

Vor dem Hintergrund eines solchen Verständnisses von Ethnologie gibt diese Einführung zunächst eine historische Darstellung, denn nur diese kann eine Reflexion über deren Stärken und Schwächen ermöglichen. Es handelt sich dabei jedoch nicht um eine chronologisch präsentierte Geschichte des Fachs. Das eigentliche Ziel ist es, den historischen Rückblick dafür zu nutzen, gegenwärtige und zukünftige Fragen der Ethnologie zu erläutern. Fachtraditionen spielen dabei nur insofern eine Rolle, als sie nötig sind, um bestimmte Grundprobleme verständlich zu machen.

Die ethnologischen Traditionen sind ein Erbe, das einerseits Erkenntnismöglichkeiten eröffnet, andererseits die Herausbildung neuer Sichtweisen aber auch verhindern kann. Die Ethnologie hat es hier mit »Tradition« in einem zweifachen Sinn zu tun, da Ethnologen stets davon ausgingen, Traditionen lediglich zu beobachten. Wenn sie aber die Wissenschaft als ein sozial und gesellschaftlich ermöglichtes epistemisches System verstehen, so sind gerade die Bedingungen der Erkenntnis viel stärker mit wissenschaftlichen Traditionen verknüpft, als es sich die Wissenschaftler selbst eingestehen wollen.

Diese Einführung fühlt sich deshalb auch einer kritischen Perspektive auf die Geschichte des Fachs verpflichtet. Dies kommt besonders deutlich in den ersten drei Kapiteln zum Ausdruck, die sich den *Ethnologischen Grundfragen* widmen. Dem gegenüber stehen die letzten drei Kapitel, die konstruktiv auf neue Perspektiven und zukünftige Aufgaben hinweisen möchten (*Fragen an die Ethnologie heute*). Der erste (I.) und der dritte Teil (III.) bilden einen Rahmen für den mittleren Teil (II.), der sich in vier Kapiteln den Fachtraditionen aus vier Ländern widmet, die zugleich als Antworten auf die im ersten Teil erläuterten Grundfragen zu verstehen sind (*Antworten: Forschungstraditionen in vier Ländern*). Es ist dieser Struktur von Grundfragen, Antworten und Zukunftsfragen geschuldet, dass auf eine gesonderte Darstellung der ethnologischen Subdisziplinen (Wirtschaftsethnologie, Religionsethnologie, Verwandtschaftsethnologie, Politikethnologie etc.) verzichtet wird. Stattdessen konzentriere ich mich auf Begriffe und Debatten, um auf diese Weise ein lebendiges Bild einer an der Gegenwart orientierten Ethnologie zu zeichnen.

Die vorliegende Einführung basiert auf einer regelmäßig – zunächst in Bayreuth, dann in Frankfurt am Main – gehaltenen Vorlesung mit dem gleichen Titel. Ich möchte an erster Stelle den zahlreichen Studierenden danken, durch deren kritische Rückfragen sich die ersten Entwürfe der einzelnen Kapitel kontinuierlich weiterentwickelt haben. In diesem Sinne haben auch Tutoren und studentische Hilfskräfte einen wichtigen Beitrag zum Entstehen der jetzigen Form geleistet. Hier möchte ich dankend erwähnen: Joan Back, Anna Ferderer, Jella Fink und Judit Smajdli. Mit kollegialem Rat aus der Ethnologie und darüber hinaus haben mir beigestanden: Kristin Kastner, Thomas Reinhardt, Gerd Spittler und Hans Voges. Allen sei für ihre vielfältige Unterstützung gedankt. Selbstverständlich bleiben alle eventuell zu konstatierenden Mängel dieser Arbeit in meiner Verantwortung.

Frankfurt am Main, im Juni 2013

I. Ethnologische Grundfragen

1. Was ist Kultur?

Kultur ist ein vielfach unterschätzter Begriff, obgleich er im heutigen öffentlichen Leben vielfältige, oftmals widersprüchliche Bedeutungen hat. Für die Ethnologie ist der Begriff zentral; er wurde im Lauf der Zeit mehrfach neu definiert und hat aufgrund der Widersprüche und der dadurch entstehenden Diskussionen zur Entstehung wie auch zur Fortentwicklung des Fachs beigetragen. Das Konzept von Kultur ist das Aushängeschild der Ethnologie, ein Wegweiser und nicht zuletzt ein Mittel, durch das die Stärken der Disziplin deutlich werden.

Kultur ist wichtiger als vielfach angenommen, weil in vielen Debatten implizite, nicht offen ausgesprochene Auffassungen über Kultur wirksam sind. Das gilt für die Gegenwart, es gilt aber noch mehr für die Vergangenheit. Es war immer eine besondere Aufgabe der Ethnologie, auf solche unerkannten, aber doch wirkmächtigen Konzepte hinzuweisen, sie explizit zu machen und kritisch zu beleuchten. Die Beschäftigung mit Kultur kann einerseits als das Fundament des Faches gelten, andererseits hat sie auch zu einer sehr kritischen Haltung vieler Ethnologen ihrem eigenen Fach gegenüber geführt.

Kultur ist also das Fundament der Ethnologie; daran zu arbeiten kann für das darauf errichtete Haus – eben die Ethnologie – ein gefährliches Unterfangen sein. Tatsächlich haben die Revisionen des Kulturbegriffs zu tief greifenden Konflikten geführt, gewissermaßen zu Rissen im Haus, und zur gegenwärtigen Situation, in der es in der Ethnologie keinen Konsens mehr darüber gibt, was Kultur heute eigentlich bedeutet und ob dieses Konzept als Grundlage einer wissenschaftlichen Vorgehensweise überhaupt noch tauglich ist.

Dieses Kapitel versucht, einen Pfad durch das Dickicht der aufeinanderfolgenden und manchmal miteinander konkurrierenden Definitionen zu weisen. Zugleich wird zu erklären sein, warum es mehrfach zu neuen Auffassungen vom Begriff der Kultur kam. Bedeutungswandel und schwindender Konsens über die Definition haben jedenfalls nicht zur Auflösung der Ethnologie selbst geführt. Vielmehr hat sich das Feld der Debatten als ein Terrain erwiesen, auf dem die Ethnologie die Relevanz ihres Vorgehens und den Wert des von ihr betriebenen, reflexiven Zugangs deutlich machen kann.

Das lässt sich sehr gut am Beispiel der neuen, durch die Globalisierung aufgetretenen Fragen zeigen: Bezeichnet Kultur im Kontext der Globalisierung noch das Gleiche wie zuvor? Wie verhalten sich unterschiedliche Kulturen zueinander, wenn sie durch die Globalisierung beeinflusst werden? Gibt es überhaupt noch Unterschiede zwischen Kulturen? Wie diese Fragen deutlich machen, ist der Begriff heute nicht weniger wichtig als vor ein- oder zweihundert Jahren. Sie legen aber auch nahe, dass es wohl nicht plausibel ist, heute mit dem gleichen Konzept von Kultur zu arbeiten wie damals. Wie also hat sich die Kultur verändert? Wie können solche Veränderungen beschrieben werden?

1.1 Vorgeschichte und erste Annäherungen an den Begriff

Cultura – »das zu Pflegende« – nennt Samuel von Pufendorf (1632-94) die Erscheinungen der menschlichen Gesellschaft, die in seiner Darstellung des Natur- und Völkerrechts mit der christlichen Schöpfungslehre nicht in Einklang zu bringen sind. Hinter von Pufendorfs Äußerungen steht die Irritation darüber, dass Gott zwar die Menschen als einheitliche Wesen geschaffen hat, deren gesellschaftliches Zusammenleben neben vielen anderen Eigenheiten aber in ganz verschiedenen Formen zu beobachten ist. Dieser Widerspruch führt den Philosophen und Rechtsgelehrten der Frühaufklärung zu seiner damals ungewöhnlichen und neuartigen Definition der beiden Begriffe der *natura* und der *cultura*. Die Natur ist regelmäßig, voraussehbar und göttlichen Ursprungs. Heute ist die These des göttlichen Ursprungs der Natur fragwürdig, aber die universelle Gültigkeit der Naturgesetze ist das allgemein vertraute und anerkannte Fundament der Naturwissenschaften. Die Kultur hingegen tritt in verschiedenster Gestalt auf. Sie ist nur durch das Wirken des Menschen zu erklären.

Von Pufendorf war kein Ethnologe, aber wie Justin Stagl (1974) ausführt, sind in seinen Überlegungen bereits ethnologische Perspektiven erkennbar. Seine Verwendung des Kulturbegriffs ist aus heutiger Sicht als Indiz für die Relevanz der ethnologischen Sichtweise auf menschliches Zusammenleben zu bewerten, lange bevor es das Fach gab. Trotz aller Gemeinsamkeiten der Kulturen, wie sie zum Beispiel auch von Theodor Waitz (1821-1864) in seiner im Jahr 1859 zuerst veröffentlichten *Anthropologie der Naturvölker* (Petermann 2009) hervorgehoben wurde, denken Ethnologen Kulturen von den verschiedenen Lebensentwürfen her, die jede einzelne Kultur ausmachen. Kultur existiert nicht als solche, sondern stets nur im Plural: die Kultur*en*. Nur in einer einzigen Kultur zu leben und keine andere zu kennen macht es unmöglich, über Kultur ernsthaft nachzudenken. Im Zentrum der ethnologischen Perspektive steht die Tatsache, dass eine Vielzahl von Kulturen existiert und dass kulturelle Unterschiede auf das Wirken des Menschen zurückgehen. Diese Gedanken sind im von Pufendorf'schen Begriff der *cultura* bereits implizit enthalten.

Der humanistische Kulturbegriff von Pufendorfs und späterer Denker im Umfeld der Aufklärung, wie zum Beispiel Johann Gottfried Herders, unterscheidet sich deutlich vom modernen Kulturbegriff. Im Kontrast zum älteren, humanistischen Kulturbegriff bezieht sich die moderne, im Laufe des 19. Jahrhunderts sich durchsetzende Definition von Kultur weniger auf die durch Unterschiede hervorgerufenen Irritationen, sondern rückt die Beschreibung möglichst vieler Merkmale einer Gesellschaft in den Vordergrund. Bis in das frühe 19. Jahrhundert hinein hat der Begriff aber einen viel spezielleren Sinn; er ist untrennbar mit Vorstellungen von Vernunft und Gestaltung der Gesellschaft durch den Menschen verbunden. Während der Phase der Übergangs hin zum deskriptiven Kulturbegriff, also im Verlauf des gesamten 19. Jahrhunderts, gewinnt der Kulturbegriff stetig an Popularität.

Die erste humanistische Phase des Kulturbegriffs, die Zeit, bevor die Ethnologie als wissenschaftliche Disziplin etabliert war, ist wesentlich geprägt durch die genannten Philosophen. Erst in der zweiten Phase, ab der zweiten Hälfte des 19. Jahrhunderts, treten Ethnologen als Autoren in den Vordergrund und mit ihnen die Forderung nach einer genauen Beschreibung einzelner Kulturen. Zu diesem Zeitpunkt beginnt der Trend, in der Beschreibung die eigentliche Aufgabe der Ethnologie zu sehen; er dominiert wenigstens bis zur Mitte des 20. Jahrhunderts und hält mit Einschränkungen noch in der Gegenwart an.

Über den gesamten Zeitraum der geschilderten beiden Phasen hinweg werden Unschärfen toleriert und Differenzierungen zwischen Bereichen der Kultur getroffen, die auf den ersten Blick die Beschreibung vereinfachen sollen. Tatsächlich aber zählen solche Differenzierungen zu den Ursachen für die gegenwärtige Kritik am Begriff insgesamt. Dafür sei an dieser Stelle nur ein Beispiel genannt: Es geht dabei um die Unterscheidung von geistiger und materieller Kultur, die früher selbstverständlich war, heute aber nicht mehr vertreten wird. Mit dieser Differenzierung verschiedener Bereiche von Kultur implizierte man zugleich eine Überordnung des Geistigen, also Immateriellen, über das Materielle. Diese Asymmetrie ist eine Erbschaft des humanistischen Kulturbegriffs, dem zufolge Kultur ja nicht aus der Natur resultierte, sondern erst durch »menschliches Wollen« geschaffen wurde. Materielles ist demnach mehr mit der Natur verbunden, kann daher auch nur weniger Kultur enthalten.

An der Schwelle vom 18. zum 19. Jahrhundert gibt es noch einen wichtigen Grund für die rasch zunehmende Popularität des Kulturbegriffs. Gesellschaften definieren sich vor dieser epochalen, unter anderem durch die Französische Revolution geprägten Wende über soziale Hierarchien: Ein König oder Fürst bildet das Haupt der Gesellschaft und symbolisiert eine scheinbar unumstößliche Ordnung, die zugleich Distanz zwischen den Adligen und den Personen niederen Standes schafft. Der Aufstieg des Bürgertums und die neue Fragwürdigkeit aller Hierarchien verlangt nach anderen Merkmalen der Orientierung und Identifikation. Das ist der Grund, warum es zu einem Aufstieg der Idee der Nation kommt, da diese letztlich keine vertikale Differenzierung darstellt, sondern eine horizontale Unterscheidung nahelegt: Demnach unterscheidet sich die französische von der deutschen Nation durch ihre Kultur. Unterschiede zwischen Nationen werden herausgestellt, und zugleich betont man kulturelle Ähnlichkeiten der Individuen innerhalb einer Nation. Die Rede von der Ähnlichkeit oder gar Übereinstimmung innerhalb einer Nation orientiert sich an der Idee einer gleichartigen Kultur. Kultur ist deshalb auch ein Begriff bürgerlicher Ideologie (Anderson 1988). Diese Ideologie von außerordentlicher Wirkmacht ist bis heute relevant und trägt dazu bei, dass trotz zahlreicher Gegenbeispiele vielfach angenommen wird, jede Nation sei durch eine einzige Kultur geprägt.

1.2 Von der Philosophie zur Ethnologie: Evolutionistischer Kulturbegriff

Edward Tylor (1832-1917) und Herbert Spencer (1820-1903), die wesentlich zur Etablierung der Ethnologie in Großbritannien beigetragen haben, schlagen eine neue Auffassung von Kultur vor, die im ausgehenden 19. Jahrhundert große Popularität genießt und auch für das heutige Alltagsverständnis noch prägend ist. Tylor und Spencer orientieren sich nicht an den oben erwähnten humanistischen Gedanken, sondern wagen einen Neuanfang, indem sie die Biologie und Evolutionslehre als Leitgedanken ihres Kulturbegriffes nutzen.

Grundsätzlich kann das 19. Jahrhundert insgesamt als das Jahrhundert der Biologie gelten, wie unter anderem durch die herausragende Bedeutung Charles Darwins deutlich wird. Dessen Entwicklungslehre ist aber nur der Höhepunkt einer Denkweise, die schon in den Jahrzehnten zuvor als Organisationsprinzip aller Lebensformen und auch menschlicher Gesellschaften formuliert wurde. Evolutionäre Denkweisen beschreiben das Verhältnis von Kulturen untereinander als Abfolge von Stufen. Diese Stufen entsprechen verschiedenen Entwicklungsstadien, die sowohl durch technische als auch politische und soziale Merkmale charakterisiert sind. Im Wesentlichen handelt es sich dabei um eine Parallelisierung von evolutionistischen Vorstellungen aus der Biologie mit solchen über die Kulturentwicklung. Dabei dreht sich die Betrachtung von Unterschieden zwischen Kulturen um die Frage, ob alle Kulturstufen der Entwicklung von allen Gesellschaften zu durchlaufen seien oder ob einzelne Stufen übersprungen werden können. Das Ergebnis dieses Kulturkonzepts sind schematische Stufenleitern mit Entwicklungsreihen für Teilbereiche der Kultur, etwa für Religion oder Verwandtschaft (**Abbildung 1.1**). Indem Tylor explizit die Biologie und die Theorie der Evolution zur Erklärung kultureller Unterschiede heranzieht, gelingt es ihm, den wissenschaftlichen Charakter des noch jungen Fachs zu unterstreichen. Die Anleihe aus der Biologie ist damit die Option auf den Einstieg in die Welt der »ernsthaften« Wissenschaften. Die Idee der Entwicklung von Kulturen und Gesellschaften hat bis heute nicht an Bedeutung verloren, wie etwa die Debatten um »Entwicklungsländer« belegen.

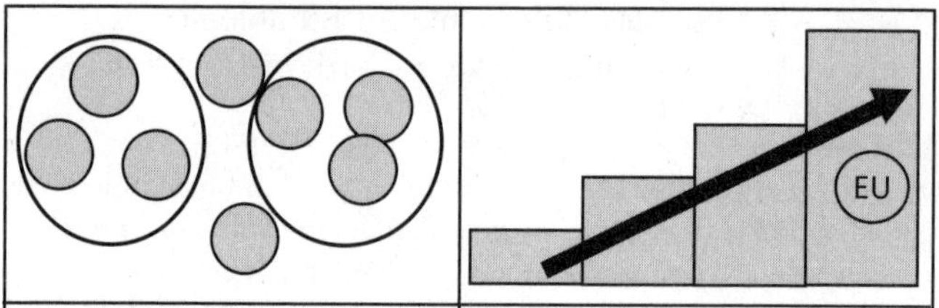

Kulturgeschichte: Kulturen und Gruppen von Kulturen werden als Kreise vorgestellt, die einander überlappen oder nur Teile der Kulturen beschreiben.	**Evolution:** Kulturen repräsentieren Stufen der Entwicklung, die nach dem »Fortschritt« in einzelnen Bereichen festgelegt werden. An der Spitze der Entwicklung stehen europäische Kulturen (EU).

Abbildung 1.1: Kulturgeschichte und Evolution als Kulturkonzepte des 19. Jahrhunderts. Beide Konzepte sehen Kultur als universelle Eigenschaft; sie bieten Modelle zur Erklärung warum es Kulturunterschiede gibt. Durch einen beschreibenden Zugang sollen Unterschiede und Übereinstimmungen zwischen Kulturen weltweit erklärt werden. (Bildentwurf: HPH)

Im Bild von Tylor und Spencer stehen selbstverständlich die europäischen Kulturen an der Spitze der Stufenleiter. Alle anderen Gesellschaften weltweit können als »rückständig« gelten. Entsprechend dieser Idee sind sie dazu prädestiniert, irgendwann die höchste Kulturstufe zu erreichen, die der britischen des Viktorianischen Zeitalters ähnelt. In der heutigen Umgangssprache kommen zum Beispiel Unterschiede zwischen europäischen und afrikanischen Gesellschaften dadurch zum Ausdruck, dass man sagt, Letztere stünden auf einer »anderen Kulturstufe«. Solche Formulierungen sind nichts anderes als ein zeitlich versetzter Niederschlag von Ideen, die die genannten Ethnologen vor bald 150 Jahren als wissenschaftliches Modell in die Welt gesetzt haben. Innerhalb der Ethnologie ist die evolutionäre Perspektive immer wieder aufgegriffen worden, obgleich ihr stets scharfe Proteste auf den Fuß folgten.

Ergänzend sei an dieser Stelle auf die Definition von Kultur hingewiesen, die Edward Tylor auf der ersten Seite seines wichtigen Werkes *Primitive Culture* (1871) anführt. Tylor versucht mit dieser

Minimaldefinition einen Konsens darüber herzustellen, was von diesem Moment an als der Kulturbegriff der Ethnologie gelten soll. Die Definition lautet:

> Kultur oder Zivilisation im weitesten ethnographischen Sinne ist jener Inbegriff von Wissen, Glauben, Kunst, Moral, Gesetz, Sitte und allen übrigen Fähigkeiten und Gewohnheiten, welche der Mensch als Glied der Gesellschaft sich angeeignet hat. (Tylor 1871:1, dt. Stagl 1974:13)

Trotz des frühen Datums ihrer Entstehung wird diese Definition bis heute immer wieder zitiert und ist Ausgangspunkt für zahlreiche Diskussionen zum Kulturbegriff. Sie steht für die entscheidende Wende weg vom humanistischen Zugang zu Kultur und hin zu einem beschreibenden, also deskriptiven Verständnis. Tylors Formulierung ist damit der Ausgangspunkt für die zweite Phase des Kulturbegriffs. Zudem hat diese Definition für die Ethnologie einen besonderen strategischen Wert: Einerseits wird hier die genaue Beschreibung (ein empirisches Feld) als Methode gefordert, andererseits ist durch die Evolutionslehre der Anschluss an die Biologie hergestellt.

1.3 Widersprüche innerhalb der Ethnologie: Kulturhistorischer Kulturbegriff

Schon zu jener Zeit gibt es Alternativen zur evolutionistischen Denkweise. Das trifft zum Beispiel für die Ideen von Adolf Bastian (1826-1905) und Leo Frobenius (1873-1938) zu, den wichtigsten Vertretern der Ethnologie im deutschen Sprachraum in der zweiten Hälfte des 19. Jahrhunderts. Ihre Strategie ist es nicht, den Kulturbegriff neu zu erfinden, sondern an ältere philosophische und romantische Traditionen anzuknüpfen. Hier ist zum Beispiel auf die bereits erwähnte Position von Herder zu verweisen.

Bastian und Frobenius stimmen in einem Punkt mit Tylor überein: Auch sie glauben, eine enge Assoziation mit der Biologie würde dem jungen Fach zu mehr wissenschaftlicher Anerkennung verhelfen. Deshalb vergleichen sie Kulturen mit Lebewesen; Kulturen sind demzufolge komplexe Organismen, die ein eigengesetzliches Leben führen, so wie Pflanzen in Abhängigkeit vom Klima, Nährboden und nicht zuletzt vom Alter unterschiedliche

Wuchskraft und Wuchsformen entwickeln. Für den älteren Bastian besteht zudem ein enger Zusammenhang zwischen der geografischen Umwelt der Völker und ihren Kulturen. Die durch Geografie und Klima bedingten unterschiedlichen Wirkungen auf die Seele des Menschen sollen die Ursache für kulturelle Unterschiede sein. Kulturen werden unabhängig vom Menschen gedacht. Die Individuen haben den Rang von Zellen, der Gesamtorganismus ist als die Kultur der Gesellschaft vorzustellen.

Die Ablösung der Kulturen vom Menschen und die Überordnung über das Individuum sind bei dem jüngeren Frobenius noch deutlicher, wenn er von den Lebensphasen einer Kultur spricht. Kulturen entstehen und vergehen in weltgeschichtlichen Epochen; zusätzlich bringen sie auch neue, gemischte Kulturen hervor oder sind etwa aufgrund von Wanderungen zur »Akkulturation« an neue Lebensräume gezwungen. Aus diesen Vorstellungen über den Wandel von Kultur wird die kulturhistorische Methode entwickelt, die anhand von kulturellen Merkmalskomplexen die Zugehörigkeit einer Gesellschaft zu einem »Kulturkreis« untersucht. Solche Komplexe von kulturellen Merkmalen werden auch »Kulturkomplexe« genannt; sie sind die grundlegenden Zeugnisse über die Herkunft von Kulturen. Nicht mehr die Beschreibung der Menschen in ihrer Lebenssituation, sondern die Zuordnung der Kultur zu einem Kulturkreis steht im Mittelpunkt der kulturhistorischen Methode. Dieser Ansatz soll in Kapitel 7 ausführlicher dargestellt werden.

In philosophischer Hinsicht gehören die Vorstellungen von Bastian und Frobenius in einen engen Zusammenhang mit Denkern der Aufklärung wie von Pufendorf und Herder, da sie die Eigenständigkeit kultureller Phänomene und deren Universalität betonen. Darüber hinaus entfalten sie jedoch eine ambivalente Perspektive auf die Moderne. Weniger die Gegenwart, sondern vielmehr die Geschichtlichkeit und Einmaligkeit jeder einzelnen Kultur stehen im Vordergrund. Solche Auffassungen sind eng verwandt mit der hermeneutischen Vorgehensweise, wie sie Wilhelm Dilthey (1833-1911) zu jener Zeit vertritt und die in der aktuellen Debatte, ob Kultur nicht als Text zu verstehen sei, wieder an Bedeutung gewonnen hat. Diese Debatte und die Rolle der Hermeneutik für die Ethnologie werden ausführlicher in Kapitel 9 behandelt.

Es ist eine spezifische Leistung der kulturhistorischen Methode des 19. Jahrhunderts, schon sehr früh den Vorstellungen einer evolutionären Entwicklung von Kulturen entgegengetreten zu sein. Trotz der gleich noch zu erläuternden Defizite steht dieser Ansatz für eine eigenständige Perspektive auf Kulturen, die besonders dem historischen Charakter und der Einzigartigkeit von Gesellschaften gerecht wird.

1.4 Gemeinsamkeiten, Unterschiede und Kritik der Kulturbegriffe des 19. Jahrhunderts

Übereinstimmend haben sowohl das evolutionistische wie das kulturhistorische Konzept das Ziel, den Kulturbegriff aufzuwerten. Beide betreiben zudem die Verwissenschaftlichung der Ethnologie über Anleihen aus der Biologie. Schließlich vertreten beide Konzepte die alte, aus dem humanistischen Kulturbegriff übernommene Auffassung, Kultur sei eine »allgemein menschliche Eigenschaft«. Demnach sind alle Gesellschaften durch die fundamentale Eigenschaft miteinander verbunden, eine Kultur zu haben, und kein Mensch kann ohne Kultur existieren.

Diesen Gemeinsamkeiten stehen wichtige Unterschiede gegenüber. Während die kulturhistorische Perspektive die Einmaligkeit von Kulturen und deren Wandel – ähnlich wie bei der Entwicklung einer Pflanze – betont, unterstellt der evolutionistische Ansatz Stufenleitern als Schritte kultureller Entwicklung.

Was sind die Defizite der beiden Hauptströmungen des späten 19. Jahrhunderts? Zunächst muss die geringe Rolle des Individuums kritisch gesehen werden. Der Einzelne ist in diesen Konzepten ein passives Subjekt von mächtigen, größeren Einheiten, nämlich den Kulturen, die ihrerseits als auf sich selbst bezogene »Wesen« gelten. Damit verbindet sich die zweite Kritik: Die innere Dynamik und die Fragilität von Kulturen wurden übersehen. Zwar erklären die Idee der Stufenleiter und der Begriff des Kulturkreises auf unterschiedliche Art die Verhältnisse von Kulturen zueinander und ihren Wandel. Jedoch soll die Veränderung stets bestimmten Gesetzen folgen, sie ist nicht verbunden mit den Intentionen und Handlungsmöglichkeiten des Einzelnen.

Daraus resultiert der aus heutiger Sicht besonders schwerwiegende Mangel beider Konzepte: Die Kultur ist in beiden Theorien ein starres Gebilde, sie bildet eine Essenz, die zu einem nicht mehr hinterfragten Tatbestand erhoben wird. Die mangelhafte Wahrnehmung des Menschen als Individuum führt deshalb später zur Ablehnung dieser Konzepte. Der Vorwurf des Essentialismus ist bis heute die wichtigste Kritik an diesen Verwendungen des Kulturbegriffs geblieben. Immer dann, wenn unterstellt wird, Kultur sei etwas Eigenständiges, das ohne Berücksichtigung der Menschen charakterisiert werden kann, liegt dem eine aus dem 19. Jahrhundert stammende Vorstellung von Kultur als Essenz zugrunde.

1.5 Kultur und Zivilisation

Mitunter herrscht die Vermutung, der Begriff der Kultur sei in seiner Bedeutung von dem der Zivilisation abgelöst worden. Tatsächlich ist »Zivilisation« wenigstens im englischen und französischen Sprachgebrauch ein alter und viel verwendeter Begriff, der schon seit der Epoche der Aufklärung als Synonym für das gilt, was im deutschen Sprachraum damals als »Kultur« bezeichnet wird. Im modernen Sinne verwischen jedoch die Grenzen, wie Kroeber und Kluckhohn (1952:288 f.) betonen.

Die Studie *Über den Prozess der Zivilisation* von Norbert Elias (1897-1990), zuerst veröffentlicht im Jahr 1939, neu aufgelegt 1969, zeigt sehr gut die Unterschiede im Gebrauch an: Mit dem Wort »Zivilisation« verbinden sich dort soziale Normen und die Internalisierung von gesellschaftlichen Werten, so wie vorher in den ältesten Verwendungen von »Kultur« und heute eher mit dem Begriff »Kultivierung«. In ähnlicher Weise, aber noch deutlicher hat der Historiker Lucien Febvre (1988) die spezifische Wortbedeutung herausgearbeitet: Während »Zivilisation« stets eine Anstrengung (auch zu einer Verfeinerung der Bräuche) hervorhebt, ist »Kultur« viel mehr mit dem Begriff des Schicksals verknüpft; Kultur ist nicht steuerbar, und niemand entkommt ihr.

1.6 Beschreibende Bestimmungen des Begriffs

Um die Mitte des 20. Jahrhunderts kann die Ethnologie als etabliertes Fach gelten, und der zentrale Begriff der Kultur scheint seit Tylors Definition auf einer sicheren Grundlage zu stehen. Ein wichtiges Werk dieser Zeit, das die Geschichte des Kulturbegriffs nachzeichnet und einen Überblick über die Kulturauffassungen der ersten Hälfte des 20. Jahrhunderts gibt, ist das von Alfred Kroeber und Clyde Kluckhohn verfasste *Culture – A Critical Review of Concepts and Definitions* aus dem Jahr 1952. Die Autoren lokalisieren – wenn auch nicht völlig korrekt – den Ursprung dieses Begriffs im deutschen Sprachraum bei dem Kulturhistoriker und Leipziger Museumsdirektor Gustav Klemm (1802-1867) und genauer in dessen Werk *Allgemeine Culturgeschichte der Menschheit* (Klemm 1843-52).[1]

Beginnend mit der alten Begriffsbestimmung von Edward Tylor legen Kroeber und Kluckhohn die fast unglaubliche Anzahl von 150 Definitionen vor, die sie in wissenschaftlichen Veröffentlichungen aus den Jahren 1870 bis 1950 aufgespürt haben. Es handelt sich dabei keineswegs um Erfindungen der Autoren, sondern um eine kritische Bestandsaufnahme des damals vorherrschenden Umgangs mit dem Begriff. Die Autoren haben zusätzlich die Definitionen verschiedenen Kategorien zugeordnet, die jeweils thematische Einheiten wie »Deskription«, »Geschichte« oder »Psychologie« bilden.

Im Überblick wird sofort klar, wie uneinheitlich und im Einzelnen unvollständig die meisten Definitionen sind. Die Autoren heben die Defizite und Widersprüche der Definitionen selbst hervor und versuchen zugleich, den Begriff zu versachlichen: Im Kern macht das Werk die Tendenz jener Zeit deutlich, alle gesellschaftlichen Erscheinungen als Teil von Kultur aufzufassen. Die Spannbreite der Definitionen umfasst so ziemlich jede auf den Menschen zurückzuführende Erscheinung in einer Gesellschaft. Dies entspricht auf den ersten Blick der modernen und auch der deskriptiven Sichtweise auf Kultur. Diese Ausweitung ist deshalb zunächst als Erbe der alten Definition anzusehen, da schon Tylor in der Kultur hauptsächlich die Summe kultureller Phänomene sah. Allerdings bringt Ausdehnung von Kultur auch unausweichlich ihre Entwertung mit sich.

Mit der Ausweitung des Begriffs auf so viele Phänomene wird Kultur als analytische Kategorie weitgehend wertlos. Die an den

1 Wie Werner Petermann (2004:412 ff.) betont, war Gustav Klemm zudem ein eifriger Sammler ethnografischer Objekte, die er für archäologisch-ethnologische Parallelen nutzte. Aus den Sammlungen Klemms ging das erst ethnologische Museum im deutschsprachigen Raum in Leipzig im Jahr 1873 hervor.

Überblick anschließende Kritik von Kroeber und Kluckhohn (1952:157 ff.) bezieht sich folgerichtig auf die mangelnde Abgrenzung und die fehlende Präzision des Konzepts. Die Autoren sehen in der exponentiellen Zunahme an Definitionen gegen Ende des von ihnen beobachteten Zeitraums (1870-1950) ein Indiz für die zunehmende Unsicherheit. Gleichzeitig mit dem Erreichen der größten Popularität des Begriffs wird seine Bestimmung so unsicher, dass der Gebrauch innerhalb der Wissenschaft nicht mehr ohne Vorbehalte oder ohne eine eigene Definition möglich ist. Trotz des Versuchs der beiden Autoren, den Kulturbegriff auf eine deskriptive Basis zu fokussieren, sind die Kritik und schließlich die Ablehnung des Begriffs nicht mehr aufzuhalten. Jahre danach hat Morris Freilich eine zynische Definition vorgelegt, die das Dilemma der unendlichen Ausweitung deutlich macht: »Kultur ist eine Gruppe von Phänomenen, die von Ethnologen konzeptualisiert wurde, um mit den Fragen besser umgehen zu können, die sie beantworten wollen.« (Freilich 1989:6; Übersetzung HPH)

1.7 Der Niedergang des Kulturbegriffs

Edward Tylor hat mit seinem Kulturbegriff den älteren, humanistischen abgelöst und damit einen wichtigen Beitrag für das Entstehen des Fachs geleistet. Seine Definition steht für den Beginn der zweiten Phase, die jedoch spätestens mit der Veröffentlichung von Kroeber und Kluckhohn in eine Krise geraten ist, auch wenn der deskriptive Kulturbegriff nach 1950 noch weiterverwendet und eine neue Definition erst nach 1970 vorgelegt wird. Die Probleme mit dieser Definition beginnen jedoch – zum Beispiel in der britischen Sozialanthropologie – schon früher, um 1930. Ab diesem Zeitpunkt ist eine Verschiebung im Umgang mit diesem Begriff festzustellen. Kultur gilt tendenziell immer weniger als der zentrale Begriff zur Bezeichnung ethnografischer Untersuchungseinheiten: Zahlreiche Monografien behandeln nun nicht mehr Kulturen, sondern nur noch Gesellschaften. Die Arbeiten befassen sich mit klar abgegrenzten Gruppen oder gar nur einzelnen Ortschaften (so genannte *village studies*). Diese Verschiebung kann als Ausdruck eines in der ethnografischen Praxis immer deutlicher werdenden Misstrauens gesehen werden: Kultur in ihrer Gesamtheit ist analytisch nicht fassbar. Es erscheint nun besser, den Gegenstand der Untersuchung auf kleinere, eindeutig abgrenzbare Einheiten zu beschränken.

Diese Entwicklung setzt sich in der Ethnografie bis heute fort, und sie ist durch das gegenwärtige Verständnis von Kultur durchaus gerechtfertigt: Der Handelnde als Subjekt tritt immer mehr in den Vordergrund, während die Kultur als Bezeichnung für die Gesamtheit gesellschaftlicher Erscheinungen immer weniger Erklärungskraft hat. Im Sinn einer beschreibenden Erfassung der sozialen und gesellschaftlichen Realität wird die Existenz von Kultur als universaler Erscheinung zwar vorausgesetzt, sie erscheint jedoch nicht mehr als wissenschaftlicher Gegenstand, sondern wird zu einer Angelegenheit des Feuilletons.

Das sind wesentliche Gründe dafür, warum heute kritisch nach der Aktualität des Begriffs gefragt werden muss. Kultur als allumfassender Kategorie fehlt das analytische Potential. Von wenigen Ausnahmen (Abu Lughod 1991) abgesehen, geht es Ethnologen dabei nicht um die pauschale Ablehnung des Begriffs, vielmehr wird das Vorhandensein von Kultur ganz allgemein unterstellt. Jedoch verspricht der aktive Gebrauch des Wortes keinen zusätzlichen Erklärungswert mehr.

Alte Begriffszusammenstellungen wie »Kulturstufen« oder »Kulturkreise« und auch Paarungen wie »materielle« und »geistige Kultur« erweisen sich als fragwürdig. Dennoch sind auch nach 1950 noch solche Begriffe entstanden, die im Grunde auf dem alten Konzept von Tylor beruhen und auf dessen deskriptivem Kulturbegriff aufbauen. Das gilt zum Beispiel für den Begriff der Kulturökologie, der in den letzten 40 Jahren ein eigenes Forschungsfeld geprägt hat. In der Kulturökologie werden bestimmte (Kultur-)Merkmale als Kennzeichen für wirtschaftliche Grundlagen der Gesellschaft aufgefasst. Kultur wird dabei zum Hintergrund, zur »Folie«, die eigentlich interessanten Fragen von Anpassung und Veränderung der Umwelt spielen sich davor ab (vgl. Kapitel 4). Eine kritische Sicht auf den dabei verwendeten Kulturbegriff macht die inneren Widersprüche klar: Welcher Bereich einer Kultur ist der Ökologie zuzuordnen, und wie kann er abgegrenzt werden? Werden nicht auch in der Kulturökologie die Handlungsfähigkeit des Einzelnen und seine Möglichkeiten, Innovationen umzusetzen, unterschätzt?

Auch andere Begriffszusammenstellungen zeigen die Brüchigkeit des Kulturkonzepts. Welche Übereinstimmung gibt es zum

Beispiel zwischen »Unternehmenskultur«, »Musikkultur« oder »Weltkultur«? Gilt für die so bezeichneten Kulturen die gleiche Definition wie für ältere, in der Ethnologie dokumentierte Einheiten wie die »Kultur der Dinka« oder die »Kultur der Aborigines«? Handelt es sich nicht um ganz verschiedene Konzepte, je eines für die westliche Welt und ein anderes für die »anderen Kulturen«?

Im Folgenden soll ein komplexeres Bild des Kulturbegriffs skizziert werden, das solche Widersprüche ernst nimmt und zu überwinden sucht. Ulf Hannerz (1993:99) hat zur Erläuterung der Widersprüche eine Tabelle erstellt, die einen Zusammenhang zwischen verschiedenen, zum Teil parallel gebrauchten Kulturbegriffen herstellt. Er zeigt, dass in der Ethnologie ein ständiger Wechsel zwischen »Kultur als allgemein menschlicher Eigenschaft« und »Kultur als gruppenspezifischer Eigenschaft« stattgefunden hat. Dies entspricht dem Wechsel der Betonung von Feld 6 nach Feld 4 in der **Abbildung 1.2.** Und noch etwas ist diesem Diagramm bei näherer Betrachtung der linken Spalte der »angeborenen Eigenschaften« zu entnehmen: Es ist nämlich eine Leistung des ethnologischen Kulturbegriffs, Widerstand gegen rassistische Vorstellungen zu ermöglichen. Ethnologen haben in Zeiten, in denen »Rasse« zum Schlüsselbegriff erhoben wurde, mit aller Deutlichkeit darauf hingewiesen, dass Kultur mit Rasse nichts zu tun hat und ganz eigenen Gesetzmäßigkeiten unterliegt. Hannerz (1993:102) merkt zu der hier wiedergegebenen Tabelle an, dass es eine historische Aufgabe der Ethnologen sei, Feld 3 »so leer wie nur möglich« zu halten.

1.8 Interpretative Ansätze: Kultur und Repräsentationen

Neue Impulse erhält der Begriff der Kultur durch die Arbeit französischer Philosophen, die sich kritisch mit dem Verhältnis von kulturellen Erscheinungen und Bedeutungen auseinandersetzen. Besonders anschaulich wird diese Kritik in dem 1967 veröffentlichten Werk *De la Grammatologie* (Grammatologie, 1974) des Kulturphilosophen Jacques Derrida (1930-2004) dargestellt. Darin beschreibt dieser das asymmetrische Verhältnis einer Erscheinung zu der mit ihr verbundenen Bedeutung. Jedes Phänomen kann als Teil der Kultur gelten, wenn es nur mit einer Bedeutung versehen ist.

	angeboren	erworben	Untersuchungsfelder der Ethnologie
Individuum	❶	❷ Kultur (**Geertz**)	← Kultur als »Gewebe« von Bedeutung. Ethnografische Kunst als von Individuen hervorgebrachte Objekte der Kultur.
Gruppe (Ethnos, Nation)	❸ (Rassismus)	❹ Kultur (**Kroeber, Kluckhohn**)	← typisches Untersuchungsfeld der Ethnologen: kleine, homogene, in sich »abgeschlossene« Gesellschaften.
Universell (menschlich)	❺ (Natur des Menschen)	❻ Kultur (**Bastian, Tylor**)	← Betrachtung universeller Merkmale aller Gesellschaften, Kulturphilosophie des 19. Jahrhunderts.

Abbildung 1.2: Kulturbegriffe und ethnologische Untersuchungsfelder nach Redfield (1962) und Hannerz (1993), verändert und ergänzt. Die erste Phase des humanistischen Kulturbegriffs (vor 1870) ist hier nicht abgebildet.

Die allgemein anerkannte Bedeutung eines Phänomens ist dessen »Repräsentation«. Dieser Satz gilt auch umgekehrt: Bedeutungen existieren nur dann, wenn sie sich in kulturellen Erscheinungen ausdrücken.

Galten in der Epoche zwischen Tylor einer- und Kroeber und Kluckhohn andererseits noch die manifesten, empirisch beobachtbaren Ausdrucksformen einer Kultur als deren wichtigstes Merkmal, so drängt sich nun mit der Bedeutung ein neuer Aspekt in den Vordergrund. Ausdrucksformen und Bedeutungen sind aufeinander angewiesen, zugleich behalten sie aber stets ihren jeweiligen, speziellen Charakter. Kultur, so der Kern des neuen Konzepts, existiert aufgrund von Repräsentationen. Zu ihren Eigenschaften gehört die Bildung von Kategorien, die ihrerseits das Verstehen einer Kultur prägen: Sprache, Tradition, Wissen und jede andere als bedeutungsvoll anerkannte Praxis sind zugleich Repräsentationen. Kultur als Summe der Repräsentationen ist der geistige Raum, in dem sich der Mensch orientiert und bewegt. Der letzte Satz hebt hervor, wie grundlegend der neue Kulturbegriff sich von früheren deskriptiven Ansätzen unterscheidet.

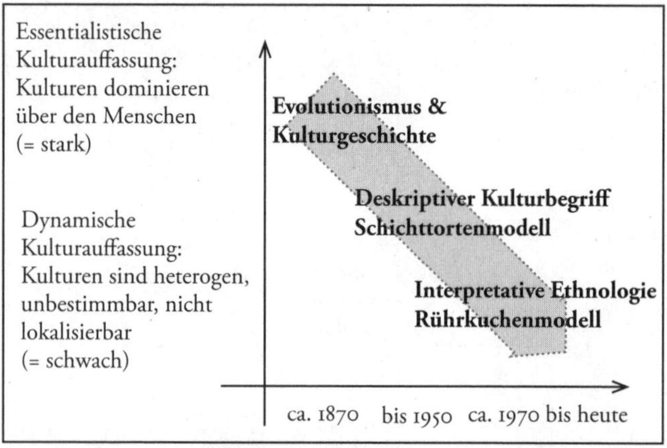

Abbildung 1.3: Der Niedergang des Kulturbegriffs. Essentialistische Auffassungen von Kultur wurden in der Ethnologie stark kritisiert, und viele Eigenschaften dieses Kulturbegriffs erwiesen sich als falsch. An seine Stelle ist ein offener Kulturbegriff getreten, der deutlicher die Rolle des Einzelnen in einer Gesellschaft berücksichtigt (Bildentwurf: HPH).

Verbindungen zwischen kulturellen Erscheinungen und Bedeutungen werden schon lange mithilfe von Begriffen wie »Symbol« oder »Metapher« umschrieben. Dem neuen Konzept zufolge sind es genau solche Verbindungen zwischen Erscheinung und Bedeutung, die Kultur im Wesentlichen ausmachen. Wie diese Verbindungen hergestellt werden, wie Symbole und andere Arten von Zeichen »funktionieren«, kann mittels der Zeichentheorie, also der Semiotik, näher erklärt werden, weswegen dieser Einschnitt im Wandel des Kulturbegriffs auch als »semiotische Wende« bezeichnet wird. Das Ergebnis, der interpretative Kulturbegriff, wurde etwa ab 1970 in der Ethnologie nach und nach anerkannt. Auch diese Auffassung von Kultur hat mit Ernst Cassirer (*Philosophie der symbolischen Formen*, 1923-29) und Helmuth Plessner (*Die Stufen des Organischen und der Mensch*, 1928) wichtige Vorläufer. Diese beiden Vertreter der philosophischen Anthropologie rückten bereits vor über achtzig Jahren das Symbol und die Positionalität des Menschen in den Mittelpunkt ihrer Betrachtungen über Kultur. Sie fragen danach, welche Macht Symbole über das Verstehen von

Kultur haben und welche Rolle die Tatsache spielt, dass ein Individuum niemals eine Kultur insgesamt repräsentieren kann. Kultur wird dabei nicht mehr als autonome Erscheinung gedacht, bleibt aber das eigentliche Medium, in dem sich Bedeutungen und Sinn konstituieren.

Ohne Sprache und Symbole gibt es keine Kultur. Menschen könnten ohne Sprache nicht existieren. Der Einzelne erlebt Sprache und Symbole als Teil einer Kultur nicht nur als Handelnder, sondern er ist beidem auch unausweichlich ausgeliefert. Die Bedeutungen von Sprache, Symbolen und anderen Zeichen für die Wahrnehmung und das Bewusstsein von Menschen werden damit zu zentralen Themen der Ethnologie. Kultur ist nicht mehr rein deskriptiv zu erfassen; die Ursache von Kultur ist nicht mehr nur aus Phänomenen zu verstehen, sondern wird auf ein Doppelgebilde von Erscheinung und Bedeutung zurückgeführt. Sie kann nun nicht mehr unmittelbar erfasst werden, sondern bedarf ergänzend der Befragung und Interpretation. Zugleich wird das Verstehen von Kultur als Komplex von Werten und Symbolen zum wichtigsten Ziel ethnologischer Untersuchungen. Das ist der Ansatz eines der wichtigsten Ethnologen der Gegenwart, Clifford Geertz (1926-2006), wie er ihn in seinem wegweisenden Aufsatz *Dichte Beschreibung* (1983) dargelegt hat. Geertz ist der prominensteste Vertreter des neuen Kulturbegriffs, der explizit den alten, von Tylor geprägten Begriff ablehnt und stattdessen das »Gewebe von Bedeutungen« in den Mittelpunkt stellt. Von Geertz wird ausführlicher in Kapitel 9 die Rede sein.

1.9 Zwei Modelle zur Erklärung von Kultur: Schichttorte und Rührkuchen

Um den Kontrast zwischen der zweiten und der dritten Phase deutlicher zu machen, ist es nützlich, sich die Kulturbegriffe wie zwei verschiedene Kuchenarten vorzustellen (**Abbildung 1.3**). Dabei ist zunächst das Gemeinsame hervorzuheben: Angefangen mit der Definition Edward Tylors aus dem Jahr 1871 bis hin zu Kroebers und Kluckhohns kritischer Bilanz im Jahr 1952 beschreiben Ethnologen Kultur stets als etwas Zusammengesetztes, das – wie ein

Kuchen – aus unterschiedlichen Zutaten gebildet wird. Tylors »Zutaten« sind Sitten, Gebräuche, Religion, Tradition etc., Geertz' Zutaten sind dagegen Ereignisse, Beobachtungen und vor allem Interpretationen. Die Unterschiede beziehen sich aber nicht nur auf die Zutaten, sondern ganz wesentlich auf die Art, *wie* der Kuchen hergestellt wird: Tylor und seine Nachfolger, die den alten deskriptiven Kulturbegriff vertreten, glauben, dass diese Zutaten wie Schichten aufeinanderliegen. So behaupten zum Beispiel Kulturpsychologen, dass seelische Einstellungen die oberste und wichtigste Schicht seien, während Kulturökologen die Umweltanpassung dafür halten. Entscheidend an diesem Schichttortenmodell ist aber nicht die Frage, welche Zutat als zentral angesehen wird, sondern vielmehr die Vorstellung, dass eine Gesellschaft aus verschiedenen Schichten von Merkmalen besteht und eine bestimmte Art von Merkmalen andere Merkmale in regelhafter Art und Weise beeinflusst.

Im Kontrast dazu steht das neue, als »interpretativer Kulturbegriff« bezeichnete Konzept. Um bei der Kuchenmetapher zu bleiben, könnte man dieses Konzept als »Rührkuchen« bezeichnen. Kultur insgesamt hat dabei tendenziell eine geringere Bedeutung, sie ist schwach. Mit einem Rührkuchen ist das interpretative Kulturverständnis deshalb zu vergleichen, weil es keine Schichtung von Merkmalen mehr gibt. Bestimmte Zutaten treten nicht mehr gehäuft in einem Bereich der Kultur auf, sondern vermischen sich vollständig, so dass nur noch durch spezifische Untersuchungen zu klären ist, wie sie zusammenhängen. Das Rührkuchenmodell räumt Verbindungen einen zentralen Platz ein. Jedem Ereignis ist eine Bedeutung angeheftet, und jedes Phänomen wird in der Gedankenwelt des Einzelnen gewertet, gedeutet und mit spezifischen Bedeutungen versehen, also interpretiert. Phänomene wie Religion, Umwelt und Psychologie kommen zwar vor, bedeutungsvoll sind sie aber nur, wenn die Individuen in der Kultur ihnen durch Interpretationen einen repräsentativen Charakter zusprechen. Die Kultur ist kein eigenständiger Organismus mehr, sondern wird im Denken, Sprechen und Handeln der Menschen konstituiert. Kultur ist heterogen, nicht an einen Ort gebunden und nicht rein deskriptiv bestimmbar.

Damit sind zentrale Eigenschaften des interpretativen Kulturbegriffs beschrieben. Es zeichnet sich ab, welche Forderungen dadurch für ethnologische Arbeiten entstehen: Wenn Kultur gleichermaßen aus Kulturerscheinungen und Bedeutungen besteht, müssen beide mit der gleichen Sorgfalt untersucht werden. Das Verstehen einer Kultur hängt vom Einblick in die Verbindungen zwischen Kulturerscheinungen und ihren Interpretationen ab. Phänomene und Praktiken auf der einen sowie Bedeutungen auf der anderen Seite existieren nicht unabhängig voneinander. Der Zugang zu einer Kultur ergibt sich aus der vorrangigen Betrachtung der Beziehungen zwischen Erscheinungen, Alltagshandeln und Bedeutungen.

Kultur existiert dem neuen Verständnis zufolge nicht an und für sich, sondern wird durch Zuweisung von Bedeutungen laufend neu generiert. Jede Beschreibung muss also einen Hinweis auf die mit dem Brauch oder dem Objekt verbundene und damit erzeugte Bedeutung umfassen. Auf diese Weise wird klar, wie problematisch die Rede von den Merkmalen der »Kultur der Dinka« oder der »Kultur der Aborigines« ist. Zugleich wird eine neue Perspektive auf die Betrachtung individueller Unterschiede in einer Gesellschaft eröffnet. Bestimmte Merkmale mögen weit verbreitet sein, andere nur von einer kleinen Gruppe einer Gesellschaft geteilt werden. Jedes Individuum hat darüber hinaus Fähigkeiten und Auffassungen, die nur ihm eigen und dennoch Teil der Kultur sind. Wissen und Fähigkeiten sind in jeder Kultur ungleich verteilt (Bloch 1985, Keesing 1987).

Diese Verschiebung des Kulturbegriffes soll noch einmal in **Abbildung 1.4** deutlich gemacht werden. In der Tabelle entspricht die Verschiebung einer Bewegung von Feld 4 nach Feld 2: Kultur ist nicht nur das durch die Gruppe bestimmte Wissen, sondern umfasst auch individuelle Fähigkeiten und Einstellungen. Ulf Hannerz (1993) betont, dass im Kontext der Globalisierung die Felder 2 und 6 größere Bedeutung gewinnen werden. Das Bild des auf eine Gruppe bezogenen homogenen Bestands an Kulturerscheinungen – Feld 4 – wird dagegen eine geringere Rolle spielen. Der aktuelle Kulturbegriff ist daher einerseits eine Fortentwicklung des älteren Konzepts, das den Universalismus aus der Zeit vor Tylor geerbt hat. Er ist aber auch ein Gegenentwurf zu dem Begriff Tylors, insofern nun die von Individuen artikulierten Bedeutungen größeren Raum erhalten. Ethnologen interessieren sich heute mehr dafür, wie Individuen Kultur wahrnehmen und ihre kulturellen Kompetenzen arrangieren, um in einer immer komplexeren Welt ihren sozialen Platz und ihre Identität zu sichern. Zugleich bleibt es eine Tatsache,

	angeboren	erworben	Klassische Felder der Ethnologie	Neue Felder der Ethnologie
Individuum	❶	❷ Kultur (**Geertz**)	Kultur als »Gewebe« von Bedeutung	Durch die Globalisierung führt intensivierter Austausch von Wissen, Normen und Gütern zum Erwerb von global nutzbaren, aber nicht mehr an die Gruppe gebundenen kulturellen Einstellungen
Gruppe (Ethnos, Nation)	❸ (Rassismus)	❹ Kultur (**Kroeber, Kluckhohn**)	kleine, homogene Gesellschaften	
Universell (menschlich)	❺ (Natur des Menschen)	❻ Kultur (**Bastian, Tylor**)	universelle Merkmale	

Abbildung 1.4: Kulturbegriffe und ethnologische Arbeitsfelder im Kontext der Globalisierung. Das Feld (4), die erworbenen Merkmale von Gruppen, wird weniger bedeutsam. Wichtiger sind nunmehr die Felder (2) und (6), bei denen es um individuell und universell erworbene Eigenschaften geht (Bildentwurf: HPH).

dass Kultur etwas allgemein Menschliches ist. Gerade die Globalisierung zeigt die Aktualität dieser Feststellung. Weil Kultur universell ist und weil Kulturen nicht weniger mobil als die Menschen selbst sind, können Kulturen nur noch in Ausnahmefällen einen spezifischen, räumlich begrenzten Ort haben. In dieser Hinsicht greift der aktuelle Kulturbegriff Ideen des frühen 19. Jahrhunderts – Feld 6 – wieder auf.

Kulturelles Wissen und Handeln sind überall auf der Welt, und gerade auch in den Gesellschaften, die typischerweise Gegenstand der Ethnografen sind, heterogener als noch vor 50 Jahren angenommen. Kultur kann nicht mehr sein als das, was durch Bedeutung und Sinn den Menschen einer Gesellschaft zugänglich ist. Durch diese Erkenntnis verliert sie ihren statischen Charakter. Allerdings wird damit auch klar, dass es kaum möglich ist, Veränderungen von Kulturen zu prognostizieren, wie es zum Beispiel noch im Kulturbegriff des Evolutionismus vorgesehen war.

Die jetzt so wichtigen Verbindungen zwischen kulturellen Erscheinungen und Bedeutungen drücken sich sehr plastisch in zwei neuerdings häufiger in ethnografischen Texten auftauchenden Begriffen aus: Da ist die Rede von der Einbettung (*embeddedness*) eines Kulturmerkmals bzw. von der Verkörperlichung (*embodiment*) der Kultur (Burkitt 1999, Csordas 1994).

Wenn Kultur im neuen Konzept als ein »schwacher« oder »offener« Begriff erscheint, so ist das auch das Ergebnis einer Geschichte des Niedergangs, so wie sie hier dargestellt wurde. Aber es ist nicht ausschließlich eine Geschichte der Kritik und des Bedeutungsverlustes. Gleichzeitig wurden durch den interpretativen Kulturbegriff neue, spezifische Stärken erkennbar. Das neue Konzept ist flexibler; es ist besser geeignet, Kultur nicht mehr nur als Ansammlung von Normen, Regeln und Fakten zu betrachten, sondern den Blick auf Bewertungen zu lenken. Kultur steht nun nicht mehr über den Menschen, sondern wird von ihnen aktiv gestaltet. Menschen sind in eine Kultur eingebettet, aber sie haben zugleich selbst Einfluss auf sie.

Zuletzt: Kulturen grenzen nicht mehr verschiedene Menschengruppen gegeneinander ab. Kultur als Strategie der horizontalen Abgrenzung – ein Schlüsselelement ihres Aufstiegs an der Schwelle vom 18. zum 19. Jahrhundert – greift nicht mehr. Kultur ist offen und bietet deshalb neue Möglichkeiten kultureller Übergänge.

1.10 Zusammenfassung: Kultur als Kulturkritik

Zusammenfassend lassen sich drei Gruppen von Forschungstraditionen mit ihrer jeweiligen Verwendung des Begriffs »Kultur« und deren Konsequenzen aufzeigen:

1. Kultur als humanistisches Erbe, mit der Entwicklung kulturhistorischer oder evolutionärer Forschungstraditionen (Feld 6, vor 1870);

2. Kultur als deskriptives Gebilde, als Ensemble von Eigenschaften, die für eine Gruppe von Menschen eindeutige Aussagen treffen (Feld 4, 1870 bis ca. 1950; Schichttortenmodell). In dieser Phase entstehen Evolutionismus und kulturhistorischer Ansatz;

3. Kultur als Komplex untrennbar miteinander verbundener Erscheinungen und Bedeutungen, die nur interpretierend zu verstehen sind (Feld 2, ab 1970; Rührkuchenmodell).

Während die ersten beiden Phasen durch die zunehmende Popularität des Kulturbegriffs gekennzeichnet sind, ist der Begriff während der dritten Phase eher kritisch bewertet worden. Nicht mehr Kultur als solche, sondern Prozesse der Konstitution von Kultur sind dabei in den Fokus der Betrachtungen gerückt. Die Ethnologie musste in diesem Rahmen einige falsche Vorstellungen aufgeben: Kulturen sind keine zeitlosen Konstanten, sondern unterliegen fortlaufenden Veränderungen. Kulturen haben keine Essenzen, da jede Kultur das historische Ergebnis von Bedeutungserzeugungen ist. Dies gilt selbstverständlich nicht nur für die in der Regel von Ethnologen betrachteten, »fremden« Kulturen, sondern genauso für die Kultur, der die Ethnologen angehören und von der sie ausgehen.

Aus diesen Gründen sind Ethnologen heute eher damit beschäftigt zu beobachten, wie und von wem Kultur hervorgebracht wird, und weniger damit, Kultur als eine Reihe von Merkmalen zu beschreiben. Daraus resultiert das Potential der Kulturkritik, die heute als grundlegender Beitrag der Ethnologie zur eigenen Gesellschaft anzusehen ist (Hauser-Schäublin 1996:9-11). George Marcus und Michael Fischer (1986) sprechen hier zu Recht von einem »experimentellen Moment in den Kulturwissenschaften«, der die Aussicht bietet, Ethnologie als Kulturkritik zu verstehen. Geeignete Methoden dafür sind der Kulturvergleich (vgl. dazu Kapitel 8) sowie die Beschreibung von Anpassung und Widerstand gegen bestimmte Kulturphänomene.

Die Akteure als Mitglieder einer Gesellschaft treten durch die neuen Ansätze in den Mittelpunkt der Betrachtung, auch wenn Individuen durchaus nicht immer nur gestaltend der Kultur gegenübertreten, sondern ihr auch unterworfen sein können. Damit einher geht eine neue inhaltliche Ausrichtung der Ethnologie. Kultur ist von den in sie hineingelegten Bedeutungen her zu verstehen. Menschen machen Kultur. Die neue Sicht ermöglicht eine genauere Differenzierung und eine bessere Erklärung von Veränderungen. Der Fokus auf den Kulturwandel und der genauere Blick auf die Akteure tragen entscheidend zur Aktualität des Kulturbegriffs in der Ethnologie bei; der Kulturwandel wird damit zu einem ihrer zentralen Forschungsgegenstände. Deshalb ist die Frage nach Innovation heute Teil der Perspektive auf Kulturen. Eine weitere wichtige Konsequenz dieses Ansatzes ist die Beteiligung der Ethnologie an der Debatte über die Entwicklung der ökonomisch benachteiligten Länder.

Ein in dieser Weise reflektierter Kulturbegriff bezieht also Veränderung, Wandel und Innovation mit ein, gewinnt dadurch wieder an Bedeutung und kann zu wichtigen Forschungsfragen anregen. Wenn es Ethnologen gelingt, die Relevanz dieses neuen, interpretativen Kulturbegriffs durch überzeugende Forschungsarbeiten zu belegen, dann ist gezeigt, dass er – gerade wegen des Wandels seiner Bedeutung – ein nützliches analytisches Werkzeug geblieben ist.

2. Was ist eine ethnische Gruppe?

»Was ist ein Volk?«, fragte Jakob Grimm im Jahre 1843. Seine Antwort: »Ein Volk, das ist der Inbegriff von Menschen, welche dieselbe Sprache reden« (zit. nach Dittrich und Radtke 1990:22). Diese Aussage steht im Widerspruch zum tatsächlichen Sprachgebrauch im Königreich Preußen. In der preußischen Provinz Posen wurde überwiegend Polnisch gesprochen, und am preußischen Königshof sprach man nur wenige Jahrzehnte zuvor noch Französisch. Die Konzepte von Volk und Staat waren vor dem 19. Jahrhundert noch nicht eng miteinander verbunden. Erst im Laufe des 19. Jahrhunderts erlangte die Vorstellung der Einheit von Volk, Sprache und Staat ihre heute scheinbar selbstverständliche Bedeutung als Grundlage von Kultur. Damit verweist Grimm auf eine für den Aufstieg der Ethnologie und die Geschichte des 19. Jahrhunderts insgesamt fundamentale Ideologie, die allerdings bis heute in vielen Fällen im Widerspruch zur Realität steht. Ein Ziel dieses Kapitels ist es, auf die Widersprüche dieser Ideologie hinzuweisen. Zugleich wird zu zeigen sein, wie Ethnologen die notwendige Kritik an den Begriffen »Volk« und »Ethnos« genutzt haben, um das Profil ihres Faches zu schärfen.

Begriffe wie »Volk« oder »Stamm« sind oft mit Vorurteilen wie den folgenden behaftet: Völker existierten schon lange vor der Entstehung moderner Staaten; die Einheit eines Volkes repräsentiert in der politischen Entwicklung eine Stufe unter der des Staates; Stämme sind kleiner als Nationen; sie sind nur aufgrund ihrer Orientierung an Traditionen überlebensfähig. Im Folgenden wird solchen Auffassungen widersprochen. Es wird zu zeigen sein, dass mitunter sogar das Gegenteil der Fall ist: Zum Beispiel gewinnt gerade in den letzten Jahrzehnten Ethnizität als Prinzip sozialer Organisation neue Bedeutung, da im Zuge der Globalisierung die Grenzen und Widersprüche nationalstaatlichen Handelns immer deutlicher werden.

Wie im letzten Kapitel erläutert, ist die Beobachtung kultureller Unterschiede ein wichtiger Ausgangspunkt für die Ethnologie als Wissenschaft. Ungeachtet unterschiedlicher Definitionen des Begriffs in den verschiedenen Ländern Europas gilt: Kultur ist ein universelles Phänomen. Ähnliches gilt für das Konzept der ethnischen Gruppe: Auch hier geht es um von Menschen hervorgebrachte Unterschiede; und es geht um die Vielfalt gesellschaftlicher Gruppen, die sich über ihre ethnische Zugehörigkeit definieren. Bereits im 17. Jahrhundert wird von Kulturen im Plural gesprochen. Die Ethnologie hat sich das später zu eigen gemacht: So wie von den *Kulturen*, spricht sie auch von ethnischen *Gruppen* im Plural. Und es gibt weitere Parallelen im Wandel der Begriffe »Volk« und »Kultur«, auf die ich noch eingehen werde. Die drei Kulturbegriffe aus dem letzten Kapitel beschreiben einige Grundbedingungen menschlicher Gesellschaften; möglicherweise ist das Konzept der ethnischen Gruppe ebenfalls eine Konstante der *conditio humana*.

Es soll im Folgenden aber auch um konkrete Fragen gehen, die in vielen ethnografischen Studien immer wieder behandelt werden: Welche Mittel der Abgrenzung führen zur Unterscheidung von Kulturen? Was ist der Nutzen der Zuordnung eines Individuums zu einer Gruppe? Zugleich ist zu bedenken, dass die Gruppierung von Individuen in Völker durchaus nicht immer auf Freiwilligkeit beruht. Das Spannungsverhältnis zwischen der Abgrenzung einerseits und der gemeinsamen Grundlage andererseits verlangt nach einer genaueren Betrachtung der Frage, wie die Grenzen von Zugehörigkeit definiert werden und wer diese festlegt.

Eine im Jahr 1921 von Max Weber gegebene Definition von ethnischen Gruppen sei hier als Ausgangspunkt vorgestellt, bevor die Entwicklung und die inneren Widersprüche des Begriffs erkundet werden. Diese Definition ist zwar wissenschaftsgeschichtlich jung, hat aber den Vorzug, den spezifischen Charakter ethnischer Gruppen im Gegensatz zu anderen Arten von Gruppen hervorzuheben:

> Wir wollen Menschengruppen, welche [...] einen subjektiven Glauben an eine Abstammungsgemeinschaft hegen, derart, dass diese für die Propagierung von Vergemeinschaftungen wichtig wird, [...] *ethnische Gruppen* nennen, ganz einerlei, ob eine Blutsgemeinschaft vorliegt oder nicht. (Max Weber 1972:237, Hervorhebung HPH)

Diese Definition geht von einer radikalen Vereinfachung aus, indem sie ethnische Gruppen zunächst nur als eine spezielle Form der sozialen Gruppe betrachtet. Der Nutzen einer solchen offenen Bestimmung liegt darin, der außerordentlichen Breite von Phänomenen der Ethnizität gerecht zu werden. Die Definition steht im

Zusammenhang mit den allgemeinen Aussagen Max Webers über soziale Gruppen: Jede Gesellschaft ist zugleich eine soziale Gruppe. Soziale Gruppen von ganz unterschiedlicher Größe gibt es auch innerhalb jeder Gesellschaft. Wie sich eine Gruppe formiert, durch welche Gemeinsamkeiten sie sich definiert und über welchen Zeitraum hinweg sie als solche erkennbar ist, kann sich ganz erheblich unterscheiden. Von besonderer Bedeutung ist auch die Frage, wer von einer allgemein verbindlichen Festlegung der Zugehörigkeit profitiert.

2.1 Historische Motive für die Verwendung des Konzepts »Ethnos«

Historisch betrachtet geht der Aufstieg des Kulturbegriffs mit der Auflösung vertikaler Gesellschaftsstrukturen und der Betonung horizontaler Unterscheidungen, nämlich denen zwischen Nationen, einher. Dies vollzieht sich etwa zeitgleich mit der Amerikanischen und der Französischen Revolution gegen Ende des 18. Jahrhunderts. Die damalige Demokratiebewegung war eng mit der Idee des politisch handelnden Volkes verbunden. Der Beginn der wissenschaftlichen Welterschließung und der Eroberung Afrikas, Südamerikas und Asiens sind ebenfalls dieser Epoche zuzuordnen, auch wenn die territoriale Expansion Europas, also die Kolonisierung, erst nach 1850 ihren Höhepunkt erreicht. Es ist kein Zufall, dass genau damals die Vorstellung von Völkern und Stämmen Konturen annimmt und sich als Prinzip der Gliederung kultureller Zugehörigkeit durchsetzt.

In dieser historischen Phase dominiert das Konzept des Ethnos (oder des Volkes, in der Sprache jener Zeit) sowie die Vorstellung der eigenen Überlegenheit im öffentlichen Diskurs: Man macht sich das Sprechen über kulturelle Unterschiede zwischen den Gesellschaften Europas und anderer Weltteile zunutze, um eine Ideologie durchzusetzen, der zufolge ethnische Gruppen abgeschlossene Gemeinschaften mit abgrenzbaren Territorien bilden. Solche Gruppen sind demnach exklusiv, das heißt, ein Individuum kann nur einer solchen Gruppe angehören.

Aus heutiger Sicht ist festzustellen, dass mit diesem Konzept in vielen Regionen der Welt eine europäische Ideologie zu einem machtvollen politischen Instrument wurde. Mithilfe des Konzepts »Volk« wurden Grenzen und Gemeinsamkeiten festgeschrieben. Das Konzept wirkt bis heute, unter anderem deshalb, weil es zur Grundlage postkolonialer Nationalstaatsbildungen weltweit wurde. Konzepte, die zu einer bestimmten Zeit entstehen, von vielen Menschen geteilt werden und trotz aller dazu im Widerspruch stehenden Beobachtungen allgemein anerkannt werden, beruhen meist auf bestimmten Interessen: Sie reflektieren Wünsche und Sichtweisen, die denen nützen, die sie als Wahrheit ausgeben. Deshalb ist es naheliegend, nach den Interessen und Wirkungen zu fragen, die mit dem Konzept des Volkes verbunden sind. Für die frühe Kolonialzeit lässt sich sagen, dass politische Akteure mit der Ideologie der Ethnizität die Strategie verbunden haben, Distanz zu erzeugen. Indem ethnische Gruppen scharf voneinander abgegrenzt werden, entsteht eine Ordnung, die Nähe und Ferne zwischen Gesellschaften festlegt. Einerseits werden also Unterschiede zwischen »afrikanischen Völkern« definiert, zugleich wird, wenigstens implizit, ein sehr viel größerer Abstand dieser zu den europäischen Völkern unterstellt.

Für das Schaffen von Distanz durch Abgrenzung haben Philosophen, Ethnologen und Historiker, die sich kritisch mit der Geschichte der Ethnologie auseinandergesetzt haben, den Begriff des *other* oder, besser und genauer, des *othering* geprägt. Zum Beispiel haben Edward Said (2009, zuerst 1978) und Johannes Fabian (1983) diesen Begriff verwendet, um zu zeigen, wie den ethnografisch dokumentierten Gesellschaften stets ganz andere, spezifische Qualitäten und eine andere Zeit, in der Regel eine ahistorisch konnotierte Vergangenheit, zugeordnet wurden. Die Ethnografen verliehen den beschriebenen Völkern damit den Anschein des radikal »Anderen«. Alterität oder Andersartigkeit wurde zum wichtigsten Thema der Ethnologen. Jean Baudrillard (1993) formuliert diesen Zusammenhang noch grundsätzlicher, indem er feststellt, die Moderne insgesamt sei die Epoche der Produktion des *other*.

Mit *othering* ist also ein Vorgehen bezeichnet, das den anderen zum Anderen macht und ihn ganz in seiner Andersartigkeit verortet und damit die gesellschaftliche oder kulturelle Distanz zementiert. Das ist nur möglich auf der Basis des essentialistischen Kulturkonzepts, so wie es im letzten Kapitel erläutert wurde. Ohne die Zuweisung klar abgrenzbarer Kulturen mit festen Eigenschaften ist *othering* nicht anwendbar. In diesem Sinn war die Zeit des Kolonialismus zwar eine Phase intensiven Kulturaustauschs, aber auch eine der Verfestigung von Vorurteilen über andere Kulturen.

Die essentialistische Auffassung von unwandelbaren Eigenschaften von Völkern ist in vielen Fällen eng verbunden mit der Vorstellung der eigenen Überlegenheit. Diese Ideologie nennt man »Ethnozentrismus«. Eine wichtige Aufgabe von Ethnologen ist es, solchen Ideologien zu widersprechen. Die Verabsolutierung der Idee der eigenen Übergelegenheit ist eine Gefahr, die in vielen Fällen dem Rassismus den Boden bereitet hat.

2.2 Ethnizität und Kolonialismus: Die Produktion von Andersartigkeit

Die Strategie des *othering* erzeugt kulturelle Distanz, um willkürlich Vorrechte zu begründen. Sie hat fatale Konsequenzen für die dadurch benachteiligten Menschen, was hier an zwei Beispielen aus der frühen Kolonialgeschichte Westafrikas erläutert werden soll. Das erste Beispiel betrifft ein Individuum, das als koloniales Subjekt zum Anderen gemacht wurde, das zweite Beispiel betrifft die Schaffung von neuen Verwaltungsformen und -bezirken durch die Kolonialverwaltungen.

George Ekem Ferguson, ein Beamter der britischen Kolonialverwaltung in Ghana, damals *Gold Coast* genannt, steht im Mittelpunkt des ersten Beispiels (**Abbildung 2.1**). Seiner Herkunft nach gehört er zur ethnischen Gruppe der Fanti, die im Süden der damaligen britischen Kolonie leben. Für seine Tätigkeit sind seine Kenntnisse der Landessprachen von größtem Nutzen. Er hat bereits in jungen Jahren einen mehrjährigen Ausbildungsaufenthalt in Europa absolviert und ein Diplom als Landvermesser erworben. Ab 1890 arbeitet er in dieser Funktion; seine Aufgabe ist die Erschließung und Vermessung der nördlichen Teile der Kolonie. Nach ein paar Jahren stellt er einen Antrag auf einen weiteren Aufenthalt in England, um auf einer Fachschule seine Kenntnisse in Verwaltungsaufgaben zu verbessern. Sein Antrag wird mit folgender Begründung abgelehnt: Der Anteil gebürtiger Ghanaer in den höheren Dienstgraden der Kolonialadministration darf einen bestimmten Prozentsatz nicht überschreiten. Seine Fähigkeiten und

- George Ekem Ferguson (1864-1897) war Afrikaner mit europäischer Bildung.
- Im Dienste der Kolonialverwaltung wurden ihm aufgrund der ihm zugeschriebenen Ethnie weitere Ausbildung und Aufstieg verweigert.
- Der Andere (das koloniale Subjekt) war im »Anderssein« gefangen.
- Ethnische Zugehörigkeit wurde zur Zwangsjacke.

Abbildung 2.1: George Ekem Ferguson. Seine Lebensgeschichte ist ein Beispiel für das *othering* als koloniale Praxis: Er arbeitete als Landvermesser für die britische Verwaltung der Gold Coast. Aufgrund seiner Hautfarbe und ghanaischen Herkunft wurden ihm Ausbildung und weiterer Aufstieg in der Kolonialverwaltung verweigert (Bild: Arhin 1974).

seine Bereitschaft, sich weiterzubilden, werden also nicht in Frage gestellt; seine ethnische Zugehörigkeit ist der Grund für seine Ablehnung.

In der kolonialen Praxis wurden ethnische Zugehörigkeit und Rasse miteinander vermischt; beides begründete die systematische Benachteiligung der Kolonisierten. Die Ideologie von Völkern als scharf abgegrenzten Einheiten wurde dazu benutzt, unüberschreitbare Grenzen zu schaffen. Unüberwindbar waren solche Grenzen zunächst für die jeweils anderen, die selbst nicht an der Definierung beteiligt waren und die dadurch in ihrem Anderssein gefangen blieben. Ethnische Zugehörigkeit wurde für die Betreffenden zu einer Zwangsjacke, die sie in ihrer benachteiligten Position festhielt.

Für die Ethnologie bedeutet das eine paradoxe Konstellation: Während im 19. Jahrhundert das Interesse an Kulturen und Völkern weltweit zunimmt und das Wissen darüber wesentlich zur Entstehung der Ethnologie als Wissenschaft beiträgt, übernimmt genau dieses Wissen im Kolonialismus eine fatale Rolle: Es wird als Mittel der Diskriminierung und Unterdrückung missbraucht.

Der indische Ethnologe Akhil Gupta (1997:45) formuliert eine fundamentale Kritik an diskriminierenden Praktiken, die durch ethnologisches Wissen überhaupt erst möglich oder durch Ethnologen stillschweigend hingenommen wurden. Demnach ist Offenheit und Interesse für das Andere als ethnografisches Erkenntnisziel nicht ausreichend, um Ethnozentrismus und Rassismus zu verhindern. Zusätzlich zu dieser Offenheit muss die Bereitschaft gegeben sein, die Vorstellungen von dem Anderen und auch der Ethnizität als Konstrukte zu erkennen. Die in das Eigene und das Andere geteilte Welt darf nicht als Voraussetzung ethnologischer Erkenntnis hingenommen werden.

Die Konstruktion des Anderen, also das *othering*, wurde über lange Zeit hinweg als politisches Instrument eingesetzt. Deshalb ist es heute eine wichtige Aufgabe, zu untersuchen, warum solche Vorstellungen damals attraktiv waren. Konstruktionen des Anderen bedürfen auch in der Gegenwart der beständigen Überprüfung im Hinblick auf ihre politischen Implikationen.

Das zweite Beispiel soll die Techniken, die zu solchen Festschreibungen von Völkern als über- oder unterlegen beitragen, verdeutlichen. Es bezieht sich ebenfalls auf Westafrika, und wieder geht es um die Zeit um 1900. Das ist der Zeitraum, in dem die kolonialen Verwaltungen den Begriff des Volks nutzen und verfestigen, indem sie ethnische Karten erstellen (**Abbildung 2.2**). Die Verwalter des fremden Landes sind auf dieses Hilfsmittel angewiesen, um die koloniale Besitzergreifung zu realisieren.

Die im Norden der deutschen Kolonie Togo lebenden Bevölkerungsgruppen fühlen sich keinem staatlichen Gebilde zugehörig, sie haben keine genauen Vorstellungen von territorialen Grenzen einer Ethnie, und überhaupt fehlt ihnen das Konzept einer ethnischen Gruppe als einer Einheit mit klar definierten Eigenschaften. Überdies sind sie nicht bereit, Anweisungen entgegenzunehmen oder die auferlegten Abgaben- und Arbeitspflichten anzuerkennen. Das stellt die koloniale Verwaltung vor die Aufgabe, soziale und räumliche Einheiten zu identifizieren, denen Verantwortlichkeiten zugewiesen werden können.

Die kolonialen Verwalter der Region suchen in der ersten Zeit ihrer Tätigkeit nach eindeutigen Bezeichnungen oder Namen, die möglichst großen Gruppen von Menschen zuzuordnen wären. Mit der Wahl eines Namens definiert die Kolonialverwaltung den ein-

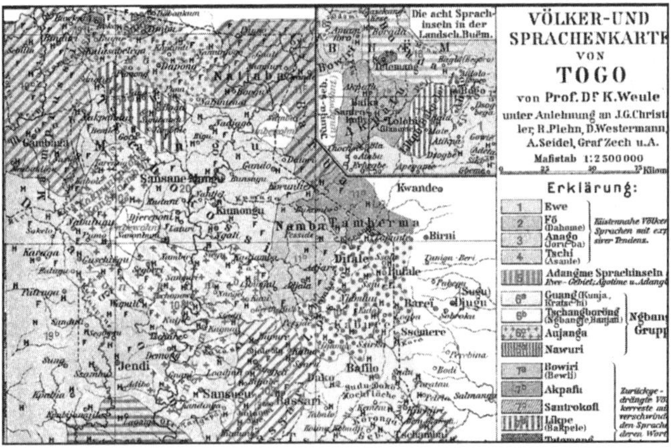

Abbildung 2.2: Koloniale Karte Nord-Togos als Beispiel des *othering* durch Territorialisierung von Ethnien. Die Karte von 1910 unterteilt das Gebiet der Kolonie Togo in unterschiedliche Schraffuren. Die Karte trifft für jeden Ort eine (scheinbar) klare Aussage, welcher Ethnie er zuzuordnen ist. (Bild: Passarge 1910:68)

deutigen Adressaten für die angeordneten Maßnahmen. In Gebieten, in denen kein Oberhaupt zu finden ist, wird den Bewohnern einer Region zusätzlich die Aufgabe gestellt, innerhalb weniger Tage einen »Häuptling« zu benennen, der dann die Anweisungen der Administration als Repräsentant aller Bewohner entgegenzunehmen hat. Manche ethnischen Gruppen werden erst auf diese Weise definiert. Die dadurch fixierte ethnische Ordnung hat einen offensichtlichen Nutzen für die territoriale Verwaltung. Als Resultat dieser Praxis tragen in vielen Gebieten Westafrikas die Distrikte (Landbezirke) die Namen ethnischer Gruppen, und man weiß heute, dass die Entstehung der aktuellen politischen Struktur auf solche Maßnahmen des Kolonialregimes zurückzuführen ist.

Das Schicksal der Konkomba in Nord-Togo, bei denen ein Häuptling zwangsweise eingesetzt wurde, illustriert dieses Vorgehen und die sich daraus ergebenden Probleme sehr gut. Das von der Verwaltung erzwungene System funktioniert nach anfänglichen Erfolgen nur kurze Zeit, das Oberhaupt wird danach verjagt, und man kehrt zur alten Lebensweise zurück. Danach zeigt sich, was vorher auch schon galt: Als kulturelle und gesellschaftliche Einheit existiert diese Ethnie nicht. Oder, mit den schon zitierten Worten Max Webers, es war keine »Menschengruppe, welche [...] einen subjektiven Glauben an eine Abstammungsgemeinschaft hegt«.

Am Beispiel der heutigen Konkomba ist zudem zu sehen, wie die historischen Zwangsmaßnahmen eine Dynamik der Ethnisierung auslösten, die bis in die Gegenwart anhält. Die Geschichte hat nämlich eine Fortsetzung: Nur wenige Jahre nach dem Ende der deutschen Kolonialverwaltung weigern sich die Konkomba, das eingesetzte Oberhaupt zu akzeptieren, und führen über Jahrzehnte einen Kleinkrieg gegen alle, die versuchen, in der Region Steuern einzutreiben. Über viele Jahre gelten sie als unregierbar und werden später der Autorität des Häuptlings der benachbarten Bassar unterstellt.

Heute, lange nach der Unabhängigkeit Togos, fühlen sich die Konkomba als Bürger der Republik Togo benachteiligt, da die Präfekturen bis in jüngste Zeit flächengleich mit den kolonialen Verwaltungseinheiten waren. Damit ist zu erklären, warum die Konkomba keine eigene Präfektur und keinen Präfekten hatten, sondern von der Nachbarregion aus mitverwaltet wurden. Obwohl, so erklären politisch informierte Konkomba, sie innerhalb der alten Präfektur zahlenmäßig in der Mehrheit waren, seien sie in der nationalen Politik des selbständigen Staates Togo nie angemessen repräsentiert gewesen. Die ethnische Gruppe und ihre demografische Größe werden auf diese Weise nach vielen Jahrzehnten zu Argumenten gegen die vermeintliche Benachteiligung. Im Jahr 1999 schließlich wird die Forderung nach einer eigenen Präfektur und damit einer Selbstverwaltung umgesetzt. Ähnliches hat sich in vielen Ländern Afrikas abgespielt (Keese 2010, Lentz 1993, 2000).

Offensichtlich ist das im 19. Jahrhundert eingeführte Konzept von Ethnizität ein machtvolles Instrument geworden, dessen Überzeugungskraft bis in die Gegenwart noch zugenommen hat. Wie das Beispiel der Konkomba zeigt, wäre es falsch, das Ziehen von Grenzen nur als einen »Trick der Europäer« und koloniale Machtausübung aufzufassen. Vielmehr hat diese Art der Verquickung von Zugehörigkeit und Vorrechten, ob sie nun von den Betroffenen selbst gefordert oder ihnen von Fremden zugewiesen wird, in vielen Teilen der Welt heute eine erstaunliche politische Wirkungsmacht. Diese politische Nutzung von Ethnizität wird als »Tribalismus« bezeichnet. Sie wird immer dann problematisch, wenn es um spezifische, einander widersprechende Ansprüche bestimmter Gruppen geht.

Die Ethnologie hat für diesen historisch relevanten Gebrauch der Volksideologie einen Fachbegriff: Primordialismus. Ethnien werden im Sinne des primordialistischen Ethnizitätsbegriffs verstanden als:

- räumlich abgegrenzt,
- verbunden mit klaren Merkmalen (Sprache, materielle Produktion, Ökonomie),
- überzeitlich (aus Traditionen schöpfend),
- exklusiv (ein Individuum kann nur einer Gruppe angehören),
- auf das Kollektiv fixiert (Individuen zählen nicht).

Ethnologen haben zur Zeit der kolonialen Beherrschung im 19. Jahrhundert diesen Begriff selbst vertreten und aktiv daran mitgearbeitet, ethnische Karten zu zeichnen. Durch möglichst genaue Beobachtungen wollten sie die Gültigkeit des primordialistischen Begriffs belegen. Aus heutiger Sicht ist dessen Fragwürdigkeit offensichtlich. Deshalb ist es eine dringliche Aufgabe für Ethnologen heute, dieses Konzept und seinen politischen Gebrauch – also den Tribalismus – kritisch zu prüfen.

2.3 Der konstruktivistische Ethnizitätsbegriff

Ethnologen verfügen heute über vielfältige Beobachtungen, die im Widerspruch zum alten Begriff von Ethnos stehen und genauer beschreiben, was die Bedeutung von Ethnizität in verschiedenen Kontexten ausmacht. Wichtige Aspekte des heutigen Verständnisses von Ethnizität wurden zuerst von dem norwegischen Ethnologen Fredrik Barth formuliert. Er veröffentlichte im Jahr 1969 den Band *Ethnic Groups and Boundaries*, bis heute eines der wichtigsten Bücher zum Thema Ethnizität. Barth zeigt darin, wie wenig die Formen der Abgrenzung sozialer Gruppen in vielen nichteuropäischen Gesellschaften mit dem bis dahin dominierenden primordialistischen Konzept von Ethnos übereinstimmen.

Sicherlich ist es kein Zufall, dass viele Beispiele in Barths Buch Nomaden betreffen. Nomaden wechseln immer wieder den Mittelpunkt ihres Lebens. Wo sie sich zu einem bestimmten Zeitpunkt aufhalten, können kurze Zeit später schon wieder Angehörige einer anderen Gruppe siedeln. Damit ist das erste Kriterium des primordialistischen Ethnizitätsbegriffs gefallen: Ethnische Gruppen müssen keine festen Territorien haben; häufig mischen sich ihre Siedlungsgebiete.

Ein anderes, im 19. Jahrhundert etabliertes und in kolonialen Kontexten häufig verwendetes Kriterium ist die Sprache. Es wurde am Anfang dieses Kapitels mit Jakob Grimm vorgestellt und zugleich als Merkmal der Ideologie des 19. Jahrhunderts gekennzeichnet. Als Kennzeichen von ethnischer Zugehörigkeit ist Sprache jedoch viel weniger nützlich als weithin angenommen. Beispielsweise sprechen mehrere ethnische Gruppen Deutsch. Genauer: Angehörige dieser Gruppen sprechen Dialekte des Deutschen, ohne dass sich deren Sprecher als Deutsche verstünden. Die noch viel größere Verbreitung des Arabischen macht deutlich, dass es Fälle gibt, in denen sich Dutzende, wenn nicht Hunderte ethnischer Gruppen eine Sprache teilen. Andere Gruppen wiederum kennen keine gemeinsame Sprache – das gilt etwa für die schon erwähnten Konkomba.

Ein dritter Kritikpunkt Barths am alten Konzept von Volk bezieht sich auf dessen unzureichende Berücksichtigung der Historie. Ethnische Gruppen – so Barth – sind historisch entstandene Gruppen, deren Entstehung sich häufig bis hin zu ganz bestimmten Epochen nachzeichnen lässt. Ethnische Gruppen entstehen durch die Abspaltung von anderen, etwa indem eine Teilgruppe eine neue Wirtschaftsweise annimmt oder den Siedlungsplatz wechselt. Umgekehrt können sie auch mit anderen Gruppen verschmelzen. Faktoren, die eine solche Verschmelzung wahrscheinlicher machen, sind gemeinsame Sprache, Lebensweise oder Zwischenheiraten. Barth beschreibt die Probleme mit dem primordialistischen Begriff von Ethnizität in einem Rückblick auf seine Arbeit so:

> Wir dokumentierten Situationen, in denen Leute ihre ethnische Identität wechselten. […] Im Gegensatz zu den im Allgemeinen angenommenen Auffassungen, entgegen der Rhetorik von ethnischen Aktivisten und anders, als in den meisten ethnologischen Lehrbüchern verzeichnet, ist ethnische Identität nicht durch grundlegende Fakten einer geteilten Kultur und einer geteilten Geschichte geprägt; anstelle dessen gibt es nur eine sehr begrenzte Anzahl gemeinsamer Merkmale. (Barth 2007:10, Übersetzung HPH)

In der Folge werden zahlreiche Studien über die Entstehung bestimmter ethnischer Gruppen beziehungsweise deren Wandel durchgeführt. Das Wissen um gesellschaftliche Prozesse der Entstehung oder Veränderung ethnischer Gruppen erlaubt es heute, Ethnizität als gesellschaftliches Konstrukt aufzufassen, weshalb das neue Konzept auch als »konstruktivistische Perspektive« bezeichnet wird. Die zentrale These dieser Perspektive lautet: Von Menschen selbst bewusst oder unbewusst herbeigeführte Veränderungen bringen ethnische Zugehörigkeit als Merkmal einer sozialen Gruppe hervor.

So würden zum Beispiel nach der primordialistischen Definition die Iren als Volk gelten, da sie sich eine Sprache und ein Territorium zuschreiben. Tatsächlich sind jedoch die Unterschiede zwischen Katholiken und Protestanten in Irland sehr viel wichtiger. Die historisch entstandenen Religionsgruppen sind heute die eigentlichen »Wir-Gruppen«, und die Zugehörigkeit zu einer dieser Gruppen entscheidet über den Lebenslauf jedes Einzelnen in Irland. Anders liegt der Fall bei indianischen Gruppen in den USA, deren Angehörige keine gemeinsame Sprache mehr sprechen, die sich aber selbst als Stamm definieren, zum Beispiel um bestimmte, nur für Reservate geltende Vorrechte geltend machen zu können. Die Selbstbezeichnung mit dem Namen einer bestimmten indianischen Gruppe verhilft denen, die sich dieser Gruppe zurechnen, zu wirtschaftlichen Vorteilen.

Die geschilderten Beispiele führen zu neuen Forschungsfragen: Wie wird der Prozess der Wir-Gruppenbildung formalisiert und thematisiert? Welche Argumente werden als bedeutsam anerkannt? Was ergibt sich daraus für das tägliche Handeln? Die Grenzen, Merkmale und Zugehörigkeiten einer ethnischen Gruppe sind also keine überzeitlich feststehenden Tatsachen, sondern Gegenstand von Aushandlungsprozessen sowohl innerhalb der Gruppe als auch gegenüber anderen Gruppen. Dabei ist es wichtig, stets mehrere Perspektiven zu beachten: Es geht nicht nur um die Sichtweise eines Einzelnen als Angehörigen der Gruppe, sondern auch darum, wie dieser von anderen gesehen wird (Jenkins 1994). Der Unterschied von Selbstbild und Fremdbild ist für jeden Einzelnen bedeutsam; eine ähnliche Unterscheidung gilt auf der Ebene der Gruppe insgesamt (**Abbildung 2.3**). Im Kontext der Betrachtung einer Gruppe und der mit ihr verbundenen Bilder (Eigenschaften,

Individuelles Selbstbild ↕ Kollektives Selbstbild	Innerhalb ← → Außerhalb Ich ← → Mein (was mir zugeschrieben wird) (subjektiver Wert) Selbstbild ← → Fremdbild Soziale Gruppe ← → Soziale Kategorie	Fremdbild des Individuums ↕ Fremdbild der Gruppe

Abbildung 2.3: Ebenen der Aushandlung ethnischer Zugehörigkeit. Sowohl die eigene Subjektivität als auch die der anderen ist für die Beschreibung einer ethnischen Gruppe bedeutsam. Das gilt auch auf der Ebene der Gruppe: Auch hier gibt es ein Selbstbild der Gruppe und ein Fremdbild, die beide relevant sind. (Quelle: Jenkins 1994, ergänzt)

die über Zugehörigkeit entscheiden) ist weiterhin zu fragen, ob diese Gruppe tatsächlich eine ethnische Gruppe oder nicht eher eine Religions- oder Berufsgemeinschaft ist. Das konstruktivistische Paradigma fragt weniger nach der objektiven Gültigkeit bestimmter Kriterien, sie schärft vielmehr den Blick für Prozesse der Gruppenbildung. Es geht also darum, wie bestimmte Kriterien verwendet, genutzt oder auch ausgenutzt werden.

Unabhängig von Fredrik Barth entwickelt Wilhelm E. Mühlmann (1904-1988) etwa zur gleichen Zeit die Theorie der »limitischen Struktur« (1985:19). Ethnische Gruppen wählen demnach bestimmte Merkmale, um sich von anderen Gruppen abzugrenzen. Grenzen zwischen Gruppen sind weder räumlich noch objektiv, sondern werden von den jeweiligen Mitgliedern bestimmt. Bei den Strukturen der Abgrenzung handelt es sich um Symbole, die erst durch den Gebrauch ihre Bedeutung als Unterscheidungsmerkmale erhalten. Dies kann auf sprachliche Weise, aber zum Beispiel auch durch religiöse Praktiken oder materielle Objekte geschehen. Die Auswahl, Bedeutung und Relevanz solcher Symbole ist das Ergebnis historischer Prozesse. Für Mühlmann steht die strategische Verwendung solcher Symbole im Vordergrund, da diese Kennzeichen von den Angehörigen einer Gruppe selbst konstruiert werden. Die Theorie Mühlmanns ist dennoch höchst kritisch zu rezipieren, da er sie selbst rassistisch interpretierte (vgl. Kapitel 7).

Durch Barths neues Konzept wird die Perspektive auf die Angehörigen der ethnischen Gruppe als Handelnde gelenkt. Die ethnische Gruppe wird dadurch in die übergeordnete Diskussion um die Bildung sozialer Gruppen zurückgeholt, so wie es auch die eingangs wiedergegebene Definition von Max Weber beschreibt. Ethnien sind demnach also lediglich eine besondere Form von Gruppen, deshalb sollte in der Ethnologie stets von *ethnischen Gruppen* die Rede sein.

Zu jeder ethnischen Gruppe gehören bestimmte Kennzeichen, die diese gegenüber anderen auszeichnen. Weil jedes Mitglied diese Merkmale benennen kann und folglich weiß, dass er oder sie zu dieser Gruppe gehört, sind ethnische Gruppen typischerweise so genannte Wir-Gruppen. Damit rückt die ethnische Gruppe in die Nähe des Begriffs der Gemeinschaft – mit ihren vielfältigen Aspekten von Nähe, Zusammengehörigkeit und Solidarität. Ethnische Gruppen sind jedoch durchaus nicht immer Gemeinschaften, obwohl das Bewusstsein der Zugehörigkeit die Tatsache einer Zuordnung einfach macht. Es gibt auch ethnische Gruppen, deren Angehörige wider Willen zu dieser Gruppe gerechnet werden. Die Zugehörigkeit zu einer ethnischen Gruppe ist zwar eine reflektierte soziale Tatsache, sie unterliegt jedoch in vielen Fällen nicht der Willensbildung des Individuums.

2.4 Die ethnische Gruppe als »Wir-Gruppe«

Der hier vorgestellte Ethnizitätsbegriff wird konstruktivistisch genannt, weil er unterstellt, dass die Angehörigen solcher Gruppen selbst in einem historischen, diskursiven – aber nicht immer bewussten – Prozess diese Gruppe geschaffen haben. Dennoch gilt: Eine ethnische Gruppe ist kein Sportverein! Es liegt nicht in der Entscheidungsmacht einer einzelnen Person oder einer einzelnen Gruppe, spontan eine ethnische Gruppe zu bilden. Vielmehr bedarf es länger andauernder Prozesse, bei denen bestimmte Merkmale als Symbole der Gruppenidentität allmählich an Bedeutung gewinnen. Erst indem diese Symbole weithin wahrgenommen werden und durch ihren regelmäßigen Gebrauch allgemeine Anerkennung finden, erlangen sie eine Qualität, die der Markierung von Gruppenidentität dienen kann. Bei solchen Zuweisungen von Bedeutung handelt es sich um diskursive Prozesse: Die

Merkmale einer ethnischen Gruppe sind durch das Sprechen in der Gruppe und über die Gruppe entstanden. An diesen Diskursen sind viele verschiedene Sprecher beteiligt. Selbst dann, wenn sie nicht einer Meinung waren oder wenn in ihren Gesprächen das Thema überhaupt nur am Rande vorkam, ist das Ergebnis dieser Gespräche doch die Identifizierbarkeit der ethnischen Gruppe als solcher.

Diese Prozesse haben ihre Grenzen: Trotz der Relevanz der Diskurse für die Entstehung ethnischer Gruppen ist es nicht möglich, eine solche Gruppe durch das Sprechen allein hervorzubringen oder aufzulösen. Beides ist nur als historischer, in der Regel mehrere Generationen andauernder Prozess möglich.

All die zuvor genannten Aspekte sind in dem Begriff ethnischer Gruppen enthalten und weisen folgende Merkmale auf:
Die Mitglieder einer ethnischen Gruppe

- haben eine gemeinsame Kultur, deren Abgrenzung durch Symbole ausgedrückt wird,
- haben ein gemeinsames Feld der Kommunikation und der Interaktion,
- bestimmen sich durch Diskurse und historische Aushandlungsprozesse,
- haben eine definierbare Zugehörigkeit, die auch von Personen, die dieser Gruppe nicht angehören, anerkannt wird.

Diese Liste ist komplexer als die vorige (s. S. 49) und trägt damit den Widersprüchen und der Komplexität der heutigen Auffassung von Ethnizität Rechnung.

2.5 Vorteile des konstruktivistischen Konzepts von ethnischen Gruppen

Das Label »Ethnische Gruppe« hat spezifische Vorteile, wenn es darum geht, kulturelle Vielfalt zu managen. Immer dann, wenn Angehörige verschiedener Kulturen zusammenleben, scheint der Organisationstyp der Ethnie eine sehr effiziente Strategie zu sein, um im Alltag mit kulturellen Unterschieden umzugehen. Barth selbst hat das bereits erkannt und deshalb für sein *Ethnic Groups and Boundaries* den Untertitel *The Social Organization of Culture Difference* gewählt, also »die soziale Organisation kultureller Differenz«. Ethnizität ist dieser Sicht zufolge nichts, dem das Individuum untergeordnet ist, sondern sie ist der Ausdruck der Fähigkeit, Unterschiede auf der Ebene des Sozialen zu organisieren.

Anstelle von etwas Unhintergehbarem kann Ethnizität in diesem Rahmen als ein Modus effizienten Handelns verstanden werden, der bestimmte gesellschaftliche Probleme in eine diskursive Form bringt. Unterschiedlichen ethnischen Gruppen anzugehören kann ein Grund sein, sich zu streiten, es kann aber auch der Ausgangspunkt dafür sein, Allianzen zu bilden oder eine andere Form des Miteinanders auszuhandeln. Diese Strategien stehen im Zentrum einer positiven Bewertung von Ethnizität als Konzept für das Management kultureller Diversität. Der Andere ist heute nicht eine Erfahrung, die mit räumlicher Distanz korreliert, sondern Teil der Alltagserfahrung in der globalisierten Welt (Kapuscinski 2008).

Im Kontext globaler Migrationen werden so genannte Bindestrich-Identitäten (*hyphenated identities*) in der Ethnologie und in der Öffentlichkeit immer wichtiger (**Abbildung 2.4**). Dabei geht es um die Praktiken der Zugehörigkeit zu mehreren Nationen beziehungsweise kulturellen Gruppen. Gerade der Zusammenhang von Identität und Zugehörigkeit, der sich zum Beispiel durch die Staatsbürgerschaft ausdrückt, wird in der jüngeren Ethnologie verstärkt auf seine inneren Widersprüche hin befragt. Wie verhält sich die Tendenz zur immer häufiger artikulierten doppelten kulturellen Zugehörigkeit zum immer noch dominierenden Begriff einer Nation als identitätsstiftender Einheit? Welche Vorteile ergeben sich für den Einzelnen durch bestimmte Zugehörigkeiten (Croucher 2004)?

Vielfach wird das hier zuletzt erläuterte, konstruktivistische Konzept als »funktionaler Begriff« bezeichnet. Die Gegenüberstellung von primordialistisch und funktional ist jedoch problematisch, da beide Begriffe von Ethnizität funktional genutzt werden (Sökefeld 2007). Der Unterschied besteht darin, dass der primordialistische Begriff in einer bestimmten historischen Epoche von denen als Ressource genutzt wurde, die ihn nicht auf sich, sondern auf andere angewandt haben. Das ist die bereits erläuterte Strategie des *othering*. Der konstruktivistische Ethnizitätsbegriff hingegen wird auch von denen genutzt, die ihn auf sich selbst anwenden, wie das Beispiel der Konkomba zeigt.

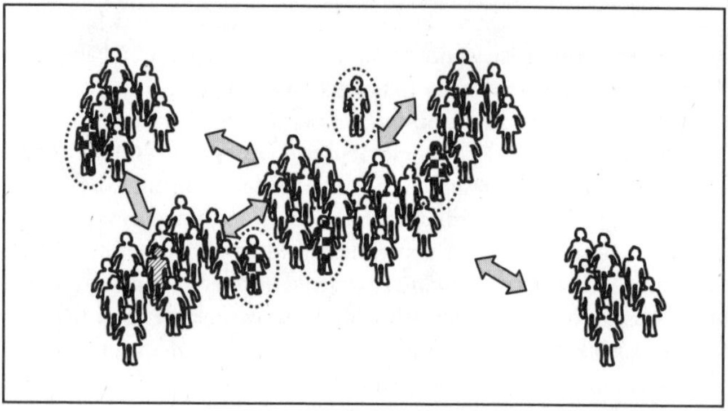

Abbildung 2.4: Zur Wandelbarkeit ethnischer Gruppen. Das Konzept der konstruktivistischen Ethnizität ermöglicht ein besseres Verständnis der historischen Übergänge von ethnischen Selbst- und Fremdbildern. Ethnische Gruppen wandeln sich im Lauf der Zeit sowohl durch Verschmelzung als auch durch Aufspaltung. Im Fokus der gegenwärtigen Ethnologie stehen auch Personen und Gruppen, die mehreren Gruppen angehören (= Bindestrich-Identitäten). (Bildentwurf: HPH)

Ein Vergleich mit der Entwicklung des Kulturbegriffs lässt erkennen, welch weitreichende Übereinstimmungen zwischen dem aktuellen konstruktivistischen Ethnizitätsparadigma und dem universalistischen Kulturbegriff des frühen 19. Jahrhunderts existieren. Kultur ist diesem zufolge etwas, das über die Zugehörigkeit zu einer einzelnen spezifischen Kultur hinausgeht und als erworbene Fähigkeit bei allen Menschen zu finden ist. Solche universellen Grundfähigkeiten betreffen zum Beispiel die Sprache, die grundsätzlich jedes Individuum in die Lage versetzt, an der Gesellschaft und darüber hinaus an Diskursen über die Zugehörigkeit zu einer ethnischen Gruppe teilzuhaben.

Barths konstruktivistisches Modell geht ebenfalls von solchen Vorstellungen aus: Es gibt etwas Universelles, das hinter der Zugehörigkeit zu einer ethnischen Gruppe steht. Es betrifft alle Menschen und stellt die Voraussetzung für Prozesse der Entstehung von ethnischen Gruppen dar: Es geht dabei um die Fähigkeit, an Diskursen zu partizipieren, und um die grundsätzliche Möglichkeit des Menschen, durch soziales Handeln den Prozess der Gruppenbildung zu beeinflussen. In bestimmten Fällen trägt diese Fähigkeit dazu bei, Mauern zwischen Gruppen zu errichten, in anderen, Grenzen zu überwinden oder eine Kommunikation über die Grenzen ethnischer Gruppen hinweg als etwas Normales und Sinnvolles erscheinen zu lassen. Insgesamt lässt sich also feststellen, dass Barths Perspektive, die Handlungsfelder des Einzelnen als universelle Möglichkeit der Menschen anzusehen, überraschende Parallelen zum Kulturbegriff aus Feld 6 (vgl. **Abbildung 1.2**) aufweist.

Der konstruktivistische Ethnizitätsbegriff eröffnet noch weitere Zusammenhänge, die aus der Perspektive des primordialistischen Begriffs nicht verständlich wären. Dabei geht es um die der Ethnologie nahestehenden Fächer Archäologie und Linguistik. Die Archäologie betrachtet das Entstehen und Verschwinden von Gesellschaften als eine grundlegende Eigenschaft der von ihr untersuchten Kulturen. Die zeitliche Unveränderbarkeit primordialistisch definierter Völker steht also im direkten Widerspruch zu den Prozessen des Wandels, die den Archäologen schon lange bekannt sind. Hätte man die Erkenntnisse der Archäologie ernst genommen, dann wären sehr viel früher auch die Prozesse des Wandels für ethnische Gruppen offensichtlich geworden.

Auch die Einsichten aus der Linguistik stehen im Widerspruch zum primordialistischen Konzept von Ethnizität. Linguisten gehen ja gerade nicht von der Konstanz, sondern vielmehr vom Wandel der Sprachen aus. Wie ist es möglich, angesichts der laufenden Entstehung neuer Sprachen und ihrem immer wieder zu beobachtenden Aussterben auch nur zu vermuten, Völker könnten lange Zeiträume unverändert überdauern? Diese Fragen zeigen, wie sehr der konstruktivistische Begriff dazu beiträgt, empirische Forschungsfelder für die interdisziplinäre Betrachtung von Kulturen zu eröffnen.

Die neue Definition macht also neue Einsichten möglich; sie ermöglicht neue Perspektiven auf den zeitlichen Wandel, auf den Wandel von Eigenschaften wie der Sprache und auf die Leistungen von Wir-Gruppen. Der neue konstruktivistische Begriff verlangt jedoch auch eine Reflexion über die Entstehung der ethnischen Gruppe und über die Motive der Personen, die zur Bildung relevanter Gruppensymbole beigetragen haben.

2.6 Zur Modernität ethnischer Gruppen

Welche Rolle spielt die als ethnische Gruppe bezeichnete Form sozialer Organisation in der Gegenwart und Zukunft? Die Kategorie des Ethnischen ist heute zum Beispiel in vielen Regionen Afrikas im Alltag präsent. Die Namen ethnischer Gruppen sind dem aufmerksamen Zuhörer auch ohne ethnografisches Wissen und ohne Kenntnisse lokaler Sprachen schnell vertraut. In Gesprächen werden sie von den Beteiligten immer wieder erwähnt oder in der Rede über Dritte explizit benannt. Die Präsenz des Ethnischen wird auch dadurch deutlich, dass die ethnische Zuordnung Einzelner als informelle Begründung für deren Handeln herangezogen wird. Diese Art von Begründung wird auch als Ausdruck eines Tribalismus beklagt.

Es ist eine der Aufgaben der gegenwärtigen Ethnologie, lokale Vorstellungen über das Ethnische zu untersuchen. Auf der einen Seite gibt es das Beispiel der Konkomba: gebildete und politisch engagierte Angehörige dieser Gruppe nutzen das viele Jahrzehnte zuvor von Fremden etablierte Ethnonym, um politische Forderungen zu begründen. Auf der anderen Seite des Spektrums stehen etwa in der heutigen Republik Sudan arabisch-islamische Gruppen, bei denen eine alte Ideologie der Herkunft existiert, die es auch heute noch legitim erscheinen lässt, von einer Stammesgesellschaft zu sprechen (Beck 1995). Dort ist es die Abstammung in der männlichen Linie, die über die Zugehörigkeit entscheidet. Handelt es sich also um eine primordialistische Ideologie? Gewiss, aber sie passt sehr gut zur konstruktivistischen Definition der Ethnizität, weil sich oftmals doch herausstellt, dass solche Genealogien konstruiert, das heißt durch diskursive Praktiken geschaffen sind. Evolutionistische Theorien der Entstehung von bestimmten Gesellschaftstypen tendieren dazu, die Form der sozialen Organisation als ethnische Gruppe in die Zeit vor der Entstehung von Staaten zu verlegen. Die Rolle ethnischer Gruppen zum Beispiel im heutigen Afrika steht im Widerspruch zu dieser Vorstellung: Trotz der überall schon seit über einhundert Jahren bestehenden staatlichen Organisationsformen sind ethnische Gruppen weiterhin von großer Bedeutung. Solche Befunde können als Indiz für die Modernität des Phänomens ethnischer Gruppen gelten. Die Ideologen des kolonialen Systems wie auch die Politiker der jungen unabhängigen Staaten rechneten fest mit einer Auflösung oder Überwindung der ethnischen Zugehörigkeit als Markierung sozialer Gruppen, sobald die Menschen sich nur an die neuen Strukturen des Staates gewöhnt hätten. Aber es kam anders: Ethnische Gruppen übernehmen heute viele alltägliche Aufgaben, die in westlichen Gesellschaften als Aufgaben des Staats angesehen würden. Das betrifft zum Beispiel die Sicherheit, die soziale Verantwortung für Kinder und Alte sowie die ökonomische Absicherung im Fall von Krankheiten. Wie James Ferguson (2004) hervorhebt, sind die Fortdauer, die große alltägliche Relevanz und die Vitalität ethnischer Solidarität heute vermutlich durch die Schwäche staatlicher Strukturen in Afrika begründet. Dies ist eine in der Forschung bis heute umstrittene These. Sie könnte jedoch erklären, warum Gesellschaften in Afrika überhaupt überleben und nicht angesichts der zahlreichen Krisen und Katastrophen im Chaos versinken.

Marshall Sahlins (1999, 2001) sieht in der ethnischen Gruppe eine Gemeinschaftsform, die in der gegenwärtigen, durch die Globalisierung ausgelösten Krise der Staatlichkeit eine große Zukunft hat. Ihm zufolge ist das Prinzip der Zusammengehörigkeit in einem Staat aus der Organisationsform des Ethnischen hervorgegangen, könnte sich aber wieder auflösen und in die neue Struktur einer translokalen Ethnizität übergehen. Auch in Sahlins' Argumentation stehen soziale Leistungen im Vordergrund. Der spezielle Vorteil ethnischer Organisation liegt demnach in der Enträumlichung: Arbeitsmigranten fühlen sich an jedem Punkt des Globus gleichermaßen verpflichtet, »ihre« Gemeinschaft zu unterstützen. Mobilität über Ländergrenzen hinweg entbindet nicht von den sozialen Verpflichtungen, die sich aus ethnischer Zugehörigkeit ergeben.

Welche Folgen hat die neue Rolle des Ethnischen für die Arbeit von Ethnologen? Die neuen Realitäten verlangen zunächst die Anerkennung des konstruktivistischen Konzepts von Ethnizität: Nur dadurch werden Geschichtlichkeit und Wandelbarkeit ethnischer Gruppen und ihre Selbstbestimmung durch soziales Handeln hinreichend berücksichtigt. Andererseits ist anzunehmen, dass die primordialistische Sicht auch heute noch von Personen artikuliert wird, die damit ihre politischen Interessen durchsetzen wollen. Wie Ethnologen zeigen können, hat das alte Konzept überzeitlicher, unveränderlicher Eigenschaften einer Gruppe heute in vielen Kontexten immer noch eine erhebliche politische Wirkung.

2.7 Zusammenfassung

In diesem Kapitel wurden zwei wichtige Konzepte ethnischer Gruppen vorgestellt und in ihren Konsequenzen für gesellschaftliche und politische Entwicklungen erläutert.

1. Das Konzept primordialistischer Ethnizität unterstellt eine zeitlose Identität auf der Grundlage eines gemeinsamen Territoriums, einer Sprache und einer exklusiven Zugehörigkeit. Dieses Konzept entstand unter bestimmten historischen Bedingungen (in der Epoche des Kolonialismus) und war von spezifischen Interessen geleitet (der Zuweisung ethnischer Zugehörigkeit durch überlegene und privilegierte Andere). Die Kolonialisten nutzten die von ihnen definierten Merkmale einer ethnischen Gruppe und die Abgrenzung eines spezifischen Territoriums auf der Landkarte zur Erzeugung von Andersartigkeit (*othering*). Die Bestimmung eines Ethnos implizierte eine Strategie der Verallgemeinerung, der zufolge weniger individuelle Leistungen als vielmehr allgemeine Merkmale einer Gruppe im Vordergrund stehen sollten.

2. Das Konzept konstruktivistischer Ethnizität versteht ethnische Gruppen als spezifische Form sozialer Gruppen. Merkmale sind die Identifikation mit der Gruppe (Wir-Gruppe) und die Erkennbarkeit für Andere. Dieses Konzept wurde zuerst von Fredrik Barth vertreten, der damit alte Auffassungen in Frage stellte. Ethnien sind nicht etwas Gegebenes, sondern beruhen auf Aushandlungsprozessen, die es möglich machen, den Charakter des Konstruierten in dem Begriff und den ihm zugeschriebenen Eigenschaften zu erkennen. Zu den wichtigsten Eigenschaften, die diesem Typ sozialer Gruppe zukommt, gehört die Identifikation der Angehörigen der Gruppe selbst, die als Handelnde aktiv an der Definition derjenigen Symbole und Praktiken beteiligt sind, die ihre ethnische Gruppe als solche erkennbar werden lassen.

Es ist zudem deutlich geworden, dass heute beide Begriffe von Ethnos nebeneinander stehen und auch außerhalb der Wissenschaft genutzt werden. Ein Beispiel dafür ist die gefährliche Ideologie des Tribalismus. Ideen über Ethnizität werden in der Öffentlichkeit aufgegriffen und für die Ziele bestimmter Interessengruppen eingesetzt. Solche Funktionalisierungen kritisch zu untersuchen ist eine wichtige Aufgabe der Ethnologie.

3. Was sind ethnografische Methoden?

Die Grundlage der Ethnologie sind Beschreibungen und Interpretationen von Kulturen, Gesellschaften und ethnischen Gruppen aus aller Welt. Für Dokumente mit solchen Beschreibungen gibt es einen Fachausdruck: Es handelt sich um Ethnografien oder »ethnografische Monografien«. Vor allem während der Phase der deskriptiven Ausrichtung der Ethnologie, also zwischen 1870 und 1970, galt die Erstellung solcher Ethnografien als die wichtigste Aufgabe der Ethnologie. Die auf diese Weise festgehaltenen Beobachtungen, Aussagen und Texte repräsentieren das gesammelte empirische Wissen des Fachs. Bis heute bleiben ethnografische Studien eine wichtige Wissensgrundlage für Ethnologen. Auf welcher Grundlage und mit welchen Methoden erstellen Ethnologen solche Ethnografien? Das ist das Thema dieses Kapitels. Es geht darum, Methoden der Ethnografie darzustellen und ihren Wandel im Lauf der Entwicklung des Fachs zu schildern.

Die beiden in den letzten Kapiteln erläuterten Grundbegriffe »Kultur« und »ethnische Gruppe« sind eng miteinander verknüpft. Wandlungen des Kulturbegriffs sind in den Veränderungen der Konzepte von Ethnizität wiederzuerkennen. Ähnliche Veränderungen im Hinblick auf ethnografische Methoden sind Gegenstand dieses Kapitels. Wie geschildert, gehört zu jedem der beiden Begriffe – Kultur und ethnische Gruppe – ein verzerrendes Gegenbild, das die Ethnologen sozusagen verfolgt. Das problematische Gegenbild des Kulturbegriffs ist das des Rassismus. Das gefährliche Gegenbild des Konzepts der ethnischen Gruppe ist das des Tribalismus. Diese Ideologien haben in öffentlichen Debatten und im politischen Handeln großen Schaden angerichtet, für den Ethnologen insoweit mitverantwortlich sind, als es ihnen nicht gelungen ist, in ausreichendem Maße vor diesen menschenverachtenden Konzepten zu warnen. Auch für die ethnografischen Methoden gibt es ein solches Gegenbild: Das der Spionage, das auch Fragen nach der ethischen Grundlage ethnografischen Forschens aufwirft, wie am Ende des Kapitels noch näher erläutert werden wird. Aber die Ethnologie hat auch immer wieder Kritik am Missbrauch ihrer Begriffe geübt und die Kraft zur kritischen Revision gefunden. Hinter solchen Überarbeitungen und Kritiken steht ein universelles Prinzip von Wissenschaftlichkeit: Jede Disziplin muss die Bereitschaft zur Hinterfragung der eigenen Begriffe aufbringen; die Fähigkeit, Begriffe neu zu definieren und durch Forschungsergebnisse die Nützlichkeit der Neubestimmung zu belegen, ist Ausdruck der Vitalität des betreffenden Faches insgesamt. Das gilt auch für die Ethnologie. Möglicherweise sind die widersprüchlichen Bewertungen von Konzepten eine Herausforderung für eine Einführung in dieses Fach. Aber zugleich sind es genau diese Neudefinitionen, die der Ethnologie eine Zukunftsperspektive eröffnen.

Zur Strategie der Neudefinition gehört auch die – im Hinblick auf Kultur und ethnische Gruppe bereits geschilderte – Verfahrensweise, umgangssprachlich verbreitete Begriffe zunächst in das wissenschaftliche System aufzunehmen, sie zu schärfen, ihre Bedeutung zu präzisieren und einzuengen, um sie dann wiederum populär zu machen, sie also der Öffentlichkeit zurückzugeben. Wie zu zeigen sein wird, gilt das auch für ethnografische Methoden.

Grundsätzlich kann die Entwicklung ethnografischer Methoden als eine außerordentliche Erfolgsgeschichte der Ethnologie gelten. Diese werden heute weit über das Fach hinaus angewandt; vielfach wird Ethnologie eher aufgrund ihrer Methoden wahrgenommen als aufgrund ihres Gegenstands. Die große Akzeptanz ethnografischer Methoden in den letzten dreißig Jahren hat wesentlich dazu beigetragen, die Bedeutung der Ethnologie insgesamt zu stärken. Zudem ist der so genannte ethnografische Blick längst ein umgangssprachlicher Begriff geworden, der unter anderem im Feuilleton angekommen ist. Er steht dafür, einen beliebigen Gegenstand der Beobachtung aus größter Nähe und so genau wie möglich zu erfassen, aber zugleich große Distanz zu wahren. Diese widersprüchliche Haltung wurde der Ethnologie aber auch zum Vorwurf gemacht, was in diesem Kapitel ebenfalls thematisiert werden soll.

Nicht anders als »Kultur« und »ethnische Gruppe« reiht sich auch »Ethnografie« als zentraler Begriff der Ethnologie in deren spezifischen Kontext als verspätete Wissenschaft ein. Aus dieser Perspektive ist die besondere Bedeutung der ethnografischen Beobachtung als Methode besser erkennbar. Da jedes wissenschaftliche Fach Gegenstand und Methode braucht, leistet die Entwicklung von spezifischen Methoden einen wichtigen Beitrag für die fachliche Identität der Ethnologie. Den Gegenstand »Kultur« teilt die

Ethnologie zweifellos mit vielen anderen Fächern, aber erst in der Präzisierung, wenn nämlich die Vielfalt der Kulturen oder der ethnischen Gruppen in den Fokus rückt, tritt die Eigenständigkeit der Ethnologie hervor. Um diese Vielfalt zu beschreiben, sind die ethnografischen Methoden unverzichtbar.

3.1 Beobachten als ethnografische Methode

Die grundlegendste Methode der Ethnologie ist die Beobachtung. Das ist zunächst etwas sehr Alltägliches, das sich anscheinend einer wissenschaftlich exakten Definition entzieht. Trotz dieser Unschärfe hat die Beobachtung als zentrale Methode den Vorteil, deutlich zu machen, wie sehr die Ethnologie eine Wissenschaft des Alltags ist. Ihre Wissensgrundlage sind ethnografische Dokumente, in denen beschrieben wird, was jeder Einzelne und was soziale Gruppen täglich tun oder unterlassen. Ethnografie bedeutet, genau dies zu beobachten, und offensichtlich gibt es so etwas wie eine ethnografische Grundkompetenz, unabhängig davon, ob der Name des Faches Ethnologie dabei genannt wird. Die Voraussetzung für Ethnografie ist die Fähigkeit zur Beobachtung der sozialen Umwelt.

Der Phänomenologe Alfred Schütz (1899-1959) hat zwischen *umweltlicher* Beobachtung und *mitweltlicher* Beobachtung unterschieden. Umweltliche Beobachtungen sind solche von Dingen, von Natur und von der Umwelt im Allgemeinen. Ein Beispiel dafür wäre der Vogelflug, der zwar eine genaue und differenzierte Beobachtung erfordert, aber kaum eine Interpretation. Mitweltliche Beobachtung hingegen bezieht sich auf die Beobachtung von Menschen, deren Handeln und deren Lebenswelt (Schütz 1932:236). Diese Art der Beobachtung erfordert nicht nur das Sehen oder Betrachten, sondern ganz wesentlich auch die Interpretation. Da beide Arten von Beobachtung ganz alltäglich sind, können wir uns alle im Hinblick auf die grundlegende Methode als Ethnografen verstehen – allein aufgrund unserer Alltagskompetenz (**Abbildung 3.1**).

Noch eine weitere, für die Ethnologie ebenfalls bedeutsame Feststellung ist daraus abzuleiten. Gesellschaft konstituiert sich überhaupt erst durch Systeme verschränkter Beobachtung. Einander zu beobachten, diese Beobachtungen zu interpretieren und sie

umweltliche Beobachtung → Beobachtung der belebten und unbelebten Umwelt. Die Beobachtung geht nur in eine Richtung, es gibt keine Veränderung des Beobachters.	
mitweltliche Beobachtung → Beobachtung eines oder vieler anderer Menschen. Es besteht die Möglichkeit der zirkulären Erweiterung, die Beobachteten können ihrerseits beobachten. Das Beobachten als soziales Handeln verändert alle Beteiligten.	

Abbildung 3. 1: Beobachtung als ethnografische Methode. Nach Alfred Schütz sind die Beobachtung anderer Menschen, ihres Handelns und die Interpretation dieser Beobachtung konstitutive Praktiken menschlicher Vergesellschaftung. Jede mitweltliche Beobachtung kann auch Ethnografie sein. (Bildentwurf: HPH, Illustration: Berno Hellmann)

zu verstehen ist die Voraussetzung für die Entstehung von Sinn in einer Gesellschaft. Gesellschaft beruht also auf der gegenseitigen Beobachtung und der Interpretation des Gesehenen.

3.2 Frühe Methoden in der Ethnologie

Die Geschichte der ethnografischen Methoden lässt sich als Pendelbewegung beschreiben. Die ältesten Berichte über fremde Kulturen, die zum Teil lange vor der Entstehung des Faches entstanden sind, aber heute durchaus als Ethnografien angesehen werden, beruhen wesentlich auf alltäglichen Beobachtungen, so wie sie gerade als grundlegende Methode der Ethnologie dargestellt wurden. Etwa zeitgleich mit der Etablierung als akademischer Disziplin, also um 1870, kommen die ersten Ethnologen zu der Überzeugung,

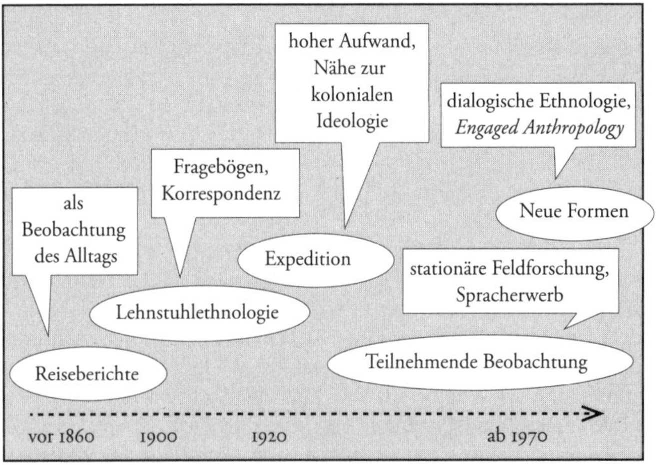

Abbildung 3.2: Historische Abfolge der Methoden. Erst mit der Lehnstuhlethnologie beanspruchten Ethnologen, eine eigene wissenschaftliche Methode zu haben. Die Methoden lösen einander ab, aber es gibt Perioden der Überlappung. (Bildentwurf: HPH)

dass solche Alltagsmethoden nicht ausreichend für ihre Fragestellung seien, und entwickeln sehr viel spezifischere Methoden. Noch einmal etwa 50 Jahre später findet die Ethnologie wiederum den Weg zur »alltäglichen Beobachtung« zurück (**Abbildung 3.2**). Die folgenden Überlegungen zur Entwicklung der Methoden sind also vor dem Hintergrund des Bildes der Pendelbewegung zwischen alltäglicher und spezifischer Beobachtung zu verstehen.

Im Europa des 16.-18. Jahrhunderts sind Reiseberichte eine wichtige literarische Gattung. Wie der Ethnologe Karl-Heinz Kohl (1981) hervorhebt, stoßen damals insbesondere die Berichte über außereuropäische Kulturen auf große Resonanz und geben der Philosophie und Gesellschaftstheorie wichtige Impulse. Die Autoren, deren Berichte sich aus heutiger Perspektive als ethnografische Berichte bezeichnen lassen, begeben sich aus den verschiedensten Gründen auf Reisen. Ein Beispiel dafür ist der Baron de Lahontan (1666-1715), Offizier der französischen Armee, der Ende des 17. Jahrhunderts durch Nordamerika reist und nach seiner

Rückkehr, im Jahr 1703, ein dreibändiges Werk über die ethnische Gruppe der Huronen veröffentlicht (Lahontan 1982, Saage 2001). Es beruht weitgehend auf Alltagsbeobachtungen, aber dennoch würde heute jeder Ethnologe zustimmen, dass es sich dabei um ein wertvolles ethnografisches Werk über diese indianische Gruppe handelt. Dieses Buch war zum Beispiel von größter Bedeutung für die Philosophie Jean-Jacques Rousseaus und sein Idealbild vom Menschen im Naturzustand.

Ähnliches gilt auch für den arabischen Gelehrten und Diplomaten Ibn Battuta (1304-1377). Dieser Weltreisende ist der Autor wertvoller historischer Berichte über Westafrika aus dem 14. Jahrhundert (Leicht 1974, Waines 2010). Aus Marokko stammend, nutzt er die Gelegenheit einer Wallfahrt nach Mekka, um durch Westafrika zu reisen und dann, nachdem er Mekka erreicht hat, weiter in den Osten, nach Indien und darüber hinaus. In Delhi arbeitet er einige Jahre als Richter und Diplomat, bevor er in offizieller Mission nach China weiterreist. Er findet auf all diesen Reisen genügend Zeit, um alltägliche Beobachtungen zu sammeln, diese zu notieren und nach seiner Rückkehr einen umfassenden Reisebericht zu veröffentlichen.

Ein drittes Beispiel solch ethnografischer Beobachtung noch vor der Etablierung des Fachs stammt von Heinrich Barth, der in den Jahren 1850-1855 im Auftrag der British Royal Society durch Westafrika reist und nach seiner Rückkehr ein mehrbändiges Werk über seine Reise veröffentlicht (Barth 1857). Barth hat Geografie studiert und reflektiert selbst über die Probleme und Grenzen der Beobachtung der von ihm besuchten Gesellschaften. Ohne je »Ethnologie« studiert zu haben, verfasst er doch einen Abschnitt unter der Überschrift »Völkerverhältnisse«. Auch wenn er also kein Ethnologe war, sind seine Berichte heute eine ethnografische Quelle von unumstrittener Qualität. Wie Gerd Spittler (2008) hervorhebt, zeichnen sich seine Berichte durch ihre Unmittelbarkeit und Genauigkeit aus.

Die drei hier genannten Reisenden dokumentieren in erster Linie ihre Alltagserfahrungen. Auch wenn ihre Berichte heute von großem Wert sind, so handelt es sich doch nicht um professionelle Ethnografien im Sinne einer wissenschaftlichen Beobachtung. Im Gegensatz dazu ist es für frühe Ethnologen wie zum Beispiel den bereits erwähnten Edward Tylor ein Zeichen von Professionalität, selbst weder zu reisen noch zu beobachten. Sie werten die Reiseberichte aus und senden Briefe mit Fragebögen in die Regionen. Daraus entstehen umfangreiche Listen, wie zum Beispiel die *Notes and Queries on Anthropology*. Dieses Buch mit Fragelisten wird vom Royal Anthropological Institute zuerst 1874 und danach in ergänzten und erweiterten Neuauflagen bis 1951 mehrfach aufgelegt. Ethnologen, die selbst nicht die Länder ihres Interesses bereisten, werden heute als »Lehnstuhlethnologen« (*armchair anthropologists*) bezeichnet – der Spott in dieser Bezeichnung ist offensichtlich. Die unmittelbare Beobachtung spielte damals keine Rolle, galt sie doch nicht als wissenschaftliche, sondern eher als eine allgemein menschliche Technik. Die Aufzeichnung der Beobachtungen war deshalb kein Merkmal wissenschaftlicher Distinktion.

Zu den wichtigen Methoden der Zeit der frühen Ethnologen gehört auch das Zeichnen von Karten, auf denen die Verbreitung bestimmter Kulturmerkmale verzeichnet wird (vgl. **Abbildung 2.2**). Sie sind die besten Hilfsmittel der Lehnstuhlethnologen und galten auch dann noch als Medium der Repräsentation ethnografischen Wissens, als Ethnologen ihr Wissensbedürfnis nicht mehr nur durch Reisen in die Welt der Briefe, Fragelisten und Bücher stillten, sondern selbst Expeditionen unternahmen.

Zur Logik der Entwicklung des Fachs gehört es, dass schon nach kurzer Zeit die Mängel der Reiseberichte thematisiert wurden. Wie John Urry (1972) hervorhebt, klagen Ethnologen schon im 19. Jahrhundert über Lücken und Fehler in den Berichten der Kolonialbeamten, Kaufleute und Missionare. Verglichen mit den Anliegen der Ethnologen seien die Berichtenden von ganz anderen Interessen geleitet. Darüber hinaus werden diese dafür kritisiert, dass sie bestimmte Regionen überhaupt nicht aufsuchen und deshalb auch keine Berichte darüber produzieren. Andere, häufig frequentierte Regionen sind dagegen Gegenstand zahlreicher, nicht selten einander widersprechender Reiseberichte. Schließlich, so eine dritte Kritik, konzentrierten sich die alltäglichen Beobachtungen auf bestimmte Aspekte der beobachteten Gesellschaften, andere hingegen würden in den Berichten kaum je erwähnt.

3.3 »Feldforschung« als ethnografische Methode

Schon ab den 1880er Jahren, aber vermehrt erst nach 1900 begeben sich deshalb Ethnologen selbst zu den sie interessierenden Kulturen, um zu beobachten und zu fragen.[2] Die Ethnologen suchen verschiedene Gegenden auf, oft von einem großen Expeditionsteam begleitet, dem auch verschiedene Spezialisten angehören. So reist zum Beispiel Leo Frobenius in den Jahren 1907-1909 in Begleitung je eines Zeichners und eines Architekten nach Westafrika (Frobenius 1909). Der Architekt sollte die Hausformen in den besuchten Gegenden dokumentieren, der Zeichner die Objekte skizzieren.

Die wichtigste Motivation für Frobenius' Forschungsreisen ist seine Überzeugung, dass Ethnologen von den untergehenden Kulturen durch Dokumentation möglichst viel retten sollen, bevor diese durch den europäischen Einfluss unwiederbringlich zerstört werden. Die Idee von der Rettung untergehender Kulturen erklärt, warum Frobenius dem Reisen so viel Bedeutung beigemessen hat:

> Wenn wir immer nur abwarten wollten [...], daß irgendwelche Interessenten nach ihrem Belieben und nach zufälliger Verteilung die Aufhellung der ethnographischen Verhältnisse herbeiführen würden, so würde unsere kartographische Darstellung immer den Eindruck eines Leopardenfelles machen. Bei der Geschwindigkeit, mit der unter dem Einfluß des europäischen Wirtschaftslebens jetzt die afrikanische Kultur zersetzt wird, gilt es die Raumfülle schnell systematisch zu erkunden. (Frobenius 1911:125)

Zusammen mit dem Personal und den Trägern umfassen seine Expeditionen oftmals über hundert Menschen, die auf den Forschungsreisen durch verschiedene Gegenden Afrikas jeweils mehrere Monate unterwegs sind, aber selten länger als einige Tage an einem Platz bleiben (vgl. dazu Kapitel 7). Was er sieht, notiert Frobenius. Was er von den »herbeigerufenen« Ältesten aus einer bestimmten Ortschaft oder von einer ihn interessierenden ethnischen Gruppe in Erfahrung bringen kann, wird aufgezeichnet (Hahn 1995). Frobenius' Arbeitsweise und die seiner Zeitgenossen kann aus heutiger Sicht als früher Versuch gelten, ethnografische Metho-

2 Wie in Kapitel 7 näher geschildert, gibt es wichtige Ausnahmen von dieser Regel. Das betrifft zum Beispiel Adolf Bastian, der sehr viel früher als Reisender die Welt kennenlernte und dieses Wissen als Ethnologe nutzte.

den zu etablieren und damit einen Beitrag zur Professionalisierung des Fachs zu leisten (Frobenius 1910).

Der hier erstmals verwendete Begriff des Informanten wird in den Jahrzehnten danach zu einem zentralen Begriff der Ethnografie überhaupt: Man bezeichnet damit die Personen, von denen man wichtige Informationen über Kultur und Gesellschaft der Region erhält.

Zu jener Zeit kommt ein weiterer, heute vielfach gebrauchter Begriff ins Spiel, der für die Methoden der Ethnologie von großer Bedeutung ist. Der Ort der Forschung, die lokale Gesellschaft, in der Ethnologen ihre Beobachtungen durchführen, wird seit den 1920er Jahren gemeinhin als das Feld und die Arbeit dort als Feldforschung bezeichnet. »Feldforschung« bezeichnet also keine Methode, sondern vielmehr ein Spektrum von Methoden, die ein Ethnograf anwendet. Im Kontext der Möglichkeiten wählt er aus, was ihm geeignet erscheint, um das in Erfahrung zu bringen, was er wissen möchte.

Der Begriff »Feld« war bereits vor 1900 in den Naturwissenschaften etabliert. Der britische Ethnologe Alfred C. Haddon (1855-1940), ursprünglich als Biologe ausgebildet, nutzt ihn schon im Jahr 1898 für die Erfassung von Daten während seiner Expedition zur Torres-Straße (Stocking 1983:80). Das »Feld«, also der Ort der Forschung, wird damit zum Dreh- und Angelpunkt für die Beobachtung von Phänomenen aus unterschiedlichen Disziplinen wie Biologie, Geografie, biologische Anthropologie und auch Ethnologie. Haddon legt Wert darauf, dass erst durch intensive fächerübergreifende »Feldstudien« eine hinreichende Qualität der Dokumentation erreicht werden kann und nur so Widersprüche in der Beschreibung zu vermeiden sind (Herle und Rouse 2008:15). Nicht mehr die Tradition eines Fachs, sondern die Verknüpfung von unterschiedlichen Beobachtungen an einem Ort bilden das neue Paradigma, das mit dem Begriff »Feld« verbunden ist.

Vieles von dem, was sich im Feld oder auf Expeditionen abspielte, lässt sich mit der Idee der Versachlichung erklären, zum Beispiel die Methoden der Aufzeichnung, etwa in der Form von Fotos und Tondokumenten. Auch Frobenius nutzte bereits die damals modernsten Techniken der Dokumentation wie etwa den Fotoapparat, so dass es heute einen umfangreichen Korpus an Fotos seiner Expeditionen gibt. Das schriftliche Aufzeichnen von

Notizen wird einem strengen Rhythmus unterworfen und soll sich stilistisch am Protokoll orientieren. Der daraus resultierende Kodex der Kommunikation zwischen Forscher und Erforschtem hat zur Folge, dass Feldforschung nun nicht mehr einfach nur mitweltliche Beobachtung ist, sondern weiteren, zum Teil sehr anspruchsvollen Kriterien genügen muss. Im Feld ist der Ethnologe ganz auf die Ethnografie konzentriert; er folgt nur dieser einen Verpflichtung. Wie Justin Stagl (1985) betont, entstand damals die Ideologie der Feldforschung als Ausdruck der Professionalität des Faches.

Die genannten Aspekte (die Idee der Rettung untergehender Kulturen, die Identifikation von Informanten, die Versachlichung durch die Bezeichnung Feld) sowie die technischen Mittel der Aufzeichnung werden um 1900 kaum explizit diskutiert. Bilder von Szenen der Feldforschung und Schilderungen des Tagesablaufs belegen jedoch gut, wie Ethnologen damals »im Feld« ihrer Tätigkeit nachgingen. Sie lassen zum Beispiel erkennen, wie der Ethnologe seiner Autorität als Wissenschaftler durch das Sitzen auf einem Stuhl und an einem Tisch Ausdruck verleiht, wohingegen die Informanten auf dem Boden sitzen. Solche »Gewährsleute« werden herbeigerufen und ausgefragt. Sie haben zu schweigen, wenn sie nicht gefragt werden, und können kaum Einfluss auf die behandelten Themen nehmen. Solche Methoden sind keine Beobachtungen, sondern haben große Ähnlichkeit mit Verhören.

Die genannten Techniken – Tonaufzeichnungen, Fotografieren, Verhör und Interview – werden im Allgemeinen eher mit der polizeilichen Verbrechensaufklärung als mit wissenschaftlichen Methoden assoziiert. Aus heutiger Sicht sind sie illegitim, und die Verbindung zur damals herrschenden Ideologie des Kolonialismus ist offensichtlich. Damals aber waren diese Mängel den Ethnologen kaum bewusst; vielmehr glaubten sie, mit den neuen Techniken zur Professionalisierung der Ethnologie beizutragen.

Tatsächlich handelt es sich aus heutiger Sicht eher um Techniken der Distanzierung. Feldforschungen zur Zeit der Expeditionen sind als – möglicherweise unbewusste – Strategien zu verstehen, mit denen Distanz gegenüber den »Erforschten« aufgebaut und aufrechterhalten wird. Die Nutzung von Feldforschung zur Erzeugung von Distanz ist eine Strategie, die im letzten Kapitel schon als Konstruktion von Alterität geschildert wurde. Das *othering* ist eine mit der kolonialistischen Ideologie eng verbundene Praxis, die sich damals auch in den verwendeten ethnografischen Methoden niederschlug.

Solche Techniken der Ethnografie sind bis in die 1950er Jahre von Bedeutung gewesen, und sie werden gelegentlich auch heute noch angewandt. Sehr viel früher schon wurde aber auch innerhalb der Ethnologie erkannt, dass diese Vorgehensweise im Widerspruch zu den zentralen Anliegen des Fachs steht. Als Basis einer Ethnografie ist der Bezug auf das Alltägliche unverzichtbar, das Herbeirufen, die Verhöre und die Fotos sind jedoch nur noch ein entferntes Echo der Lebenswirklichkeit. Im besten Fall sind sie ein Bericht über den Alltag; unmittelbare Alltagsbeobachtungen sind auf diese Weise jedoch kaum möglich.

Es war Bronislaw Malinowski (1884-1942), der dieses Dilemma überwand und ein neues Paradigma entwickelte, das für den Aufstieg der Ethnologie im 20. Jahrhundert von entscheidender Bedeutung sein sollte: die *Teilnehmende Beobachtung.*

3.4 Teilnehmende Beobachtung

Die Teilnehmende Beobachtung, die untrennbar mit Malinowskis Namen verbundene Methode, wird von ihm erst Jahre nach dem Ende seiner Feldforschungen und im Rückblick näher bestimmt. Malinowski studiert nach einigen Semestern in seiner Heimatstadt Krakau in Leipzig Mathematik und Philosophie und hört zugleich bei Wilhelm Wundt (1832-1920) – dem Begründer der experimentellen Psychologie – Vorlesungen über »Völkerpsychologie«. Treffend bezeichnet Michael Young (2004) in seiner Malinowski-Biografie diesen Lebensabschnitt als »Odyssee«. Malinowski ist sich in den Jahren seines Studiums und auch noch nach seiner Promotion in Krakau und während seines Aufenthaltes in Leipzig nicht darüber im Klaren, welcher Disziplin er sich widmen will. Er fühlt sich von Philosophie und Physik ebenso angezogen wie von der Ethnologie, die er durch Wundt kennengelernt hat und für die ihn insbesondere die Werke von James Frazer begeistert haben (vgl. Kapitel 4).

Im Frühjahr 1910 reist Malinowski nach London und studiert dort an der London School of Economics unter anderem bei Charles G. Seligman (1873-1940) weiter, einem der Teilnehmer der erwähnten Expedition zur Torres-Straße. Schnell findet Malinowski Anerkennung, publiziert über Familienstrukturen der Aborigines in Australien und erhält die Chance, im Sommer 1914 nach Sydney zu reisen, um an einem Kongress der British Association for the Advancement of the Sciences teilzunehmen. Da er Bürger der habsburgischen Monarchie ist, gilt er in Australien mit Ausbruch des Ersten Weltkriegs jedoch als feindlicher Verbündeter und hätte sofort als Kriegsgefangener interniert werden müssen. Aufgrund seiner Beziehungen zur Universität findet er allerdings einen Weg, anstelle der Gefangenschaft die Zeit des Krieges auf einer abgelegenen Insel zu verbringen. So kommt es, dass er während der Kriegsjahre das australische Territorium nicht verlassen darf und zwischen Sydney, Port Moresby (Papua Neuguinea) und den Trobriand-Inseln unterwegs ist. Seligman, sein Förderer in den ersten Jahren in Großbritannien, hat schon vor der Ankunft von Malinowski eigene ethnografische Forschungen betrieben. Aufgrund dieser Erfahrungen ist er vom Wert einer »Feldforschung« überzeugt und unterstützt Malinowski auch in dessen Plan, im Anschluss an den Kongress einige Monate Feldforschung in Australien durchzuführen. Der zeitliche Rahmen aber ist nun ein ganz anderer als erwartet.

Malinowski nutzt die Jahre seines unfreiwilligen Aufenthalts auf den Trobriand-Inseln, um die lokale Sprache zu erlernen, und er macht es sich zum obersten Prinzip, möglichst viele Ereignisse des Alltagslebens einfach mitzuerleben, ohne Befragungen durchzuführen. Er führt zwar auch Interviews, betrachtet diese Methode aber als weniger wichtig als die unmittelbare Anwesenheit bei bestimmten gesellschaftlichen Ereignissen. Das alltägliche Geschehen – und nicht irgendwelche von ihm vorformulierten Fragen oder Interessen – soll als Maßstab dessen gelten, was er beobachtet.

Wenn bestimmte Ereignisse nur einmal im Jahr stattfinden (zum Beispiel die Jamsernte), so hat Malinowski möglicherweise ein Jahr abzuwarten, bis er dieses Ereignis miterleben und zugleich beobachten kann. Um solche Ereignisse zu beobachten, bedarf es der Geduld und der Bereitschaft, sich auf den Rhythmus und die Normalität des Alltags einzulassen. Dieses »am Alltag teilnehmen« macht sich Malinowski zur Regel. Das bedeutet im Kontrast zum früheren Expeditionsstil: keine Sitzungen einberufen, keine Fragelisten abarbeiten und sich nicht auf einzelne Gewährsleute stützen.

Das geht so weit, dass er mitunter das Fotografieren vergisst, was er nachträglich als Fehler bezeichnet:

> Ich betrachtete Fotografie als nachgeordnete Tätigkeit und als [...] wenig bedeutsam, um Informationen zu sammeln. Das war ein ernsthafter Fehler. Ein Beispiel dafür ist meine Nachlässigkeit, eine Gruppe von Männern, die vor einem Haus sitzt, nicht fotografisch aufzunehmen, weil sie wie eine ganz alltägliche Gruppe aussah. (Malinowski 1935:461, Übersetzung HPH)

Teilnehmende Beobachtung bedeutet also zunächst einen viel größeren Bedarf an Zeit. Wichtiger ist aber noch der Verzicht auf vieles, was den Ethnologen damals als Kennzeichen der Professionalität gilt. Im Gegenzug kommt ein neuer Aspekt der Beobachtung hinzu, der als Kern der Teilnehmenden Beobachtung hervorzuheben ist: der stetige Wechsel von Teilnehmen (also Miterleben) und Beobachten. Teilnehmende Beobachtung beruht auf der Idee, dass die Beobachtung nicht vom Miterleben, von der Teilnahme am Alltag der Gesellschaft abgetrennt werden darf.

Malinowski hat seine umfassenden Feldforschungsergebnisse zuerst in *Argonauten des westlichen Pazifik* (1922) veröffentlicht. Dieses Buch, vier Jahre nach seiner Rückkehr veröffentlicht, kann heute als das eigentliche Gründungsdokument der modernen Ethnografie gelten. Ihm folgen zwei weitere ethnografische Bände über die Gesellschaft der Trobriander. In diesen Büchern ist noch nicht von der »Teilnehmenden Beobachtung« die Rede, aber schon in der Einleitung zum ersten Band verweist er auf die methodischen Vorbedingungen, die er für den Erfolg seiner Forschung für unverzichtbar hält. Diese Bedingungen gelten heute als Merkmale der Teilnehmenden Beobachtung. Dazu gehören:

- Stationäre Feldforschung,
- Erlernen der Sprache,
- Bereitschaft, eine ähnliche Lebensweise wie die der Gastgeber anzunehmen,
- Erwerb sozialer Kompetenzen, das heißt der richtigen Umgangsweisen und der richtigen Beurteilung von Situationen.

All diese Bedingungen beziehen sich auf die Fähigkeiten des Forschers, äußere Hilfsmittel sind nicht mehr von Belang. Der Forscher wird – wenigstens graduell – zu seinem eigenen Gewährsmann. Die Kompetenz, die er durch den Aufenthalt im Feld erworben hat, kommt durch eine sekundäre Sozialisation zustande.

Sie entspricht einem Heranwachsen, einem »zu einem Teil der Gesellschaft werden« in einer neuen Umgebung. Für den Ethnografen bedeutet dies, dass er neben den Normen der primären Sozialisation die Regeln der neuen Umgebung verinnerlicht.

Die Teilnehmende Beobachtung enthält einen gewissen Widerspruch. Dem Alltagsverständnis zufolge kann man entweder nur teilnehmen (mitmachen) oder beobachten (danebenstehen und zuschauen). Während Beobachtung immer Distanz voraussetzt, ist Teilnehmende Beobachtung dagegen von dem Prinzip geleitet, Distanz zu verringern, zu überwinden, und sich durch Teilnahme dem Alltag der beobachteten Welt anzunähern. Die Objektivität im Sinne einer Voraussetzungslosigkeit des Beobachterstandpunkts wird dabei bewusst aufgegeben. Die Subjektivität desjenigen, der etwas miterlebt, der an einem Ereignis teilnimmt, wird hingegen zu einem wichtigen Element der Ethnografie.

Die Teilnehmende Beobachtung verlangt die Fähigkeit, unterschiedliche Perspektiven einzunehmen und mit der eigenen Subjektivität spielerisch umzugehen. Damit unterstreicht diese Methode die Wandelbarkeit des Selbst und die Erwartung, dass aus der Subjektivität heraus für Dritte nachvollziehbare Erfahrungen entstehen können. Diese Herangehensweise kann nur deshalb als wissenschaftliche Methode gelten, weil der Forscher seine Wahrnehmung und sein Vorwissen immer wieder einer Feinabstimmung unterzieht. Nur die im Lauf des stationären Aufenthalts erworbene Kompetenz in der lokalen Gesellschaft erlaubt es ihm, den Alltag zutreffend zu beschreiben:

> Wenn ein Ethnologe im Feld ist, dann ist sein gesamtes Leben Feldforschung. Er versucht die Aufgabe zu bewältigen, indem er sich selbst, seinen Körper und seine Persönlichkeit gerade so einsetzt, wie wenn er nicht auf Feldforschung ist. Das Leben »im Feld« umfasst die gleichen Emotionen wie zu Hause: Begeisterung, Langweile, Verlegenheit, Zufriedenheit, Wut, Freude, Furcht usw. Zu diesem kommen jedoch die Notwendigkeit hinzu, beständig besonders aufmerksam zu sein, und die Notwendigkeit, viele neue Routinen und Praktiken zu lernen. Das erzwingt eine erhöhte Aufmerksamkeit gegenüber manchen Seiten der eigenen Persönlichkeit, über die man sich möglicherweise zuvor nicht im Klaren war. (Burgess 1982:2, Übersetzung HPH)

Es ist Voraussetzung jeder akademischen Disziplin, über eine eigene Methode zu verfügen. Das Wissen um diese Notwendigkeit bringt ethnologische Vorgänger und Zeitgenossen von Malinowski dazu, Expeditionen zu unternehmen. Sie schleppen Aufzeichnungsgeräte für Bild und Ton in die entlegensten Weltgegenden und führen Befragungen nach dem Muster strenger Verhöre durch. Obwohl Malinowski auch fotografiert, Interviews durchführt sowie Diagramme und Grundrisse zeichnet, schiebt er all das beiseite und erklärt die Teilnehmende Beobachtung zur wichtigsten Methode. Nun gibt es keine Hilfsmittel mehr außer dem Vorwissen des Ethnologen und dessen Selbstdisziplin, um sich aufgrund der eigenen Erfahrung selbst zu korrigieren. Nur mit diesen sehr subjektiven Mitteln ist Malinowski zufolge eine betrachtete Gesellschaft zu beschreiben und zu verstehen (Spradley 1980).

Der Verzicht auf Hilfsmittel und die Behauptung, Subjektivität in objektive Erkenntnis umwandeln zu können, führen bis heute zu skeptischen Nachfragen darüber, ob die Teilnehmende Beobachtung überhaupt als wissenschaftliche Methode angesehen werden darf. Darauf ist zu erwidern, dass sie mit gutem Recht als zentrale wissenschaftliche Methode der Ethnologie gelten kann und darüber hinaus eine ausgezeichnete Basis für die Anerkennung der Ethnologie im Reigen der kulturwissenschaftlichen Fächer darstellt. Die Teilnehmende Beobachtung genießt heute eine solch außerordentliche Popularität, dass viele Disziplinen sie nun immer dann verwenden, wenn andere Methoden sich als nicht ausreichend erweisen.

Volkskundler, Soziologen und Religionswissenschaftler berufen sich auf Malinowski und seine Pionierleistung, und nicht selten nehmen diese Fächer für sich in Anspruch, die Methode zwar übernommen, aber zu einer eigenständigen Herangehensweise an ihren Gegenstand weiterentwickelt zu haben. Auch Linguisten, Kommunikationswissenschaftler und Marketingforscher behaupten von sich, die Teilnehmende Beobachtung anzuwenden, betonen aber zugleich, die Methode für ihre empirischen Felder optimiert zu haben. Wie ist es zu erklären, dass die Ethnologie dank ihrer zentralen Methode über die Fachgrenzen hinaus wirkt und in so vielen Fächern eine Rolle spielt, obwohl genau dieser methodische Zugriff so umstritten ist?

Zur Erklärung ist ein kleiner Umweg über ein philosophisches Werk hilfreich: *Wahrheit und Methode* von Hans-Georg Gadamer. Gadamer erweitert in dem 1960 erschienenen Buch die Technik der

Hermeneutik (die Lehre von der Kunst der Interpretation) zu einer fundamentalen kulturwissenschaftlichen Beobachtungstechnik. Im Mittelpunkt seines Begriffs von Hermeneutik stehen Vorwissen und Interesse des Interpreten. Und Interesse sowie Empathie sind genau das, was Malinowski den Bewohnern der Trobriand-Inseln in den Jahren ab 1914 entgegenbringt.

Interpretation ist nach Gadamer ein Wechselspiel, in dem der Interpret die in einem Text oder in einer kulturellen Begebenheit enthaltenen Informationen immer wieder mit seinen eigenen Erfahrungen abgleicht. Wahrheit liegt nicht als ein zu Entzifferndes vor, sie entfaltet sich vielmehr im Moment der Interpretation zwischen dem Interpreten und dem zu Interpretierenden. Zu beiden gehört je ein Erfahrungshorizont. Zwischen den Horizonten werden im Verlauf der Interpretation gemeinsame Erfahrungen aufgedeckt, die Horizonte verschieben sich und verschmelzen miteinander; eine überzeugende Interpretation entsteht (**Abbildung 3.3**).

Gadamer bezieht sich nicht auf Malinowski, aber beide skizzieren ähnliche Prinzipien der Erkenntnis: Erfahrungen und Wissen des Beobachters, von Gadamer als »Interpret« bezeichnet, werden zu den wichtigsten Instrumenten der Erhebung. Die Überwindung der kulturellen Distanz zwischen Forscher und Erforschtem wird als Herausforderung angesehen, die es methodisch zu bewältigen gilt. Nicht mehr im Gegenstand selbst, also in der betrachteten Kultur, liegt die Lösung, sondern in der Selbstveränderung und im Sensorium des Forschenden. Die Feinabstimmung des Ethnografen führt zur Genauigkeit der Beobachtung.

Trotz des Wissens über die notwendige Veränderung des forschenden Subjekts hat Malinowski selbst die Beobachtung in den Vordergrund gestellt; seine eigene Rolle als Interpret ist ihm nicht hinreichend bewusst gewesen. Erst viel später, ab 1970, wurde dieser Umstand in der Ethnologie kritisch diskutiert. Diese jüngere Entwicklung, die wiederum zu einem Paradigmenwechsel geführt hat, soll in Kapitel 9 ausführlicher erläutert werden.

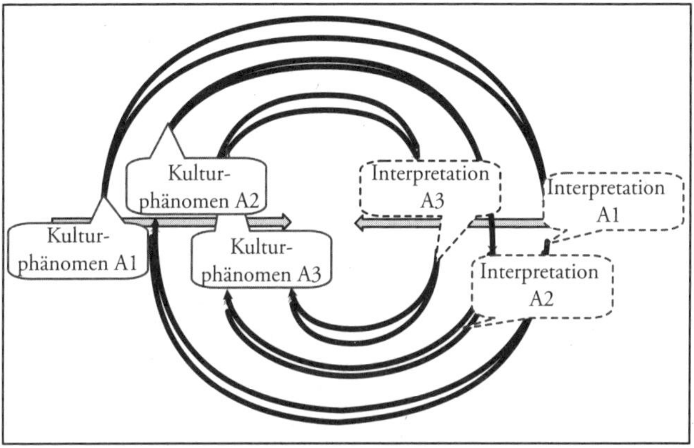

Abbildung 3.3: Hermeneutik als Methode. Nach Hans-Georg Gadamer setzt Hermeneutik die Selbstveränderung des Beobachtenden voraus. Neue Interpretationen führen wiederum zu neuen Sichtweisen auf Kultur. Der »hermeneutische Zirkel« sollte daher genauer als Spirale gezeichnet werden. Die übergeordnete Bewegung wird durch die waagrechten Pfeile markiert: Interpret und Kultur bewegen sich aufeinander zu. (Bildentwurf: HPH)

3.5 Alltag und Praktiken als ethnografische Themen

Das schon zu Beginn dieses Kapitels hervorgehobene »Alltägliche« war durch Reiseberichte schon lange vor Entstehung der Ethnologie Gegenstand ethnografischer Beobachtungen. Malinowskis Leistung besteht in der Rückkehr zu diesem alten Leitbild. Auch die Vertreter aufwändigerer Methoden haben das Ziel, Alltägliches zu beobachten. Aber sie gehen dabei einen Umweg. Da sie während der einzelnen Etappen gar keine Zeit haben, einfach zu beobachten, müssen sie durch Befragungen den Mangel an unmittelbarer Beobachtung ausgleichen oder diese ergänzen. Da sie ständig weiterziehen, müssen sie die verfügbare Zeit gleichsam komprimieren. Alltag ist aber nur im »natürlichen Zeitfluss« zu erfahren, die Eile muss zu Verkürzungen und Fehlern führen.

Der Umweg, den die Methoden des Expeditionsstils verursachen, führt unweigerlich zu einer Konzentration auf das Besondere, Aparte und Exotische; der Alltag und die Praxis treten in den Hintergrund. Teilbereiche der Gesellschaft wie Geschichte, Religion oder Verwandtschaft werden herausgelöst und vertieft behandelt. Diese Spezialisierung birgt die Gefahr, dass Verbindungen zwischen den genannten gesellschaftlichen Bereichen vernachlässigt werden. Dieses Problem gilt besonders für den erwähnten Expeditionsstil, es kann aber auch im Kontext der Teilnehmenden Beobachtung auftreten. Immer wieder besteht die Gefahr einer Verengung und der analytischen Beschränkung auf einzelne Bereiche der Gesellschaft.

Gegen diese Art der Verengung der Beobachtung richtet sich das im Jahr 1972 veröffentlichte Werk Pierre Bourdieus, *Entwurf einer Theorie der Praxis auf der ethnologischen Grundlage der kabylischen Gesellschaft*. Bourdieu (1930-2002) wird heute in der Regel als Soziologe angesehen, obwohl der Untertitel seines Buches auch auf die ethnologischen Grundlagen seiner Arbeit hinweist. Bourdieus Studie ist eine wichtige methodologische Ergänzung zu den rund 50 Jahre zuvor erschienenen ethnografischen Monografien Malinowskis. Bourdieu besteht auf dem schon im Titel formulierten Paradox: Obwohl Theorie und Praxis auf den ersten Blick nicht zusammenpassen, fordert er, den Alltag ins Zentrum der Beschreibung zu stellen. Er trägt damit der Tatsache Rechnung, dass in allen Gesellschaften Teilaspekte des Alltags wie Religion oder Verwandtschaft miteinander verwoben sind. Damit baut er auf den Grunderkenntnissen der Teilnehmenden Beobachtung auf, betont aber noch deutlicher, dass nicht das »Sprechen über« sondern die geteilte und miterlebte Praxis – das Miterleben – entscheidend für das richtige Verständnis der Komplexität des Alltags ist. Der Bezug zur bereits erwähnten »mitweltlichen Beobachtung« ist hier offensichtlich.

Später überträgt Bourdieu seine Beobachtung der Praxis und des Alltags auch auf Europa. Seine Studien sind besonders in dieser Hinsicht eine Pionierleistung: Teilnehmende Beobachtung ist nicht mehr länger nur eine Angelegenheit von Ethnologen, die außereuropäische Kulturen erforschen, sondern wird eine Methode für Phänomene, die sich vor beziehungsweise hinter der eigenen Haustür abspielen. Bourdieu, der selbst von der Ethnologie kam

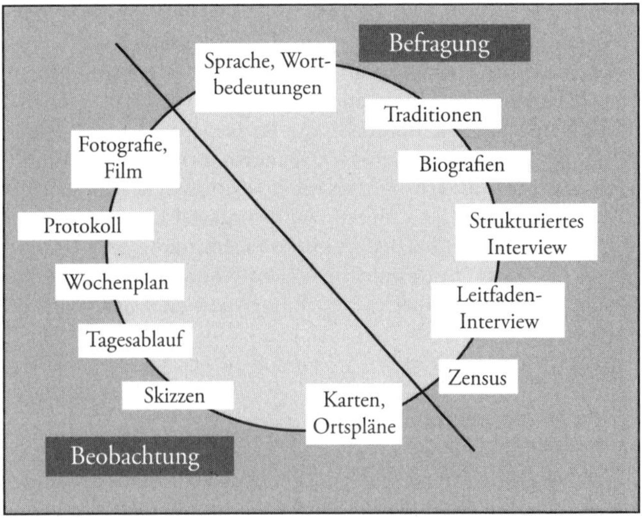

Abbildung 3.4: Spektrum ethnografischer Methoden. Ethnografie umfasst immer sowohl Beobachtungen als auch Befragungen. Für bestimmte Forschungsfragen eignen sich bestimmte Arbeitstechniken, die der Ethnograf selbst auswählt. Zumeist werden in jeder Ethnografie mehrere Techniken kombiniert. (Bildentwurf: Fischer 1983:79, verändert)

und zum Soziologen wurde, kann damit als Beispiel der aktuellen Tendenz dienen, Teilnehmende Beobachtung als Methode über die Fächergrenzen hinaus anzuwenden. Diese Methode erweist sich in all jenen Fällen als besonders geeignet, in denen trotz der immer größer werdenden Komplexität und Verwobenheit des Alltags nur die genaue Beobachtung auf der Mikroebene Antworten auf bestimmte Fragen geben kann.

Wird Praxis als das verstanden, was im Alltag stattfindet, so muss der Sprache eine zentrale Rolle zukommen. Bei den frühen Versuchen (zum Beispiel im Verlauf von Expeditionen), professionell Daten zu erheben, stehen die sprachlichen und die sprachfreien Methoden oft unverbunden nebeneinander. Befragungen werden vielfach zur Kontrolle des Gesehenen eingesetzt. Bei der Wahl ethnografischer Methoden ist es aber von Vorteil, verbale und nonverbale Akte gleichberechtigt miteinander zu verbinden.

Stets bilden Sprache und Handeln ein enges Geflecht; gemeinsam umfassen sie die Summe der Alltagsbedeutungen. Deshalb muss Ethnografie die Verbindungen zwischen sprachlichem und nichtsprachlichem Handeln mitberücksichtigen.

Die Teilnehmende Beobachtung ist nicht die einzige Ethnologen zur Verfügung stehende Methode. Ethnografien können auch auf verschiedenen anderen Methoden basieren – vom Zensus über die Kartografie bis hin zur Aufnahme von Genealogien und der Arbeit mit dem lokalen Vokabular (**Abbildung 3.4**). Wichtig ist die Synthese: Im Kontext der Feldforschung sollten diese Methoden einander ergänzen, sonst bilden sie nur Bruchstücke des Alltags ab.

3.6 Kritik der ethnografischen Praxis

Trotz der großen Popularität der Ethnografie über die Fachgrenzen hinaus werden immer wieder Zweifel am Konzept der ethnografischen Beobachtung geäußert. Die eingangs erwähnte feuilletonistische Definition des ethnografischen Blicks weist dem Ethnologen die Rolle desjenigen zu, der »aus der Ferne auf das Fremde« schaut. Scheinbar ist er in der Lage, aus beliebiger Distanz wichtige, bedeutungsvolle, mitunter sogar geheime Aspekte der untersuchten Kulturen in Erfahrung zu bringen und in Form von Texten Dritten zugänglich zu machen. So wird gegen Ethnologen auch regelmäßig der Vorwurf der Spionage erhoben. Spätestens seit Malinowski ist Ethnologen das problematische Verhältnis von Distanz und Nähe jedoch bewusst; mehr noch, sie haben erkannt, welche Bedeutung Nähe, Offenheit und Vertrauen als Grundlage einer verlässlichen Ethnografie haben. Trotz dieses Problembewusstseins aber wird die Widersprüchlichkeit von Distanz und Nähe ebenso bestehen bleiben wie das Vorurteil bezüglich des Blicks aus der Ferne bzw. der Spionageverdacht gegenüber Ethnologen.

Vor wenigen Jahren hat sich ein Streit zwischen Brasilien und den USA an der Frage entzündet, welche Rolle Ethnologen bei ihren Aufenthalten bei bestimmten Indianergruppen am Amazonas spielten. Den Ethnologen aus den USA wurde vorgeworfen, sie hätten sich in den Jahren nach 1970 in der Region aufgehalten, um als Agenten der CIA Tests mit bakteriologischen Waffen durchzuführen und den Verlauf von Krankheiten zu untersuchen. Es wurde vermutet, die Monografie über die Yanomami von Napoleon Chagnon (1992) sei nur ein Deckmantel für militärische Aufklärungsarbeit gewesen (Borofsky 2005). Tatsächlich gibt es heute Ethnologen, die für Geheimdienste arbeiten, zum Beispiel in Afghanistan (Gonzalez 2007, Lutz 2008). Ethnologische Fachverbände sehen das kritisch und haben Richtlinien veröffentlicht, die solchen Praktiken entgegenwirken (Hahn 2013).

Im Fall der Amazonasindianer wirft der weitere Bezugsrahmen jedoch ein ziemlich eindeutiges Licht auf die Motive der brasilianischen Regierung, die ethnografische Forschung in Verruf zu bringen: Ethnologen hatten Partei für die Indianer ergriffen und sich weltweit an Kampagnen gegen die Vernichtung ihres Lebensraumes beteiligt. Die Regierung hatte großes Interesse daran, die Ethnologen zu diskreditieren und das Vertrauen zwischen Indianern und Ethnologen zu untergraben, um humanitären Kampagnen die Grundlage zu entziehen und so die staatliche Indianerbehörde vor Kritik zu schützen.

3.7 Neue Perspektiven

Ethnologen müssen heute ethische Aspekte der ethnografischen Arbeit offen ansprechen und ihre Interessen und Ziele genau artikulieren. Nur so können sie sich gegen Vorwürfe der Spionage schützen, und nur auf diesem Weg ist es möglich, die Widersprüche von Distanz und Nähe zu überwinden. Das bedeutet auch, in vielen Fällen Partei zu ergreifen. Zu einem wichtigen Ansatzpunkt wird dabei die Frage, ob es gelingt, das während eines Aufenthalts erworbene Vertrauen nicht zu enttäuschen und sich später im Interesse der Feldforschungsgastgeber einzusetzen. Dies wird und muss nicht immer so sein. Aber die neuen Richtlinien zeigen, wie sehr sich die aktuelle Ethnografie von früheren Praktiken im kolonialen Kontext unterscheidet (Fluehr-Lobban 2003). Hier zeichnet sich eine Entwicklung ab, die über die geschilderten Ansätze von Malinowski weit hinausgeht. Das Ziel kann es nicht mehr nur sein, bestimmte Lebensweisen im Alltag zu beobachten; im Mittelpunkt muss vielmehr ein Verhältnis gemeinsamen Interesses zwischen Forschern und Erforschten stehen. Feldforschung wird dadurch zum offenen Dialog, in dem beide Seiten ihre Fragen, ihre Interessen und ihre Wünsche bekunden.

Der US-amerikanische Ethnologe Dennis Tedlock erklärte schon vor bald 20 Jahren die dialogische Feldforschung zum neuen Paradigma der Ethnografie (Tedlock 1995). Allerdings zeigte sich, dass dieser Dialog von vielen Faktoren abhängt, die das Forschungsvorhaben erschweren können. Es darf keinesfalls als gegeben angenommen werden, dass Menschen in anderen Gesellschaften ein ähnliches Interesse an fremden Kulturen haben wie Angehörige westlicher Gesellschaften (Kohl 2002). Auch die Relevanz von Problemen – eigenen wie fremden – wird kulturell unterschiedlich gewichtet.

Ein gemeinsames Interesse am Prozess der Forschung ist mehr als nur eine Ergänzung der ethnografischen Arbeit, sie ist deren konstitutives Merkmal. Gemeinsame Interessen und Vertrauen in die Möglichkeit eines offenen Dialogs sind Voraussetzungen, die vor dem Beginn einer Untersuchung zu klären sind. Eine Studie kann nur dann gelingen, wenn alle Beteiligten ein Interesse daran haben und gemeinsam die Ziele der Studie festlegen. Indem die Wissenschaftler eine Verpflichtung eingehen, ihr Wissen zum Besten der Angehörigen der von ihnen untersuchten Gesellschaft zu nutzen (etwa in Fragen der Entwicklungspolitik), können sie auch ein Einvernehmen über den Wert ihrer Arbeit erzielen (Forsey 2010). Dieses als *engaged ethnography* bezeichnete neue Leitbild der Ethnografie hat die Fragen nach den Motiven der Ethnografie neu aufgeworfen(Aiello 2010, Little 2005).

Diese Fragen sind von größter Relevanz für die Zukunft des Fachs. Die Einsicht, dass der Dialog notwendig ist, wird heute nicht mehr ernsthaft bestritten (Amborn 1993). Wie kann ein solcher Dialog aber aussehen? Wäre es denkbar, im Sinne einer dialogischen Struktur Ethnografien über westliche Gesellschaften, Europa und Europäer zu nutzen?

Das ist in der Tat schon geschehen. Die neuen Bundesländer der Bundesrepublik Deutschland gehören heute zu den ethnografisch am besten erforschten Gegenden der Welt. Insbesondere US-amerikanische Ethnologen haben in den letzten zwanzig Jahren diese Region erforscht, weil sie sich für die Veränderung von einer Gesellschaftsform hin zu einer anderen interessierten (Hauschild und Warnecken 2002).

Das Thema der reflexiven Ethnografie und die Notwendigkeit, auf der Grundlage von ethnografischem Wissen kritische Fragen an die Gegenwart zu stellen, soll in Kapitel 9 noch einmal aufgegriffen und ausführlicher behandelt werden.

3.8 Zusammenfassung

Die Diskussion über die Methoden der Ethnografie hat einige Einsichten betont, deren Tragweite in den folgenden Kapiteln noch näher ausgeführt wird. Dabei zeigt sich, wie wichtig die Bereitschaft ist, durch eine kritische Revision zu einer genaueren Bestimmung der Methoden des Fachs zu gelangen. Die wichtigsten Punkte lassen sich wie folgt zusammenfassen:

1. Ethnografische Methoden begründen den Anspruch der Ethnologie, eine wissenschaftliche Disziplin zu sein.
2. Bronislaw Malinowski begründet ab 1922 die Teilnehmende Beobachtung. Zuvor dominieren die so genannten Lehnstuhlethnologen und der Expeditionsstil. Spätestens ab den 1920er Jahren werden hingegen lange Aufenthalte am Ort der Forschung zum Standard der Arbeit.
3. Über die Teilnehmende Beobachtung hinaus teilen Ethnologen viele Techniken der Beobachtung und der Befragung mit anderen Sozialwissenschaften.
4. Gegenwärtig konzentriert sich die kritische Diskussion um ethnografische Methoden auf die Frage, ob Ethnografie eine Chance für einen echten Dialog zwischen Kulturen bietet.

II. Antworten:
Forschungstraditionen in vier Ländern

4. *Cultural Anthropology* in den USA

Die amerikanische *Cultural Anthropology* hat heute die führende Rolle innerhalb der Ethnologie inne. Allerdings gibt es in den USA eine solche Vielfalt methodischer und theoretischer Ansätze, dass die *Cultural Anthropology* nicht als eine einheitliche Forschungsrichtung präsentiert werden kann. Die Ausführungen in diesem Kapitel können ohnehin keinen vollständigen oder auch nur repräsentativen Überblick geben, wenn im Folgenden vier ausgewählte Wissenschaftler näher vorgestellt werden: Franz Boas, Ruth Benedict, Margaret Mead und Marvin Harris. Diese Auswahl ist notwendigerweise subjektiv, gleichwohl handelt es sich hierbei um herausragende Vertreter, die einen differenzierten Einblick in die Spannbreite amerikanischer Ausprägungen der Ethnologie ermöglichen.

Wie in den vorangegangenen Kapiteln deutlich wurde, gibt es weder für den Begriff der Kultur noch für den der ethnischen Gruppe von allen Ethnologen akzeptierte Definitionen. Beide Begriffe sind in verschiedenen Zeiten immer wieder anders gefasst worden. Die Frage »Was ist Kultur?« wurde auch in den USA, innerhalb der *Cultural Anthropology*, mehrfach neu gestellt und jeweils anders beantwortet. Ähnlich verhält es sich mit den Methoden, also mit der Ethnografie: Auch hier stoßen kontroverse Positionen aufeinander.

In den USA hat sich zur Bezeichnung des Fachs der Begriff *Cultural Anthropology* durchgesetzt, der allerdings weit über das hinausgeht, was in Deutschland als »Ethnologie« bezeichnet wird. Bis heute gilt für diese Disziplin die bereits vor 100 Jahren geprägte Formel der vier Felder: Ethnologie, Archäologie, Linguistik und physische Anthropologie. Dieses Selbstverständnis der amerikanischen *Cultural Anthropology* trägt zu ihrer Vielfalt und Differenzierung bei.

4.1 Franz Boas (1858-1942)

Einen wesentlichen Impuls erhält die US-amerikanische Ethnologie durch einen Auswanderer, der seine wissenschaftliche Laufbahn in Deutschland an der Universität Kiel im Fach »Physik« begonnen hat. Als sich Franz Boas 1883 die Möglichkeit bietet, an einer Expedition nach Grönland teilzunehmen, treibt er nicht nur seine physikalischen Studien voran, er lernt auch die Kultur der Inuit kennen und äußert sich bewundernd über deren Fähigkeit zur Anpassung an die unwirtlichen Lebensbedingungen.

Boas wird als Jude an deutschen Universitäten auf verschiedene Art benachteiligt und sucht in den darauffolgenden Jahren nach Möglichkeiten, seine Laufbahn in den Vereinigten Staaten fortzusetzen; und er will als Ethnologe arbeiten (Müller-Wille 2009, Verne 2004). Im Jahr 1888 bekommt er eine Stelle am American Museum of Natural History und siedelt in die USA über. Zehn Jahre später erhält er an der Columbia University in New York einen Lehrstuhl für *Cultural Anthropology*.

Boas' Platz im Kontext der ethnologischen Grundfragen und der Etablierung der Ethnologie als wissenschaftlichem Fach ist am besten im Hinblick auf seinen Kampf gegen den damals dominierenden Evolutionismus zu verstehen, wie ihn zum Beispiel Edward Tylor vertrat. Boas widerspricht der Idee, manche Gesellschaften seien weniger weit entwickelt als andere. Er glaubt nicht an Modelle, die Kulturen in eine Rangfolge einordnen. Kulturelle Stufenleitern können seiner Meinung nach kein universelles Gesetz menschlicher Entwicklung sein.

Solchen Vorstellungen stellt er seine eigene Beobachtung entgegen: Wie er selbst dokumentiert hat, verfügen die Inuit über Fähigkeiten, die den meisten Europäern (die dem Evolutionismus zufolge doch weiter oben stehen) fehlen. Die Fähigkeiten der Männer und Frauen in einer Gesellschaft, so Boas, sind deshalb das Ergebnis rationaler Anpassung an die Umweltbedingungen und die Wirtschaftsweise. Die Einsicht in die Vielgestaltigkeit der Rationalität basiert auf den Idealen der Aufklärung und ist in der *Cultural Anthropology* bis heute fest verankert. Boas beschränkt sich jedoch nicht auf die Tatsache der Umweltanpassung. Seine genauen Beobachtungen führen ihn zudem zur Annahme der Einzigartigkeit jeder Kultur aufgrund der unterschiedlichen Anpassung an die natürliche Umwelt. Deshalb brauche die Ethnologie eine Methode, die Zusammenhänge zwischen Kultur und Umwelt würdige und die inneren Bezüge einer Kultur in den Vordergrund stelle.

Ein früher, wichtiger Aufsatz von Boas, der im Jahre 1896 in den USA veröffentlicht wurde, trägt den Titel »On the Limitations of the Comparative Method«. Sein wissenschaftlicher Standpunkt ist damit klar gekennzeichnet: Er sieht die Grenzen des Vergleichs von Kulturen und orientiert sich stattdessen an dem Ziel genauer monografischer Beschreibung. Damit räumt er den inneren Zusammenhängen jeder einzelnen Kultur einen besonderen Platz ein.

Die Forderung nach bedingungsloser Anerkennung der Differenz von Kulturen markiert eine bis in die Gegenwart zentrale Grundposition der *Cultural Anthropology*. Man bezeichnet sie in der von Boas vertretenen Ausprägung als »Kulturrelativismus« (Schmuhl 2009) oder als »historischen Partikularismus«. Im Kontrast zur noch vor Boas üblichen Verortung einer Kultur auf einer Evolutionsstufe wird mit diesem Begriff die Rolle von Geschichte und Umwelt für die Erklärung der Besonderheiten jeder Kultur hervorgehoben. Damit betont Boas die Vielfalt, die Unterschiedlichkeit und die Einzigartigkeit von Kulturen. Die Orientierung an der monografischen Beschreibung und die Überzeugung, Einzigartigkeit nur durch die Beschreibung lokaler Zusammenhänge verstehen zu können, sind zwei zentrale Aspekte von Boas' holistischer, also ganzheitlicher Methode.

Franz Boas hat klare Vorstellungen über Theorie und Methode der von ihm favorisierten Ethnologie; damit provoziert er die älteren, an der Idee der Evolution orientierten Ethnologen. Dieser Konflikt tritt besonders während seiner Tätigkeit am American Museum of Natural History in New York zutage: Er setzt durch, dass die Räume nicht mehr Entwicklungsreihen, sondern Gesellschaften gewidmet sind (Jacknis 1985). Das bedeutet ganz praktisch: Die alte evolutionäre Ordnung, der zufolge zum Beispiel in einem Raum Jagdwaffen (aufgereiht nach dem Grad ihrer Komplexität), in einem weiteren Raum Erntegeräte und in einem dritten Bekleidung – vom Lendenschurz bis hin zum Straßenanzug – ausgestellt sind, wird aufgegeben.[3] Stattdessen soll ein Raum nur

3 Diese Art der Präsentation ist heute kaum noch vorstellbar. Nur einige wenige Museen wie zum Beispiel das Pitt-Rivers-Museum in Oxford als »Museum der Museumsgeschichte« zeigen bis heute solche alten Ausstellungen (Shelton 2006).

eine Kultur, etwa die Kultur der Inuit, in ihrem Zusammenhang darstellen, ein anderer Raum die Kultur der indianischen Gruppen des Nordwestens und ein dritter die Kultur der Prärieindianer. Diese von Boas in den USA durchgesetzte Neuerung ist heute für die meisten ethnologischen Museen weltweit noch immer bedeutsam.

Auf diesem Prinzip basiert auch Boas' Vorgehen, schnell und umfassend die aussterbenden indianischen Gesellschaften des nordamerikanischen Kontinents zu untersuchen. Boas ist – wie Leo Frobenius und Adolf Bastian – von der Notwendigkeit überzeugt, Rettungsethnologie (*salvage anthropology*) zu betreiben (Urry 2006). Er glaubt, an den Orten seiner Feldforschungen der letzte Zeuge zu sein, der einen bestimmten Brauch, einen lokal überlieferten Mythos oder Ähnliches beobachten kann, bevor dieser untergeht oder durch den westlichen Einfluss zerstört wird. Deshalb forscht er intensiv in den verschiedenen indianischen Gesellschaften Nordamerikas und hält auch seine Schüler an, umfassend Feldforschung zu betreiben. Zeitgleich, aber unabhängig von Frobenius vertritt er eine kritische Position gegenüber der älteren Generation der Lehnstuhlethnologen.

Auch Boas stellt sich der grundlegenden ethnologischen Frage des 19. Jahrhunderts nach den Ursachen der kulturellen Unterschiede. Allerdings entwickelt er eine ganz andere, viel »modernere« Technik der Gruppierung und Einordnung von Kulturen. Gemeinsam mit seinem Schüler Clark Wissler (1870-1947) erarbeitet er das Konzept der Kulturareale (*culture areas*) (Woods 1934). Solche Areale sind geografische Regionen, in denen es verhältnismäßig viele kulturelle Übereinstimmungen zwischen den Gruppen gibt. Ursachen dafür können sein: ähnliche Umwelteinflüsse, Wirtschaftsweisen, Zwischenheiraten oder andere Aspekte, die sich deskriptiv erfassen lassen. Kulturareale sind die Entsprechung der damals in den deutschsprachigen Ländern populären Idee der Kulturkreise. Wie in Kapitel 7 näher erläutert wird, gibt es jedoch wichtige Unterschiede. Während Kulturareale lediglich Ähnlichkeiten beschreiben, sind Kulturkreise Rekonstruktionen auf der Grundlage kulturhistorischer Modelle.

Die »Rettungsethnologie« und die »Kulturareale« sind Indizien für Boas' Bezüge zu seinen wissenschaftlichen Ursprüngen in Deutschland. Deutsche und amerikanische Ethnologen teilen zu jener Zeit aber noch weitere Grundannahmen. Dazu gehören Vorstellungen von der Einmaligkeit der Kulturen, von deren innerer Verankerung und nicht zuletzt von der Kultur als einem Wert an sich. Jede Kultur hat, mit einem Begriff der deutschen Ethnologie jener Zeit, eine eigene »Seele« (s. S. 157).

Es gibt eine weitere wichtige Gemeinsamkeit, die erst um 1930 greifbar und offensichtlich, dann aber politisch bedeutsam wird. Als in Deutschland der Rassismus zur Staatsideologie wird, erklärt Leo Frobenius 1930 in einem öffentlichen Vortrag, dass es keinen Zusammenhang zwischen der Form und den Werten einer Kultur und der Rasse gebe. Es könne keinen solchen Zusammenhang geben, weil jede Kategorie auf je anderen Fundamenten ruhe. Nach 1933 gilt er der Parteiführung als unzuverlässig, sein Institut wird einige Jahre später geschlossen. Auch Boas spricht im Jahr 1932 – anlässlich des 50. Jahrestags seiner Promotion an der Universität Kiel – von der Notwendigkeit einer klaren Trennung von Kultur und Rasse. Boas wusste, um was es 1932 politisch ging, und hatte das Thema gezielt ausgewählt. Auch wenn der Kampf prominenter Ethnologen gegen den aufkommenden Rassismus in Deutschland nicht viel ausrichten konnte, so zeigt er doch die gemeinsame Basis deutscher und amerikanischer Ethnologie.[4] Sicher ist diese Grundlage ein Erbe des 19. Jahrhunderts, ihre Aktualität und Berechtigung jedoch hat sie bis heute nicht verloren: Kulturelle Phänomene dürfen niemals durch »Rassenzugehörigkeit« erklärt werden. Für diese Überzeugung steht die wissenschaftliche Ethnologie weltweit.

4.1.1 Potlatch

Boas' Werk ist untrennbar mit der Dokumentation des *Potlatch* bei den Kwakiutl, einer Gruppe der Nordwestküstenindianer, verbunden. Boas hat sich an der Nordwestküste Nordamerikas mehrfach zu Feldforschungen aufgehalten und auch die Religion sowie die Mythen dieser Gruppe dokumentiert. Zu seinen Pionierleistungen während dieser Expeditionen gehört auch ein besonderer methodischer Aspekt, denn er führt diese Forschungen nicht allein durch, sondern arbeitet eng mit George Hunt, einem Indianer aus der Re-

4 Beide Vorträge wurden noch im Jahr ihrer Entstehung veröffentlicht (Frobenius 1930; Boas 1932). Boas und Frobenius waren öffentlich angesehene Persönlichkeiten, deren politische Äußerungen man aufmerksam verfolgte. Zu Letzterem vgl. ausführlicher Kapitel 7.

gion, zusammen. Er hat den Vorteil einer engen Kooperation mit einem Mitglied der indianischen Stämme in der Region erkannt und führt Hunt, der für ihn Lieder und Sagen der Kwakiutl verschriftlichte, als Koautor seiner ethnografischen Monografie über die Kwakiutl auf (Boas 1966).

Ohne großen zeitlichen Aufwand können sich die Kwakiutl als Jäger und Sammler an der fischreichen Meeresküste im Nordwesten Kanadas mit dem für den Alltag Notwendigen versorgen. Überschüsse aus Jagd, Fischfang und Sammelwirtschaft werden in Wolldecken und wertvolle Kupferplatten investiert. Wohlhabende Häuptlinge veranstalten große Feste, die in der lokalen Sprache *Potlatch* genannt werden. Bei einem solchen Fest werden in Anwesenheit zahlreicher Gäste zu Ehren der geladenen Häuptlinge die Kupferplatten zerbrochen und ins Meer geworfen. In eigens für diese Feste vorgesehenen Holzhäusern brennen große Feuer, in die man Fischöl schüttet und somit das wertvolle Nahrungsmittel verbrennt, hier überreicht man auch die Wolldecken als Geschenke. Zur Logik des Potlatch, des Festes der Verschwendung und Vernichtung wertvoller Dinge zu Ehren der Gäste, gehört die Gegeneinladung. Wenn ein Gast sein Ansehen bewahren will, muss er später als Gastgeber Gegenstände gleichen oder noch höheren Wertes verschenken oder vernichten.

Der gesamte Lebenszyklus der Männer und Frauen der Kwakiutl ist mit Potlatch-Festen verknüpft, da solche Feste zu Geburt, Initiation, Hochzeit oder auch zu Ehren eines Toten ausgerichtet werden. Die Feste sind außerordentlich aufwändig, und bedeutende Summen werden dabei vernichtet. Deshalb ist es auf den ersten Blick nicht falsch, dies als eine unsinnige, sogar zerstörerische soziale Einrichtung zu betrachten.

Allerdings gibt es dazu weltweit Parallelen: In vielen Gesellschaften sind Gastgeber bereit, sich ökonomisch zu ruinieren, um ein glänzendes Fest auszurichten. Damit soll das Ansehen der Gastgeber gewahrt oder gesteigert werden; es geht darum, »Eindruck zu schinden«. Obwohl also die ökonomischen Nachteile offensichtlich sind, scheint dieses Handlungsmuster weltweit verbreitet zu sein.. Vor dem Hintergrund dieser Widersprüche hat Boas' Ethnografie des Festes uns die Augen dafür geöffnet, welche außerordentliche Bedeutung Gaben oder Geschenke für die soziale Ordnung in verschiedenen Gesellschaften haben können. Man könnte auch, um den Gegensatz zum geläufigen Konzept des Sparens deutlich zu machen, von einer »Ökonomie der Verausgabung« sprechen, wie dies der französische Ethnologe Georges Bataille (1897-1962) vorschlägt. Demnach führt eine Gabe stets zur Störung des Gleichgewichts. Das gilt nicht nur ökonomisch, sondern auch sozial, wodurch Menschen durch die Gabe förmlich »außer sich« geraten können. Boas' Verdienst ist es, die Gesellschaften der Nordwestküstenindianer und dieses Fest beschrieben und auch in Selbstzeugnissen dokumentiert zu haben. Selbst wenn spätere Analysen Boas' Darstellung des Potlatch in manchen Aspekten korrigieren mussten, so wird doch die Bedeutung dieser Kulturerscheinung weit über die Ethnologie hinaus anerkannt.

4.2 Ruth Benedict (1887-1948)

Franz Boas gilt als einer der Gründerväter der *Cultural Anthropology*, nicht nur, weil er ein klares und überzeugendes Konzept vertreten, sondern auch, weil er zahlreiche Schüler ausgebildet hat, die seinen Theorien in den USA weitere Anerkennung einbrachten. Zu seinen Schülern zählen Alfred Kroeber und Clyde Kluckhohn, die Autoren von *Concepts of Culture*, das 1952, zehn Jahre nach Boas' Tod, erschien (vgl. Kapitel 1). Boas' Konzept der *Cultural Anthropology* ist der Grund dafür, dass Kroeber und Kluckhohn trotz aller Fragwürdigkeit am Kulturbegriff festhalten. Die aus dem 19. Jahrhundert stammende Überbewertung des Begriffs kann in den Kontext der Hegel'schen Idee des »Weltgeists« gestellt werden.

Im Lichte dieser ideengeschichtlichen Verbindung ist es plausibel, Kultur als eine »Erklärung« für das Handeln von Angehörigen einer Gesellschaft aufzufassen. Der Weltgeist im Hegel'schen Sinn steht über dem Einzelnen; er leitet das Handeln jedes Menschen und lässt diesem keine Wahl. Der Einzelne muss dem folgen, was die Kultur ihm vorschreibt. Im Kern handelt es sich dabei also um eine essentialistische Kulturauffassung. In der Tradition dieser Überbewertung von Kultur stehen zwei weitere Schülerinnen Boas', die – gemessen an der Auflagenhöhe ihrer Bücher – weltweit bekanntesten Ethnologinnen, Ruth Benedict und Margaret Mead, die hier in der Reihenfolge der Veröffentlichung ihrer wichtigsten Werke vorgestellt werden sollen.

Ruth Benedict studiert bei Franz Boas und sammelt Ende der 1920er Jahre erste eigene Feldforschungserfahrungen bei den Zuñi, die zur Gruppe der Pueblo-Indianer gerechnet werden und im Gebiet des heutigen US-Bundesstaates New Mexico leben. Benedicts Analysen entsprechen zunächst dem historischen Partikularismus, so wie er von Boas entwickelt wurde. Benedict beschreibt eine Kultur aus deren inneren Logik heraus. Daraus folgt zunächst, dass ein übergeordneter Vergleichsmaßstab nicht denkbar ist. Dennoch enthält ihr berühmtes, 1934 erschienenes Buch *Patterns of Culture* (*Urformen der Kultur*, 1955) im Ansatz einen Vergleich dreier Kulturen. Sie beschreibt in diesem Buch die Kultur der Kwakiutl (auf der Grundlage der Berichte ihres Lehrers Franz Boas) und der Zuñi, beides sind indianische Gruppen Nordamerikas, sowie diejenige der Dobu in Papua-Neuguinea (anhand von Daten von Margaret Mead und Reo F. Fortune).

Zum Konzept von Kultur heißt es in der deutschen Übersetzung dieses wohl meistgelesenen ethnologischen Werkes überhaupt: »Was in Wirklichkeit die Menschen aneinanderkettet, ist ihre Kultur – die Ideen und Standardbegriffe, die ihnen gemeinsam sind.« (Benedict 1955:18) Mit diesem Zitat wird klar, wie hoch Benedict die Macht der Kultur einschätzt. Die hier deutlich erkennbare Hochschätzung von Kultur ist ein Grundelement der *Cultural Anthropology* in den USA.

Noch eine weitere Überlegung ist wichtig, um Benedicts Arbeit richtig einzuordnen. Obwohl ihr Buch im Ansatz einen Kulturvergleich beinhaltet, legt sie Wert auf die Einmaligkeit und Unvergleichbarkeit der Kulturen. Sie beschreibt zunächst für jede Kultur deren innere Struktur. Demnach wählt eine Kultur und die dazugehörige Gesellschaft aus den zahllosen Mustern, die menschliche Gesellschaften haben können, ein Muster aus, das dann zum Maßstab für sozialen Erfolg und für das Überleben wird. Jeder Einzelne hat sich diesem Muster zu fügen, er ist ja an die Kultur gekettet. Die Zuñi, die Kwakiutl und die Dobu werden also von je einem anderen Muster dominiert; in jeder Gruppe gibt es unterschiedliche Verhaltensorientierungen und Werte, denen gemäß Menschen handeln. Sie nennt die Wertordnungen »dionysisch« (rauschhaft/leidenschaftlich; Kwakiutl), »apollinisch« (ordentlich/geregelt; Zuñi) und »paranoid« (wahnhaft; Dobu). Diese Begriffe bezeichnen bei Benedict die »Gestalt« der Kultur im Sinne der Gestaltpsychologie, die davon ausgeht, dass die Wahrnehmung einer Gestalt gegenüber der Wahrnehmung einzelner Elemente dominant ist. Und es ist genau diese Gestalt einer Kultur, die den wichtigsten Zugang zum Verstehen der Kultur darstellt.

Benedict zufolge geht es nicht um die Frage, ob beispielsweise die Männer und Frauen in der Gesellschaft der Dobu paranoid sind, sondern darum, wie kulturelle Institutionen sich auf die Menschen auswirken. Nicht der einzelne Zuñi-Indianer ist apollinisch, sondern die soziale Ordnung legt es ihm nahe, Harmonie als obersten Wert des Sozialen anzuerkennen. Benedicts Arbeit steht damit in der Tradition der holistischen Betrachtungsweise: Alle Elemente einer Kultur gehorchen einer inneren Logik, die den Schlüssel zum Verständnis einer Gesellschaft bildet. Die so im Vordergrund stehende Absolutheit der Kulturen fordert kritische Fragen heraus: Können Kulturen wirklich so sehr die Handlungsmöglichkeiten des Menschen festlegen? Was ist mit der Innovation, mit neuen kulturellen Institutionen, die alte Traditionen in Frage stellen oder über den Haufen werfen? Tatsächlich hat Franz Boas sich später gegen die Arbeitsweise seiner Schülerin gewandt und betont, wie wichtig Widerspruch, Konflikt und unterschiedliche Mentalitäten in jeder Kultur sein können (Boas 1936).

Es sei noch erwähnt, dass Ruth Benedict zu den Ethnologen gehört, die sich während des Zweiten Weltkriegs dem amerikanischen Geheimdienst zur Verfügung stellten. Im Auftrag des U.S. Office of War Information verfasst sie anhand von Interviews mit japanischen Kriegsgefangenen eine Studie über den japanischen Nationalcharakter. Der Geheimdienst erhofft sich davon Hinweise auf die japanische Kriegsstrategie. Nach dem Krieg (1946) wird das Werk unter dem Titel *The Chrysanthemum and the Sword. Patterns of Japanese Culture* (*Chrysantheme und Schwert. Formen der japanischen Kultur*, 2006) veröffentlicht. Auch hier sind Benedicts Grundannahmen die gleichen: In einer Kultur gilt eine Wertordnung, die als »Gestalt« zu erkennen ist. Sie bestimmt das Leben der Menschen in der betreffenden Kultur.

4.3 Margaret Mead (1901-1978)

Die zweite berühmte Schülerin von Franz Boas war eng mit Ruth Benedict befreundet und steht ihr in der Bedeutung für das Fach (wenigstens was den Erfolg ihrer Schriften angeht) in nichts nach. Im Unterschied zu ihrer Kollegin betrieb sie Ethnografie jedoch nicht nur in den USA, sondern führte eigene Feldforschungen auf Samoa, in Papua-Neuguinea und in Indonesien durch. Im Folgenden soll ihr Werk anhand des 1935 erschienenen *Sex and Temperament in Three Primitive Societies* (*Geschlecht und Temperament in primitiven Gesellschaften*, 1970) erläutert werden.

Mead ist wie Benedict von der Frage fasziniert, wie die Kultur die Entfaltungsmöglichkeiten des Menschen bestimmt. Wie ihre Freundin untersucht sie drei ethnische Gruppen, und zwar die Arapesh, die in den Bergen Papua-Neuguineas leben, sowie die Tchambuli und die Mundugumor, deren Siedlungsgebiete am Ufer des Sepik im gleichen Land liegen. Jedes Kapitel beschreibt eine der drei Gruppen und endet mit einem Bericht über den kulturell definierten Idealtypus des Mannes oder der Frau in dieser Gesellschaft. Solche Idealtypen können für die Gesellschaft insgesamt gültig sein – Männer und Frauen bei den Arapesh sind friedliebend, bei den Mundugumor sind sie hingegen aggressiv – oder, so zeigt das Beispiel der Tchambuli, für Männer und Frauen ganz unterschiedlich ausfallen. Bei den Tchambuli werden nämlich Männer zu mehr Aggressivität erzogen, während für Frauen das Idealbild der Friedfertigkeit gilt. Nach Mead werden die Charaktere durch Erziehung geformt. Sie schildert ergreifend, wie Kinder bei den Mundugumor regelmäßig geschlagen und gequält werden, um sie zu aggressiven »Typen« zu machen. Aus der »Gesellschaft der Liebe« (Arapesh) berichtet sie hingegen, wie Kindern in den ersten Lebensjahren jeder Wunsch von den Lippen abgelesen wird. Anlässe zu weinen gibt es für die Kleinkinder dort nicht. Aufgrund dieser Studien gilt Margaret Mead als die wichtigste Autorin der Kulturpsychologie in der Ethnologie. Sie präsentiert in ihren Studien über Jugend und Geschlecht wichtige und provozierende, bis heute diskutierte Thesen. Ihr zufolge werden in jeder Gesellschaft bestimmte charakterliche Eigenschaften gefördert. Eigenschaften, die in einer Gesellschaft als gefährliche Abweichung von der Norm gesehen werden, gelten in anderen Gesellschaften als normal oder sogar wünschenswert. Wie sie anhand der drei Gruppen zeigt, hat Kultur mittels Erziehung die Macht, den Charakter der Menschen zu formen.

Die Fragen und Antworten von Benedict und Mead betreffen das gleiche Grundproblem; dennoch unterscheiden sie sich in wesentlichen Aspekten, die in ihren jeweiligen Einschätzungen des Charakters besonders deutlich werden. Nach Mead ist die Herausbildung und Förderung des Charakters durch Erziehung die wichtigste Leistung der Kultur. Bei Benedict hingegen dominiert die Vorstellung, eine Kultur insgesamt habe einen Charakter, der sich nicht unbedingt in den Eigenschaften des Einzelnen spiegelt. Während Mead sich auf das Heranwachsen junger Frauen und Männer konzentriert, also geschlechtsspezifisch vorgeht, begnügt sich Benedict damit, von Mustern der Kultur insgesamt zu sprechen, ohne geschlechtsspezifische Prägungen zu unterscheiden oder auch nur zu thematisieren. Meads Arbeit spitzt die Thesen von Benedict entwicklungspsychologisch zu, offenbart aber zugleich ein Grundproblem solcher Fragen an den Charakter von Kulturen. Die Überbewertung der Kultur räumt dem individuellen Handeln und der Verschiedenheit der Individuen entschieden zu wenig Platz ein.

Boas hat die Basis für solche Forschungen geschaffen, indem er die umfassende Beschreibung der Kulturen zum Maßstab guter Ethnografie machte. Aber er hat den Aspekt der charakterlichen Norm und Abweichung nicht behandelt. Er wollte die Einzigartigkeit der Kultur als Ganzes festhalten. Auch wenn Benedict und Mead seiner Art des Denkens treu bleiben, sind sie über ihren Lehrer hinausgegangen. Benedict fragt nach dem »Wie« einer Kultur und kommt dadurch zum Begriff der Kulturmuster; Mead fragt nach dem »Warum« und gelangt so zur Kulturpsychologie, also der kulturbedingten charakterlichen Prägung der Menschen.

Die Forschungsrichtung von Benedict und Mead wird auch als *Culture and Personality* bezeichnet. Bis in die 1960er Jahre ist sie in der US-Anthropologie ein wichtiges Thema. So untersucht Ralph Linton das Verhältnis zwischen Individuum und Gesellschaft näher, seine Arbeit kann als theoretische Erweiterung von Meads Ansatz gelten. Auch der Psychoanalytiker Erik H. Erikson zählt zur Gruppe derer, die bis in die jüngere Zeit Kulturpsychologie betrieben. Heute spielt diese Richtung nur noch in den so genannten »Interkulturellen Trainings« für Wirtschaftsunternehmen eine Rolle, in denen Verhaltensmuster eingeübt werden, die angeblich dem Charakter der betreffenden Kultur entsprechen sollen. Aus wissenschaftlicher Sicht ist die Vorstellung, eine Kultur entspreche einem Charakter, jedoch zumindest fragwürdig.

Margaret Mead ist auch Autorin einer Autobiografie, die nicht weniger populär ist als ihre anderen Werke (Mead 1972). Hier beschreibt sie ihr Leben als Frau im 20. Jahrhundert, die sich als Wissenschaftlerin, Ehefrau und Mutter, aber vor allem als Reformerin der eigenen Gesellschaft engagiert hat. Schon ihre ethnografische Studie enthält in der Schlussbemerkung konkrete Hinweise zu den Geschlechterrollen und zur Kindererziehung in den USA. Später widmet sie einen Großteil ihrer Arbeitskraft der gesellschaftlichen Erneuerung Amerikas. Ihre Kritik an den herrschenden Praktiken der Erziehung drückt sie folgendermaßen aus:

> Unterschiede zwischen Menschen verschiedener Kulturen beruhen auf verschiedenen Umweltbedingungen während der frühesten Kindheit. Die Beschaffenheit dieser [sozialen] Umwelt wird durch die Kultur selbst bestimmt. (Mead 1970:250)

Meads Thesen rufen auch Widerspruch hervor. Viele finden es keineswegs schlüssig, dass eine Kultur den Charakter vorgeben soll. Zu den Kritikern gehört Derek Freeman (1916-2001), der viele Jahre nach Mead selbst ethnografische Studien in Samoa betreibt und daraufhin die Gültigkeit ihrer Studie über Jugend in Samoa bezweifelt (Mead 1928). Freeman findet im Widerspruch zu Mead heraus, dass es sehr wohl verschiedene Charaktere in jeder Kultur gibt, und kommt zu dem Schluss, dass Mead den Einfluss von Kultur überschätzt hat. Die Natur des Menschen in seiner Vielfalt sei vielmehr in jeder Kultur festzustellen. Kultur kann, so Freeman, den Charakter nur sehr eingeschränkt bestimmen.

Die Auseinandersetzung zwischen Freeman und Mead, die Freeman nach Meads Tod 1978 in dem Buch *Margaret Mead and Samoa: The Making and Unmaking of an Anthropological Myth* (Freeman 1983) ausführlich darlegt, wird um die Stichworte *nature* und *nurture* geführt. Es geht dabei um die Anteile von Natur und Kultur in der Bestimmung menschlicher Eigenschaften und Verhaltensdispositionen. Können Menschen in allen Gesellschaften sich ihrer Natur (*nature*) gemäß entfalten? Oder sind die Entfaltungsmöglichkeiten hauptsächlich durch die Kultur (*nurture*) vorgegeben?

Diese Fragen sind hoch aktuell. Sie zeigen exemplarisch, welche

Bedeutung ethnologische Einsichten für westliche Gesellschaften haben können. Werden etwa bestimmte menschliche Eigenschaften oder Verhaltensweisen nicht klar als das Ergebnis kultureller Dispositionen benannt, dann kann das zu Erklärungsmustern führen, die bestimmte Auffälligkeiten als pathologisch klassifizieren. Ein klassisches Beispiel dafür ist die um 1900 in Europa verbreitete Hysterie bei jüngeren Frauen. Handelte es sich dabei um eine Gegenreaktion auf den gestiegenen sozialen Druck und die immer höhere Rollenerwartung an Frauen oder um eine Epidemie? Heute ist Hysterie nicht mehr als Krankheit anerkannt. Ein Beispiel aus der Gegenwart betrifft die Krankheit ADHS. Bekämpfen Ärzte hier ein heimtückisches Syndrom, oder sind die ADHS-Kinder Opfer neuer sozialer Normen und Rollenerwartungen? Margaret Mead hätte in beiden Fällen auf Kultur und soziale Normen verwiesen, die Menschen durch Erziehung charakterlich prägen und manche scheitern lassen oder krank machen. Freeman hätte hingegen eher die Natur als Erklärung herangezogen.

Welche Persönlichkeitsbilder sind Ergebnis der Kultur – also der Erziehung –, und welche sind durch biologische Faktoren (Gene, Hormone) zu erklären? Offensichtlich gibt es auf diese Fragen keine endgültige Antwort. Aber die Differenz der Positionen von Freeman und Mead ist eindeutig. Wenn Freeman als Jüngerer in der Debatte mehr überzeugt, so liegt das auch daran, dass Kultur als Erklärungsoption im Laufe des 20. Jahrhunderts an Überzeugungskraft verloren hat. Mead verteidigt den Begriff der Kultur und hebt deren Macht über die Entwicklung des Einzelnen hervor. Freeman kann sich auf genauere Feldforschung stützen und betont eher die Rolle der Natur (Côté 2000). Heute ist es eine Aufgabe der Ethnologie, sich an dieser Diskussion zu beteiligen. Ethnologen können zeigen, in welchem Maße Handeln und Persönlichkeit von der Kultur beeinflusst werden.

4.4 Marvin Harris (1927-2001)

Es gibt in den USA natürlich auch Ethnologen, die sich von Franz Boas und seinen Nachfolgern abgrenzen. Stellvertretend für diese ist Marvin Harris zu nennen, bei dem die Kulturidee aus einer ganz anderen Perspektive eine verblüffende Wiederauferstehung feiert.

Bei ihm gibt es keinen Unterschied mehr zwischen Natur und Kultur. Nach Harris ist Natur der eigentliche, oftmals übersehene Auslöser von Kulturerscheinungen.

Harris führt mit dem Schlagwort des *Kulturmaterialismus* ein neues Konzept ein. Er erklärt, Kulturen und Gesellschaften seien bislang viel zu wenig aus der Perspektive ihrer ökonomischen Grundlagen untersucht worden, die hauptsächlich durch die Verfügbarkeit bestimmter Nahrungsmittel und Produktionstechniken bestimmt seien. Die »kulturalistischen« Ethnologen hätten dies – wie im folgenden Zitat näher erläutert – aus taktischen Gründen nicht wahrhaben wollen. In seinem bekanntesten, im Jahre 1968 erschienenen Buch *The Rise of Anthropological Theory* behauptet er gleich zu Beginn:

> Ich möchte zeigen, dass die kulturmaterialistische Perspektive nicht aufgrund irgendeines begründeten Programms oder eines bestimmten Forschungsinteresses in der Ethnologie vernachlässigt wurde, sondern einfach aufgrund des verdeckten Drucks des soziokulturellen Milieus, in dem die Ethnologie ihre Identität als Fach erworben hat. (Harris 1968:5, Übersetzung HPH)

Größer hätte die Provokation nicht sein können. Es ist ja bekannt, dass die Ethnologie stetig um ihre Anerkennung als Disziplin kämpft. Sind aber Ethnologen, nur weil sie immer wieder auf Kultur als Schlüsselbegriff setzten, deshalb blind für die ökonomische Basis der untersuchten Gesellschaften gewesen? Liegt das Problem der Ethnologie wirklich im soziokulturellen Milieu der Ethnologen?

Mit dem Konzept des Kulturmaterialismus vertritt Harris eine Auffassung, der zufolge die Rolle der ökonomischen Ressourcen bestimmend für die Kultur insgesamt ist. Marshall Sahlins hat eine treffende Formulierung gefunden, indem er den Kulturmaterialismus als Gleichsetzung von Kultur mit Protein und Profit bezeichnet. Kultur ist der Kampf um Nahrung und ökonomischen Gewinn (Sahlins 1978).

Ein Beispiel soll zeigen, was genau damit gemeint ist. Die ethnografischen Informationen dazu stammen von Roy A. Rappaport (1926-1997), der im Jahr 1962 im Hochland von Papua-Neuguinea Forschungen durchführt und diese im Jahr 1967 in seinem Buch *Pigs for the Ancestors* veröffentlicht. Er findet heraus, dass in der von ihm untersuchten Gruppe die intensive Schweinezucht zum

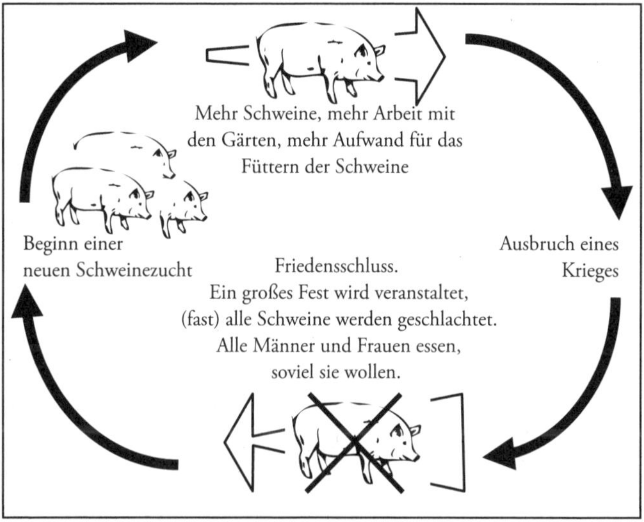

Abbildung 4.1: Schweinezyklus nach Roy Rappaport und Marvin Harris. Kultur und Religion scheinen die Zucht und das Schlachten von Schweinen in Papua-Neuguinea zu bestimmen. Jedoch dient die bei Besiegelung des Friedensschlusses übliche Ausrichtung eines großen Festes und die Schlachtung der Schweine auch der Sicherung der gleichmäßigen Verteilung von Protein an alle Mitglieder der Gesellschaft.

raschen Anwachsen des Schweinebestandes führt. Sobald allerdings ein gewisses Niveau des Viehbestands überschritten ist, beschweren sich die Frauen über zu viel Arbeit: Die Schweine müssen gefüttert und das Futter muss herbeigeschafft werden. Die Unzufriedenheit mit der Arbeit führt zu Auseinandersetzungen und schließlich zu gewaltsamen Konflikten zwischen einzelnen Dörfern. Wenn diese durch die Vermittlung der Ältesten und Häuptlinge beigelegt werden, veranstaltet man ein großes Fest, bei dem fast alle Schweine geschlachtet werden. Alle Männer, Frauen und Kinder können dann so viel Schweinefleisch essen, wie sie nur wollen (Lotter 2008). Auch wenn die kulturelle Tradition behauptet, Krieg und Friedensschluss würden von den Ahnen bestimmt und überwacht, so ist der Zyklus der Ernährung mit proteinreichen Mahlzeiten doch durch die Anzahl der Schweine bestimmt (**Abbildung 4.1**).

Der Begriff des Schweinezyklus ist in der Ökonomie schon älter. Er bezeichnet periodische Preisschwankungen, die dadurch auftreten, dass die Schweinezucht in westlichen Ländern immer dann intensiviert wird, wenn die Preise für das Fleisch hoch sind, was unweigerlich wegen des daraufhin auftretenden Überangebots zu einem raschen Preisverfall führt. Auf Grundlage der Studien in Papua-Neuguinea kann Harris die Gültigkeit dieses Begriffs in einem ganz anderen Kontext aufzeigen. Er begründet damit zugleich seine zentrale These: Jede Kultur hängt weitgehend von ihren materiellen Grundlagen ab.

Zusammen mit Rappaport ist Harris deshalb als Vertreter nicht nur des Kulturmaterialismus, sondern auch der Kulturökologie anzusehen. Harris hat dabei eine extreme Form verfochten, die als Umweltdeterminismus bezeichnet wird. Kultur und das Handeln des Menschen sind demnach nur aus der Umwelt heraus zu verstehen. Das Spektrum der kulturökologischen Theorien ist allerdings viel breiter: Den Umweltdeterministen gegenüber stehen die Possibilisten. Sie betonen, dass der Einfluss der Umwelt nicht determinierend sei, sondern stets eine Vielzahl von Möglichkeiten lasse, aus denen Gesellschaften dann die eine oder andere auswählen. Kulturmaterialismus und Umweltdeterminismus bieten oft überzeugende und originelle Interpretationen für zahlreiche kulturelle Phänomene. So erklärt Harris in seinem 1985 veröffentlichten Buch *Good to eat. Riddles of Food and Culture* (*Wohlgeschmack und Widerwillen*, 1988), warum viele Gesellschaften des Vorderen Orients kein Schweinefleisch essen. Seine Erklärung bezieht sich nicht auf religiöse Tabus, sondern auf die Nahrungskonkurrenz: Aufgrund des Klimas gibt es in dieser Region viel hochwertiges Getreide, aber wenig andere Biomasse. Schweine wären hier Nahrungskonkurrenten des Menschen, Rinder hingegen begnügen sich mit minderwertigen Gräsern. Ein weiteres Beispiel: Wenn in vorkolumbianischer Zeit in Mexiko die Azteken zahlreiche Menschenopfer dargebracht haben, so liegt das letzten Endes nicht in religiösen Praktiken begründet, sondern Menschenfleisch wurde dort gegessen, weil kaum eine andere Proteinquelle zur Verfügung stand. Ähnlich erklärt Harris die Heiligung der Kühe in Indien. Während die Kuh nach der Schlachtung nur Fleisch liefert, hat sie als Milchproduzentin (Protein) und Lieferantin von Dung einen viel höheren Wert, zumal sie nach ihrem natürlichen Tod durchaus gegessen werden darf.

Harris zählt in seinem Buch noch zahlreiche weitere Beispiele auf, die zum Nachdenken anregen – etwa darüber, warum »moderne Menschen« sich daran gewöhnt haben, Fleisch in der Form von »Hamburgern« zu essen.

Harris provoziert seine ethnologischen Kollegen nicht nur mit der Behauptung, es habe Gründe dafür gegeben, warum Ethnologen für die Wichtigkeit der ökonomischen Rahmenbedingungen blind gewesen seien, sondern – wenigstens in der frühen Phase seines Schaffens – auch mit seinem Bekenntnis zum Evolutionismus. Nachdem man geglaubt hat, Konzepte von aufeinander aufbauenden Kulturstufen seien mit dem Ende des Evolutionismus im 19. Jahrhundert erledigt, greift Harris die theoretische Debatte wieder auf und erweitert sie, indem er sie um die Fragen des Verbrauchs an Kalorien und des Zugangs zu Produktionstechniken ergänzt.

Nachdem Franz Boas 70 Jahre zuvor die Stufenleitern der Entwicklung aus der *Cultural Anthropology* verbannt hat, führen die so genannten Neo-Evolutionisten – Harris und sein Lehrer Leslie White – wieder einen universellen Vergleichsmaßstab ein: Den Energieverbrauch pro Person. Auf dieser Grundlage ist es möglich, eine Stufenleiter zu konstruieren, auf der die westlichen Zivilisationen wieder den Spitzenplatz einnehmen. Der hohe Energieverbrauch in den USA wäre folglich ein Nachweis ihrer hohen Entwicklungsstufe. Im Gegensatz zur heute verbreiteten ökologischen Perspektive stellt der höhere Energieverbrauch bei Harris keine Fehlentwicklung dar, sondern resultiert aus der Logik der Entwicklung.

Der Energieverbrauch pro Person und der Verbrauch an Proteinen sind im Unterschied zu früheren Kriterien vergleichsweise genau messbar. Und die neuen Kriterien unterscheiden sich von den alten auch dadurch, dass sie in vielen Gesellschaften thematisiert werden und ähnlichen Bewertungen unterstehen: Wer möchte denn nicht lieber Fleisch anstatt Hirse essen? Wer möchte nicht lieber mit dem Auto fahren, anstatt zu Fuß zu gehen? Der Sozialdarwinismus des 19. Jahrhunderts, wie ihn zum Beispiel Tylor und Spencer vertreten haben, feiert hier auf überraschende Art eine Wiederauferstehung: Das Vorrecht des Überlebenstüchtigsten (also des Autofahrers und Fleischessers) wird auf irritierend konkrete Weise greifbar.

In der Gegenüberstellung von Franz Boas und Marvin Harris wird der Widerspruch besonders deutlich: Boas ist Kulturrelativist und besteht auf der holistischen Methode. Für ihn ist jede Kultur einzigartig und nur aus ihrem inneren Zusammenhang heraus zu verstehen. Deshalb ist der Vergleich nachgeordnet und grundsätzlich fragwürdig. Harris dagegen interessiert sich nicht für Kulturen als Gesamtheit. Das holistische Verstehen von Kulturen ist ihm zufolge nicht nur ein kulturalistischer Luxus; es genügt, Umweltbedingungen, Ökologie und ökonomische Ressourcen zu betrachten. Kulturen sind vergleichbar, ja, sie müssen sogar verglichen werden, um sie einordnen zu können. Die bisher vernachlässigte materielle Basis »determiniert« alle Formen des kulturellen Ausdrucks.

4.5 Zusammenfassung

Gibt es eine gemeinsame Linie, durch die die hier präsentierten Vertreter der Ethnologie miteinander verbunden sind? Um diesen Zusammenhang aufzuzeigen, ist es sinnvoll, Boas' und Harris' Konzepte miteinander zu vergleichen (**Abbildung 4.2**). Gibt es überhaupt eine Möglichkeit des Dialogs zwischen den beiden auf den ersten Blick so verschiedenen Denkschulen? Unter Einbeziehung von Margaret Mead und Ruth Benedict soll hier versucht werden, eine gemeinsame Grundlage aufzuzeigen.

Boas wie auch Harris räumen offensichtlich dem Konzept der Kultur einen zentralen Platz ein. Auch wenn sie »Kultur« unterschiedlich definieren, stimmen sie doch darin überein, dass menschliche Gesellschaften nicht zu erklären sind, ohne diese mit einzubeziehen. Beide sehen in der Kultur einen wirkmächtigen Faktor, durch den Menschen geformt werden. Diese Grundlage gilt auch für Mead und Benedict, die die Funktionsweisen der Einwirkung von Kultur auf das Individuum genauer beschreiben. Ihre Studien über den Prozess der Formung des Einzelnen erschließen das Feld der Kulturpsychologie. Harris wiederum definiert Kultur, deren Dominanz über die Gesellschaft weiterhin zentral ist, völlig neu. Es geht dabei nicht mehr um die Einzigartigkeit in Boas' Sinn, sondern um Ökonomie, Produktionsweise und Kalorienverbrauch.

Bei Boas ist die Macht der Kultur zwar deutlich spürbar, aber sie wird nicht erklärt. Bei Benedict und Mead wird eine Erklärung

Kulturrelativismus z. B. Franz Boas	**Kulturmaterialismus** z. B. Marvin Harris
jede Kultur ist einzigartig und nur aus ihrer Geschichte heraus zu verstehen (historischer Partikularismus)	alle Kulturen folgen dem gleichen Schema: zum Beispiel der Kampf um Energie und Nahrung
alle Gesellschaften sind gleichwertig	Gesellschaften sind in einem Evolutionsschema einzuordnen
Sichtweise der Angehörigen der Kultur ist zentral	objektive, überprüfbare Fakten entscheiden
mehr an Wissen und Werten orientiert (intellektualistisch)	nur an messbaren Fakten orientiert (positivistisch)
Holistische Methode	Methode der Fallbeispiele

Abbildung 4.2: Gegenüberstellung von Kulturrelativismus und Kulturmaterialismus. Marvin Harris hat mit vielen Traditionen der US-amerikanischen *Cultural Anthropology* gebrochen. So sieht er keinen Wert darin, Kulturen insgesamt zu erfassen. Die wirtschaftlichen Grundlagen sind entscheidend. Auf der Grundlage messbarer Faktoren kann Harris auch einen Kulturvergleich vorschlagen, der für Boas undenkbar gewesen wäre.

präsentiert, indem Kulturmuster und Persönlichkeit als Faktoren benannt und untersucht werden. Bei Harris gewinnt ein einzelner Aspekt eine solche Tragweite, dass der Blick auf die Kultur insgesamt unwichtig wird. Es reicht, Wirtschaft, Umwelt und Ernährungsweisen einer Gesellschaft zu betrachten. Die Kultur kann danach einer Stufe in einem Entwicklungsschema zugeordnet werden. Aufgrund der übergroßen Bedeutung dieses einen spezifischen Ausgangspunkts werden alle Gesellschaften vergleichbar. Auch wenn dieser Begriff unterschiedlich definiert wird, so ist die große Bedeutung von »Kultur« doch eine gemeinsame Grundlage aller in diesem Kapitel behandelten Ethnologen.

Die Debatte zwischen Kulturrelativisten und Kulturmaterialisten ist bis heute nicht entschieden; sie wird weitergehen und noch manche überraschende Form annehmen. Welche Rolle wird zum Beispiel der wachsende Einfluss von Biologie und Gentechnik als neue Leitwissenschaft in den Disziplinen spielen, die sich mit Kultur beschäftigen?

Die in diesem Kapitel vorgestellte Auswahl der vier US-amerikanischen Ethnologen hat ein weites Spektrum ethnologischer Positionen aufgezeigt, die aber alle in der Geschichte der *Cultural Anthropology* ihren Platz haben. Die dargestellten Autoren und ihre Konzepte stehen für wichtige theoretische Positionen und Kontroversen. Sie bieten einen Maßstab, an dem sich auch zukünftige Ansätze und Methoden messen lassen.

Folgende Positionen wurden diskutiert:

1. Die *Cultural Anthropology* in den USA entwickelt sich seit Franz Boas auf Grundlage der Ablehnung evolutionistischer Perspektiven. Anstelle der Stufenleiter werden kulturelle Ähnlichkeiten und Differenzen durch Kulturareale erklärt.

2. Die Vision des historischen Partikularismus wird nicht immer durchgehalten. Kulturpsychologische Ansätze wie diejenigen von Ruth Benedict und Margaret Mead ermöglichen den Kulturvergleich, ohne jedoch eine Wertung vorzunehmen oder eine Stufenfolge zu beschreiben.

3. Kulturmaterialistische Ansätze der 1960er und 1970er Jahre wie der von Marvin Harris, werden durch die ökologische Problemorientierung in westlichen Gesellschaften gefördert. Zugleich werden – wenigstens zu Beginn – Entwicklungsreihen aufgestellt (Neo-Evolutionismus).

Die Geschichte dieser Tradition ist damit keinesfalls erschöpfend abgehandelt. Einige neuere US-amerikanische Autoren und Positionen der *Cultural Anthropology*, die nach 1970 eine wichtige Rolle spielen, werden in den Kapiteln über den Kulturvergleich und die Krise der ethnografischen Repräsentation behandelt (Kapitel 8 und 9).

5. *Social Anthropology* in Großbritannien

Ethnologie wird in Großbritannien als *Social Anthropology* bezeichnet. Die Unterscheidung von der in den USA gebräuchlichen Bezeichnung *Cultural Anthropology* verweist auch auf eine inhaltliche Differenz: Der Schwerpunkt liegt hier auf der Betrachtung von sozialen Strukturen. Dies hängt einerseits mit der pragmatistischen Tradition in der britischen Philosophie zusammen, andererseits lässt es sich durch den historischen Bezug zwischen der britischen Ethnologie und der Verwaltung des Empire mit seinen gigantischen kolonialen Territorien erklären.

Die *Social Anthropology* in Großbritannien ist von ihrer globalen Bedeutung her mit der US-amerikanischen *Cultural Anthropology* vergleichbar. Demgegenüber sind die in Frankreich und Deutschland etablierten Traditionen (vgl. Kapitel 6 und 7) sehr viel weniger wichtig. Das gilt für die Zahl der Fachzeitschriften und auch für die gegenseitige Wahrnehmung: Während US-amerikanische und britische Ethnologen Trends setzen und ihre Arbeiten weltweit große Aufmerksamkeit finden, gelingt es französischen und deutschen Ethnologen nur selten, mit ihren Studien über die Ländergrenzen hinaus wahrgenommen zu werden. Die größere Bedeutung der britischen Ethnologen und deren breitere Rezeption in den USA sind teilweise sicher auf die gemeinsame Sprache zurückzuführen, es liegt es aber auch am direkten Austausch: Zahlreiche britische Ethnologen sind in die USA gegangen, um dort vorübergehend zu lehren.

Im Folgenden sollen erneut vier Autoren vorgestellt werden. Es handelt sich dabei nicht um die wichtigsten britischen Ethnologen, aber sie stehen exemplarisch für die Bandbreite unterschiedlicher Perspektiven innerhalb der *Social Anthropology*. Die vier Vertreter sind (in der zeitlichen Reihenfolge ihrer Arbeiten): James Frazer, Bronislaw Malinowski, Edward Evans-Pritchard und Mary Douglas. Jeder steht für einen ganz bestimmten Ansatz und eine spezielle methodische Ausrichtung.

Die Geschichte der Ethnologie in Großbritannien beginnt allerdings schon viel früher. Eine der wichtigsten Persönlichkeiten der frühen Ethnologie in Großbritannien ist der schon mehrfach erwähnte Evolutionist Edward Tylor. Zum Zeitpunkt des Erscheinens seines wichtigsten Werkes *Primitive Culture* (1871) gab es bereits eine aktive und populäre Vereinigung von Privatgelehrten, die Ethnological Society of London, die sich mit ethnologischen Themen befasste (Stocking 1971). Die Ausführungen in diesem Kapitel beginnen jedoch mit James Frazer, denn seine Thesen veranschaulichen das ethnologische Denken der *Social Anthropology* wesentlich besser als der damals noch dominante Evolutionismus seiner Zeitgenossen.

5.1 James Frazer (1854-1941)

Zu den wichtigen Grundannahmen der Ethnologie des 19. Jahrhunderts zählt die Vorstellung von Kultur als einer universellen Eigenschaft, die sich lediglich in ihrer Ausgestaltung zwischen dieser oder jener Gesellschaft unterscheidet. Dieses alte Argument soll hier als Ausgangspunkt dienen, um das Werk von James Frazer näher zu erläutern.

Frazer ist ein außergewöhnlich produktiver Wissenschaftler, der umfassende Beziehungen zu zahlreichen Fachkollegen unterhält. Er ist ein klassischer Lehnstuhlethnologe (vgl. Kapitel 3). Im Grunde schreibt Frazer sein Leben lang an einem Werk, das zuerst 1890 in zwei Bänden, dann in verschiedenen erweiterten Auflagen und schließlich 1922 in 12 Bänden erscheint: *The Golden Bough* (*Der Goldene Zweig*, 1977).

Den Ausgangspunkt des Buches bildet eine zu seiner Zeit weithin bekannte Sage, die in dem südlich von Rom gelegenen heiligen Hain der Diana Nemorensis (der »Diana des Waldes«) spielt. Dem aus der Antike überlieferten Brauch zufolge gab es in diesem Hain einen besonderen Baum, der von einem Priester, dem »König des Waldes«, bewacht wurde. Dieser Priester war der Legende nach ein entlaufener Sklave. Wenn es einem anderen Sklaven gelang, einen Zweig vom Baum zu brechen, konnte er den Priester herausfordern, und es kam zum Kampf auf Leben und Tod. Siegte der Sklave dabei über den amtierenden Priester und tötete ihn, so wurde er zum neuen »König des Waldes« – bis auch er einem stärkeren Herausforderer weichen musste.

Um diese Geschichte herum entfaltet Frazer ein Panorama ma-

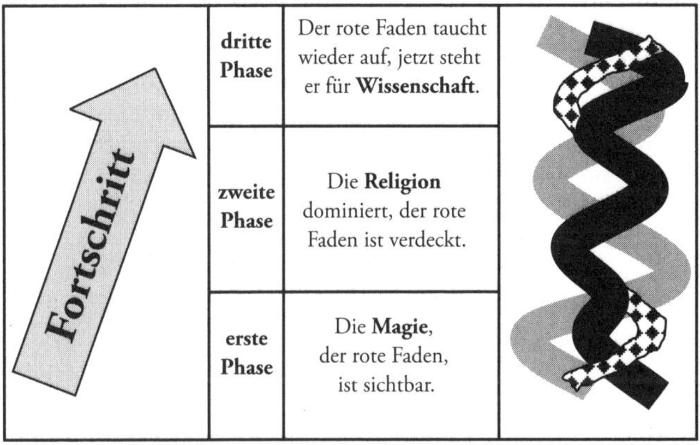

Abbildung 5.1: Magie, Religion und Wissenschaft nach James Frazer. Der evolutionäre Fortschritt nimmt einen seltsam zirkulären Verlauf. Das kausale Denken (»der rote Faden«, hier mit Rauten dargestellt) ist in der Epoche der Magie bereits vorhanden, verschwindet vorübergehend in der Ära der Religion, um in der Wissenschaft wieder aufzutauchen.

gischer Praktiken, von den ältesten Zeugnissen bis zur Gegenwart der westlichen Gesellschaften. Er unterteilt die Entwicklungsgeschichte von Magie und Religion zudem in drei Phasen: Erstens das Zeitalter der Magie und des magischen Denkens, zweitens die Epoche der »Religion«; die dritte Phase ist schließlich die der Wissenschaft, die in Europa mit der Moderne beginnt und nach Frazer früher oder später überall auf der Welt die Religion ablösen wird. Diese Reihe von drei Stufen entspricht auf den ersten Blick der damals dominierenden Evolutionslehre.

Den Kern von Frazers Theorie bildet die Annahme, dass Magie und Wissenschaft bestimmte Gemeinsamkeiten haben. Demnach gibt es eine Denkweise, die von der ersten bis zur dritten Phase verläuft, durch die mittlere Phase der Religion aber vorübergehend verdeckt wird. Frazer hält diese Denkweise für eine universelle Regel menschlichen Denkens. Er verwendet dafür das einprägsame Bild eines roten Fadens, der im Gewebe der Geschichte mal an der Oberseite, also erkennbar, mal an der Unterseite verläuft und deshalb verborgen ist (**Abbildung 5.1**).

Frazer deutet diese unterstellten Kausalketten als gesetzliche

Zusammenhänge. Magische Gesetze haben den gleichen Gültigkeitsanspruch wie Naturgesetze. Durch dieses Merkmal sind Magie und Wissenschaft scharf von der Religion abgegrenzt. Diese wird nämlich von absoluter Willkürlichkeit geprägt: Es gelten keine Gesetze, sondern der Wille der Götter. Auf der Grundlage dieser Einsicht in die Gesetzmäßigkeit magischer Regeln benennt Frazer zwei universelle Gesetze, die in der magischen Phase für gültig gehalten wurden und bis heute in vielen Gesellschaften als »Überbleibsel« des alten magischen Denkens beobachtet werden können:

1. Dinge, die einmal in Kontakt miteinander waren, bleiben immer in Kontakt (*contagious magic*). Deshalb werden zum Beispiel für Flüche in vielen Fällen Haare oder Kleidungsstücke des Opfers verwendet.

2. Gleichartiges erzeugt Gleichartiges (*sympathetic magic*). Beispielsweise besteht ein Regenzauber in Australien (einfach) darin, einige Tropfen Wasser auf dem Boden zu verspritzen.

Frazer identifiziert diese Gesetze auch in der Geschichte vom heiligen Hain: Der Zweig, den der Sklave im heiligen Hain bricht, überträgt die Kräfte des Baumes auf den zukünftigen Priester des Hains. Die immer währende Wuchskraft des Baumes überträgt sich als gesteigerte Kampfkraft auf den Herausforderer, der erfolgreich einen Zweig an sich gebracht hat.

Frazers Ansicht nach erklären diese beiden Gesetze alle magischen Handlungen weltweit. Viele heute nicht mehr verstandene, aber weiterhin praktizierte Bräuche werden dadurch verständlich. Beispielsweise basiert die Tradition des in Europa so vertrauten Weihnachtsbaums auf einer Kombination dieser Gesetze: Die immergrüne Tracht des Baumes steht für die gewünschte und gesuchte Eigenschaft der Vitalität; sie ist als Zeichen des Sieges zu verstehen, des Überlebenswillens zum Zeitpunkt der Wintersonnenwende, des vorchristlichen Fests, das später zum Fest der Geburt Christi bestimmt wurde. Dass der Baum ins Haus geholt wird, ist demnach durch den Glauben an die Kontaktmagie erklärbar.

Weil Frazer eine Dreistufenlehre aufstellt, wurde er verschiedentlich als Evolutionist betrachtet. Die inhaltliche Definition der drei Stufen ist aber komplizierter und zeigt, dass diese Zuweisung unhaltbar ist. Offensichtlich sind die Stufen eins und drei einander viel ähnlicher als die mittlere, die das Zeitalter der Religionen bezeichnet. Magisches Denken ist keinesfalls ein Phänomen der

Vergangenheit, sondern durchdringt nach Frazer auch noch die Gegenwart, so dass von einer wirklichen Entwicklung, einer Evolution im engeren Sinn nicht die Rede sein kann. Frazers Anleihen bei der Evolutionslehre sind also eher als ein Nebeneffekt der geistigen Strömungen seiner Zeit zu bewerten. Wird das Dreistufenmodell aus seiner Theorie herausgestrichen, bleibt der Kerngedanke von der Universalität kausaler Gesetze übrig.

Für ein genaueres Verständnis des Ansatzes von Frazer ist ein Vergleich mit Franz Boas hilfreich. Boas und Frazer gehen beide auf recht überzeugende Art und Weise davon aus, dass Menschen unabhängig von westlichen Kulturen (und lange bevor diese zur Norm der »Zivilisation« wurden) in bemerkenswerten, vielleicht sogar idealen Kulturen lebten. Ist es bei Boas die besondere Kenntnis der Umwelt, die er voller Hochachtung bei den Inuit beobachtet, so ist es bei Frazer die Idee, das wissenschaftliche Denken sei schon lange vor der »Erfindung« der Religion und der Epoche der »richtigen« Wissenschaft in allen Kulturen vorhanden gewesen. Diese Vorstellungen verweisen auf eine wichtige Grundannahme der Ethnologie: Voraussetzung für das Verstehen der Bedingungen des Menschen ist das Studium ganz unterschiedlicher Kulturen und Gesellschaften; am Beispiel der Anderen kann man besondere Kompetenzen und Strukturen erkennen, die zu einer vertieften Reflexion über die eigene Gesellschaft und die Menschheit insgesamt führen.

Aus Sicht der heutigen Ethnologie verletzt Frazer einige Regeln der wissenschaftlichen Methodologie, etwa wenn er so argumentiert, als würde Zeit ohne eine historische Dimension existieren, als gingen jahrtausendealte Traditionen und Phänomene der Gegenwart problemlos ineinander über. Eine historische Entwicklung gibt es in seiner Denkweise nicht. Wie Chris Hann (2005) betont, ist sie in der britischen *Social Anthropology* insgesamt kaum ausgeprägt.

Eine weitere Kritik bezieht sich auf den Umgang mit den Quellen. In *Der goldene Zweig* reiht Frazer Hunderte von Beispielen aneinander. Dieser illustrative Umgang mit ethnografischen Fakten steht im direkten Widerspruch zur von Boas aufgestellten Forderung nach einem holistischen Vorgehen. Frazer reduziert ethnografische Fakten auf bloße Schnappschüsse, während innere Zusammenhänge und Bedeutungen, die sich aus dem Kontext der Kultur ergeben, weder zählen noch überhaupt wahrgenommen werden (Thornton 1985). Solche Zusammenhänge und Bedeutungen kann er letztlich aber auch kaum sehen, weil er die Gesellschaften, von denen er berichtet, nur aus Büchern und Fragebögen kennt. Eine dritte Kritik betrifft die drei Stufen, die Frazer nur halbherzig definiert. Heute ist bekannt, dass die einfachsten magischen Praktiken in der Anrufung von Geistern oder Naturkräften bestehen. Niemals gab es eine Phase des exklusiven Auftretens von Magie, und niemals haben Menschen Magie praktiziert und dabei ausschließlich an die Gültigkeit kausaler Gesetze geglaubt. Überall dort, wo es Magie gibt, gibt es auch den Glauben an die Existenz übernatürlicher Wesen.

So schreien beispielsweise die Aborigines die Wolken ganz einfach an: »Regnet!« Die Regenmagie besteht nur in der simplen Anrufung der Wolken. Würden die Aborigines einzig an die Gültigkeit kausaler Gesetze glauben, dann müsste der Regen sofort einsetzen. Dass er es häufig genug nicht tut, schreiben sie nicht etwa der Schwäche ihrer magischen Kräfte zu. Vielmehr glauben sie an eine transzendentale Kraft, koppeln die Magie also mit der Religion. Heutigem Kenntnisstand entsprechend wäre zu formulieren: Keine Religion ohne Magie, keine Magie ohne Religion. Transzendente Wesen werden stets vorausgesetzt; Frazers Unterscheidung ist ungültig.

5.2 Bronislaw Malinowski (1884-1942)

Es ist nicht möglich, über die britische *Social Anthropology* zu berichten, ohne auf den schon mehrfach erwähnten Bronislaw Malinowski zurückzukommen: Er ist der Ethnologe mit der größten Wirkung innerhalb des Fachs und darüber hinaus. Wichtige Informationen zu Malinowskis Lebensweg wurden schon genannt: Aus Polen stammend, studierte er in Krakau, dann in Leipzig unter anderem bei Wilhelm Wundt Völkerpsychologie, ein Fach, das es heute nicht mehr gibt. An der London School of Economics (LSE) ist er ab 1910 als Student eingeschrieben, dann, zwei Jahrzehnte später, einer ihrer prominentesten Lehrer.

Nach London geht er, weil er das Werk Frazers kennengelernt hat und bei ihm weiterstudieren will (Kohl 1987:39-54). Dennoch scheint alles, was über Malinowski zu sagen ist, ohne den geringsten Berührungspunkt zu den Ideen im *Goldenen Zweig* zu sein. Von einer Kontinuität zwischen Frazer und Malinowski zu sprechen fällt insbesondere deshalb schwer, weil die Forschungsmethoden der beiden so unterschiedlich sind. Und schließlich ist klar, dass Malinowski seine herausragende Bedeutung nicht wegen seines Untersuchungsgegenstands erlangt, sondern aufgrund seiner Methode, die er während eines ungewollt verlängerten Aufenthaltes in Melanesien entwickelt.

Zwei Erklärungsansätze sollen seine außerordentliche Rolle für das Fach wenigstens teilweise erläutern. Beide haben damit zu tun, dass er als Außenseiter nach England kommt und eine Integration in die Traditionen der britischen *Social Anthropology* für ihn weniger wichtig ist. Die Rolle des Außenseiters gibt ihm die Möglichkeit und verlangt es gleichzeitig von ihm, sich in viel höherem Maße auf seine eigenen improvisierten Methoden zu verlassen als andere. Diese Stellung gibt ihm die Freiheit, sich weniger eng an den Themen der älteren britischen Ethnologen wie Tylor und Frazer zu orientieren. Allerdings fährt er im Jahre 1914 nicht einzig und allein deshalb nach Australien, um den Kongress der British Society of the Advancement of the Sciences zu besuchen, sondern auch mit einer Empfehlung seiner Lehrer und in der Absicht, in Australien Feldforschung zu betreiben, also in der Region, in der Frazer die einfachsten religiösen und magischen Praktiken vermutete.

Es kam anders, und der wichtigste Ort seiner Feldforschung wird nicht das australische Festland, sondern das abgelegene Archipel der Trobriand-Inseln, wo er die in Kapitel 3 bereits erläuterte Technik der Teilnehmenden Beobachtung entwickelt.

Die erste Erklärung für Malinowskis Bedeutung wurde von Ernest Gellner (1925-1995) entwickelt (Gellner 1998). Die Lebensgeschichte dieses tschechisch-britischen Ethnologen ähnelt in mancher Hinsicht der Malinowskis: Der eine in Prag, der andere in Krakau geboren, wachsen beide in der Habsburger Monarchie auf, machen ihre wissenschaftliche Karriere aber in Großbritannien. Gellners Argumentation beruht auf der These, dass ethnologische Konzepte stets als Folge einer spezifischen, in der Gesellschaft dominierenden Sicht auf Kultur zu betrachten seien. Kultur, so Gellner, war im Habsburger Reich eigentlich etwas Gefährliches: Der Vielvölkerstaat wurde nur dadurch zusammengehalten, dass die einzelnen Kulturen sich den Prinzipien der Staatlichkeit unterzuordnen hatten. Viele Intellektuelle sahen den Antagonismus zwischen Kultur und Staat als Folge des Widerspruchs zwischen Romantik und Moderne. Die Rationalität der Moderne wurde durch die überlegenen staatlichen Prinzipien vertreten. Vom modernen, rationalen Bürger dieses Staates wurde erwartet, die innere Stimme seiner Herkunft, seiner Kultur und seine romantischen Gefühle zum Schweigen zu bringen.

Wie Gellner vermutet, befähigt gerade dieses Schweigen (in der eigenen Sprache) Malinowski, ganz in der Sprache seiner Gastgeber, der Bewohner der Trobriand-Inseln, aufzugehen. Er scheint durch seine Herkunft dafür sensibilisiert, dass die vielen ihm zur Verfügung stehenden Sprachen (neben Polnisch auch Deutsch, Französisch und Englisch) für unterschiedliche Kulturen, für Emotionen und für Differenzen der Herkunft stehen. Als Wissenschaftler, als modernes, rationales Subjekt hat er seine Emotionen, seine Herkunft und die vielen Sprachen auszublenden. Möglicherweise ist er sich bewusst, dass er all dies aufgeben muss, um dadurch in sich einen »inneren Leerraum« zu schaffen, der zu einem Sensorium für Sprache und Kultur seiner Gastgeber werden kann.

Die zweite Erklärung für Malinowskis überragende Bedeutung beruht auf seiner zweiten Neuerung neben der Teilnehmenden Beobachtung. Malinowski ist nämlich auch der Begründer des so genannten Funktionalismus, der im Folgenden kurz erläutert werden soll.

5.3 Funktionalismus

Der Begriff des Funktionalismus bezeichnet eine ethnologische Theorie, die sich mit der Funktion einzelner gesellschaftlicher Institutionen befasst. Ihr zufolge hat jede Institution eine Funktion für die Gesellschaft insgesamt, da sie der Erfüllung bestimmter Bedürfnisse dient. Jede Institution ist am besten zu erklären, so Malinowski, indem sie als ein unersetzbarer Teil eines funktionierenden Ganzen betrachtet wird:

> Die funktionale Theorie beruht auf dem Prinzip, dass jede Art von Zivilisation, jeder Brauch, jedes materielle Objekt, jede Idee oder Glaubensüberzeugung, eine vitale Funktion erfüllt oder eine Aufgabe zu erfüllen hat und

einen unverzichtbaren Teil eines funktionierenden Ganzen repräsentiert. (Malinowski 1930: 133, Übersetzung HPH)

Gesellschaftliche Institutionen in diesem Sinne sind nicht nur gesellschaftliche Einrichtungen, die umgangssprachlich »Institution« genannt werden, wie etwa die soziale Sicherung oder die Ehe, sondern jeder andere sozial anerkannte Brauch und jede Technik. Jede einzelne dieser Institutionen dient demnach dem Funktionieren der Gesellschaft als einem übergeordneten Ganzen und der Befriedigung der Bedürfnisse ihrer Mitglieder.

Der Funktionalismus ist unmittelbar einleuchtend; er sagt nicht mehr über die Gesellschaften aus, als das, was jeder theoretisch nicht geschulte Beobachter auch so sehen würde: Wer gelernt hat, sein Fischernetz ordentlich zu knüpfen, wird mehr Fische fangen. Wenn es auf einer Insel einen Häuptling gibt, der Ratsversammlungen einberuft und ihren friedlichen Verlauf überwacht, so dass alle Angehörigen der Gesellschaft ihre Meinung vorbringen können, dient dies der Einigkeit der Gesellschaft und damit ihrem Fortbestand.

Wesentlich ist also das Funktionieren der Gesellschaft. Hier kommt ein weiterer Aspekt ins Spiel, der als Malinowskis originärer Beitrag zur ethnologischen Theoriebildung anzusehen ist: *Alle* Institutionen einer Gesellschaft müssen zusammenarbeiten, um die Bedürfnisse der Menschen optimal zu befriedigen (Malinowski 1975). Malinowski hebt damit die Notwendigkeit hervor, Gesellschaften insgesamt zu beschreiben. Im gesellschaftlichen Gleichgewicht spielt jedes Element eine Rolle, da es eine Funktion und eine Bedeutung hat. Daraus ergibt sich die Aufgabe, eine möglichst große Zahl von Funktionen zu identifizieren. Kein Kulturphänomen kann erklärt werden ohne Verweis auf seine Funktion (Langness 1987). Die Gesellschaft insgesamt »funktioniert«. Ob allerdings Gesellschaften tatsächlich immer derart im Gleichgewicht sind, ob sie immer so funktionieren, dass alles auf ihren Fortbestand hinarbeitet, ist fraglich. Heute spielt dieser einfache Funktionalismus in der Ethnologie nur noch eine geringe Rolle. Aber im Verlauf dieses Kapitels wird noch auf neuere, auf den Funktionalismus aufbauende Entwicklungen hinzuweisen sein.

5.4 Gemeinsamkeiten von Frazer und Malinowski

So wie Malinowski die Funktion der gesellschaftlichen Institutionen als universelles Gesetz beschreibt, postuliert Frazer universelle Regeln des magischen Denkens. Beiden ist also gemeinsam, dass sie allgemein gültige Gesetze formulieren. Die Idee des Universellen eröffnet den Blick auf weitere Parallelen zwischen diesen beiden Ethnologen.

Frazer versteht Universalität so, dass älteste historische Quellen ebenso wie gegenwärtige Zeugnisse außereuropäischer Kulturen und westlicher Gesellschaften den gleichen Regeln gehorchen. Ganz ähnlich verzichtet auch Malinowski auf die Betrachtung historischer Entwicklungen. Die Übereinstimmungen reichen noch weiter. Weder Frazer noch Malinowski halten es für nötig, die universellen Gesetze mit der Sicht derer, bei denen solche Aspekte beobachtet werden, zu verbinden. Frazer erwartet selbstverständlich nicht, dass diejenigen Personen, die Magie praktizieren, ihr Handeln als Entsprechung seiner magischen Gesetze auffassen. Für Malinowskis Theorie gilt das Gleiche: Was die Betroffenen denken bzw. wie sie Handlungen oder Situationen bewerten, ist kaum von Bedeutung. Sprechen dient in seiner Auffassung von Funktionalismus nur der Herstellung von Eindeutigkeit, es dient dem Bezeichnen (Senft 2007). Das ist problematisch und lässt sich als Defizit beider Theorien auffassen: Frazer und Malinowski haben beide eine essentialistische Auffassung von Kultur.

Zudem vertreten beide eine pragmatistische Perspektive, die Wirkungen über Bewertungen stellt. In dieser Hinsicht macht sich möglicherweise ein Bild der britischen Gesellschaft des 19. Jahrhunderts bemerkbar, in der die Dampfmaschine als »funktionierendes Herz« im Zentrum steht. Dieses Bild der britischen Gesellschaft in der Kultur der Trobriand-Inseln wiederzuerkennen war Malinowski nur aus der Perspektive einer marginalen Position möglich. Zugleich findet er, während er sich am anderen Ende der Welt aufhält, mit dem Funktionalismus ein allgemeines Prinzip, das sich hervorragend als Metapher für die englische Gesellschaft verstehen lässt. Wie aus den Berichten seines Freundes Ignacy Witkiewicz deutlich wird, bewundert Malinowski als Immigrant die britische Gesellschaft und fühlt sich zu ihr hingezogen (Malinowski und Witkiewicz 2000). Malinowski gelingt es, seine Hochachtung für eine funktionierende Gesellschaft (also Großbritannien) mit seinen Beobachtungen einer peripheren Gesellschaft zu verbinden. Das ist die zweite Erklärung für seinen Erfolg.

Trotz der in den letzten Absätzen aufgezeigten Parallelen geht es hier nicht darum, mithilfe der geistesgeschichtlichen Verbindungen zwischen Frazer und Malinowski den Eindruck zu erwecken, die Übereinstimmungen seien besonders weitreichend. Im Übrigen ist Malinowskis Werk – im Gegensatz zu dem von Frazer – auch heute nicht überholt. Das Anliegen der hier präsentierten Argumente ist es vielmehr, klarzumachen, dass Frazer und Malinowski sich nicht zufällig beide im England der Zeit vor dem Ersten Weltkrieg aus einer bestimmten Perspektive mit dem Fach *Social Anthropology* befassen.

Die drei Monographien Malinowskis lassen sich in ihrer Bedeutung für die Ethnologie kaum überschätzen.[5] Malinowski als Person und seine Bücher wurden, um mit Gellner zu sprechen, zum »Paradigma der Ethnologie« insgesamt (Gellner 1988:17). Noch zwei weitere, für seine außerordentliche Bedeutung wichtige Aspekte sind zu nennen: Zum einen erscheinen seine Werke zum richtigen Zeitpunkt, nämlich gerade dann, als sich Franz Boas mit seiner Forderung nach einer holistischen Vorgehensweise in den USA etabliert hat und auch Ethnologen der deutschsprachigen Länder mit der »Feldforschung« beginnen. Der Zeitpunkt ist außerdem insofern richtig, als die koloniale Aufteilung der außereuropäischen Besitztümer weitgehend abgeschlossen ist und weltweit in vielen Ländern günstige Rahmenbedingungen existieren, um Feldforschung ohne großen logistischen Aufwand zu betreiben.

Zudem nutzt Malinowski die Jahre nach seiner Rückkehr aus Australien (zunächst als *lecturer*, ab 1927 als Professor) auch dazu, zahlreiche Schüler auszubilden, die seine Methode (die Teilnehmende Beobachtung) und seine Theorie (den Funktionalismus) zur Anwendung bringen. Als Lehrer prägt Malinowski eine Generation von Ethnologen, die sich – ob zustimmend oder kritisch – mit seinen theoretischen und methodischen Positionen auseinandersetzen müssen.

5 *Argonauts of the Western Pacific*, 1922 (Argonauten des westlichen Pazifik, 1979), *The Sexual Life of Savages in North-Western Melanesia*, 1929 (*Das Geschlechtsleben der Wilden in Nordwest-Melanesien*, 1983), *Coral Gardens and Their Magic*, 1935 (*Korallengärten und ihre Magie*, 1981).

5.5 Edward Evan Evans-Pritchard (1902-1973)

E. E. Evans-Pritchard ist einer der Schüler Malinowskis, die nach ihrem Studium für die Administration des britischen Empire arbeiten. Von der Kolonialverwaltung erhält Evans-Pritchard einen Forschungsauftrag für den Südsudan, wo die Verwaltung ununterbrochen Probleme mit bestimmten Bevölkerungsgruppen hat. Schon bald nach seiner Rückkehr von dieser Forschungsreise, die von 1926-1929 dauert, hat er eine erste Meinungsverschiedenheit mit Malinowski (Morton 2007), die auch in seiner ethnografischen Publikation über den Südsudan 1937 offensichtlich wird. Unter dem Titel *Witchcraft, Oracles, and Magic among the Azande* (Hexerei, Orakel und Magie bei den Zande, 1978) fasst Evans-Pritchard die Ergebnisse seiner Expedition zusammen, die zwar einerseits auf der von Malinowski geforderten Teilnehmenden Beobachtung beruhen, andererseits aber in ihren Schlussfolgerungen über den Ansatz seines Lehrers hinausgehen und in mancher Hinsicht im Widerspruch zu dessen Theorie des Funktionalismus stehen.

Zu den Pionierleistungen von Evans-Pritchard gehört es, dass er selbst Lehrling bei einem Orakelmeister der Zande war. Wie er schreibt, erwarb er damit die Fähigkeit, Hexerei, Orakel und Magie mit den Augen eines Stammesangehörigen der Zande zu sehen. Bei den Zande gilt Hexerei als eine ererbte Fähigkeit, oftmals ahnen die Hexer selbst überhaupt nichts von ihren Fähigkeiten. Umso wichtiger ist die Rolle des Wahrsagers und Orakelmeisters. Nur er kann feststellen, ob eine Person als Hexe oder Hexer eine schädliche Wirkung ausübt.

Zwei wichtige Aspekte seiner Forschungsmethode sollen hervorgehoben werden: Erstens kann Evans-Pritchard besser als andere, die sich schon früher mit dem Thema befasst haben, die Rationalität des Glaubens an Magie und Hexerei erklären. Westliches Alltagswissen beruht ja auf der Annahme, Wirkungszusammenhänge seien rational erklärbar. Deshalb wird Magie, Hexerei und ihren angeblichen Wirkungen die Eigenschaft der Rationalität oft abgesprochen, sie sind weitverbreiteten Auffassungen zufolge irrational, unerklärbar oder nur als Wahrnehmungsstörung zu verstehen. Evans-Pritchard stellt dagegen klar: Auch Hexerei und Magie sind einer rational erklärbaren, logischen Ordnung unterworfen und unterliegen in den Gesellschaften, in denen sie praktiziert werden, sogar einer empirischen Prüfung. Diese Phänomene sind also nicht einfach Fragen des Glaubens, im Gegenteil: Dort, wo sie als gesellschaftliche Institutionen anerkannt sind, gelten sie als Teil des Alltags.

Nicht jedes Unglück und nicht jede Krankheit wird automatisch als Hexerei angesehen. Erst die durch den Orakelmeister durchgeführte, mehrstufige Urteilsfindung (Beschuldigung, Anklage, Prüfung durch den Wahrsager) kann beweisen, ob ein Hexer als Verursacher in Frage kommt. Erst dann kann ein Unglück als Folge von Hexerei bezeichnet werden. Aus der Sicht der Zande ist die »normale« Reaktion von Europäern auf einen Unfall, das heißt, ihn als Zufall oder Missgeschick zu erklären, einfach Ausdruck von Dummheit oder mangelnder Reflexion. Zande würden mehr Sorgfalt einfordern: Sie würden verlangen, erst mit einem Fachmann das Orakel zu befragen. Nur so sei die Ursache eines Unfalls aufzufinden.

Die funktionale Dimension der Hexerei hat Evans-Pritchard deutlich herausgestellt: Es geht um die Kontrolle sozialer Abweichung (Hexer sind Sonderlinge) und um den Zusammenhalt der Gesellschaft: Unglück bricht immer von außen herein (wer Hexer ist, gehört nicht mehr zur Dorfgemeinschaft). Es ist die Aufgabe der Orakelmeister, Hexerei zu entdecken und Hexer anzuklagen. Orakelmeister müssen dabei mit Bedacht vorgehen: Wenn der Vorwurf der Hexerei nicht im Konsens geäußert wird, kann er die Einheit der Gesellschaft gefährden.

Was bedeutet diese Aussage im Sinne des Funktionalismus? Der Funktionalismus basiert ja auf der Annahme, dass jede Institution (Hexerei, Orakel und Wahrsagerei) für sich genommen eine Funktion hat. Die Befunde von Evans-Pritchard verlangen eine Einschränkung dieser Aussage. Jede einzelne Institution, wie zum Beispiel das Orakel, ist auf eine andere Institution, etwa die Hexerei, bezogen. Für sich allein genommen sind Hexerei oder Orakel ohne Sinn. Erst in der Verbindung wird die Rationalität beider Institutionen deutlich.

Ein weiterer Widerspruch zum ursprünglichen Funktionalismus ergibt sich aus der genauen Betrachtung der Erscheinungsform des Orakels: Ein Orakel ist im Grunde eine Form der Kommunikation. Es geht um das »Sprechen über Ereignisse« und die Herausbildung von Meinungen. Beides findet bei Evans-Pritchard eine viel größere

Beachtung. Erst durch das Sprechen entsteht überhaupt eine Institution wie das Orakel. Die Beteiligten erkennen erst im Lauf der Prüfung, ob ein bestimmtes Ereignis mit Hexerei zu erklären ist.

Evans-Pritchard formuliert diese Einsichten auch als Kritik am »reinen« Funktionalismus. Demnach müssen zunächst die innere Struktur und der Zusammenhang der Institutionen einer Gesellschaft verstanden werden, bevor eine funktionale Interpretation möglich ist. Nicht der Nutzen der einzelnen Institution steht im Vordergrund, sondern die Struktur der Gesellschaft, die jeder Institution einen Platz und eine (relative) Bedeutung zuweist.

Evans-Pritchards Fallstudie über die Hexerei bei den Zande ist deshalb ein gutes Beispiel für den Strukturfunktionalismus. Diese theoretisch vor allem von Alfred Radcliffe-Brown ausgearbeitete Position grenzt sich vom älteren Funktionalismus Malinowskischer Prägung ab, indem er Geschichte, Struktur und Verknüpfungen innerhalb einer Gesellschaft eine viel größere Bedeutung zuweist und die Betrachtung der Rolle einzelner Institutionen als unzureichend ansieht. Vielmehr ist die Herausbildung und strukturelle Verflechtung aller Institutionen in einer Gesellschaft zu untersuchen (Radcliffe-Brown 1935).

Wichtiger werden im Strukturfunktionalismus auch die Aspekte der Gesellschaft insgesamt und die Reflexion der Angehörigen einer Gesellschaft, etwa indem die Frage nach dem Vertrauen in eine Institution gestellt wird. Evans-Pritchard und Radcliffe-Brown stehen deshalb Vergleichen in der Ethnologie eher skeptisch gegenüber, da gesellschaftliche Strukturen zu komplex sind, um sie vergleichen zu können (Radcliffe-Brown 1951).

Die Gegenüberstellung dieser beiden wichtigen Theorien der britischen *Social Anthropology* verdeutlicht auch eine Veränderung des Kulturbegriffs: Diese Konzepte folgen der Entwicklung, die die Ethnologie zwischen 1870 und 1950 insgesamt charakterisiert. Die Eigenständigkeit der Kulturen wird immer stärker betont; die im 19. Jahrhundert noch allgemein anerkannten Aspekte der Universalität verlieren nun an Bedeutung.

5.6 Mary Douglas (1921-2007)

Mary Douglas gehört zur Generation der Schüler von Evans-Pritchard. Sie ist allerdings in weitaus stärkerem Maße als ihre Altersgenossen Victor Turner und Edmund Leach für die jüngere Entwicklung der *Social Anthropology* von Bedeutung.

Douglas studiert von 1939-1943 bei Evans-Pritchard, kann aber erst 1949 zur Feldforschung nach Afrika aufbrechen. Sie beschäftigt sich längere Zeit mit den Lele, deren Siedlungsgebiet im heutigen Kongo liegt. Über den kleineren Kreis der afrikaorientierten Ethnologen hinaus bekannt und für die Entwicklung des Fachs insgesamt von Bedeutung wird Douglas jedoch durch ein Werk, das über 15 Jahre nach ihrer ersten Feldforschung erscheint. 1966 publiziert sie *Purity and Danger. An Analysis of Concepts of Pollution and Taboo* (*Reinheit und Gefährdung. Eine Studie zu Vorstellungen von Verunreinigung und Tabu*, 1985), in dem sie sich mit den Grundlagen der Ethnologie beschäftigt und darlegt, wie symbolische Grenzen durch das Bedürfnis nach sichtbarer Selbstbestimmung der Gruppe erklärt werden können. Douglas befasst sich zum Beispiel mit dem dritten Buch Mose, in dem Dutzende von »unreinen Tieren« aufgezählt werden, die von den Angehörigen des Volkes Israel nicht gegessen werden dürfen. Sie fragt aber nicht nach dem Gegenstand dieser Tabus und der Kategorie des Unreinen, sondern konzentriert sich vielmehr auf die praktischen Folgen für die Gruppe, die solche Gebote und Verbote formuliert.

Sicherlich waren ihre afrikanischen Erfahrungen in dieser Hinsicht ein wichtiger Anstoß. So berichtet sie etwa ausführlich von den Lele, bei denen zum Beispiel Milch nicht getrunken werden darf, da sie als unrein gilt. Im Vergleich mit europäischen Gesellschaften, in denen Milch ein wichtiges Nahrungsmittel ist, wird sofort klar, wie wenig solche Regeln objektive Eigenschaften der Dinge anzeigen. Im Prozess der bedeutungsvollen Auslegung der Umwelt handelt es sich bei solchen Regeln vielmehr um Symbole, die sich eine Gruppe selbst gegeben hat und die zum Erhalt der Gesellschaft beitragen.

Durch die Untersuchung von Regeln als Symbolen können mithin soziale und kulturelle Strukturen aufgedeckt werden. Die Beispiele der Lele und der alttestamentarischen Speisetabus sind für Douglas Ausgangspunkte auf dem Weg zu der Feststellung, dass es in allen Gesellschaften weltweit Vorstellungen darüber gibt, was als unrein gilt. Diese Festlegungen gehen immer mit tiefen körperlichen Empfindungen (Ekel, Abscheu) einher. Die großen Unterschiede zeigen, dass die Dinge oder Phänomene, die mit einem Tabu belegt werden, willkürlich gewählt sind. Genau diese Willkür ist ein starkes Indiz dafür, dass es nicht um die Inhalte der Gebote oder Verbote geht, sondern um die dadurch geschaffene Ordnung.

Douglas hat ihre Theorie auch auf die europäischen Industriegesellschaften bezogen. In dem 1970 erschienenen Buch *Natural Symbols. Explorations in Cosmology* (*Ritual, Tabu und Körpersymbolik. Sozial-anthropologische Studien in Industriegesellschaft und Stammeskultur*, 1974) erläutert sie, wie sich Gesellschaften im Hinblick auf zwei bestimmte Fragen vergleichen lassen:

1. Welche Rolle spielen Gruppensymbole in der Interaktion einzelner Personen?

2. Welche Rolle spielen sie in der Interaktion sozialer Gruppen in der Gesellschaft?

Douglas unterscheidet zwischen Regeln, die für alle Individuen gültig sind, und Regeln, die exklusiv für eine Gruppe gelten. Sie führt dafür zwei Begriffe ein: *grid* und *group*. Sie sind geeignet, die grundlegende soziale Orientierung eines Individuums zu erklären:

1. »Gitter« (*grid*) bezeichnet Regeln, die für alle Individuen in der Gesellschaft gelten.

2. »Gruppe« (*group*) bezeichnet die symbolische Abgrenzung zwischen verschiedenen Gruppen der Gesellschaft.

Jedes dieser Merkmale kann in einer Gesellschaft entweder bedeutsam sein (Douglas nutzt dafür den Begriff »high«) oder fehlen (»low«). Einige Beispiele sollen das verdeutlichen (**Abbildung 5.2**). So gilt das Tabu von Hundefleisch oder von frischem Blut als Getränk für alle Mitglieder der westlichen Gesellschaft, es ist eine *grid*-Regel (*high grid/low group*). Beispiele aus dem Bereich der Kleidung betreffen hingegen eher gruppenspezifische Symbole: Das rote Gewand buddhistischer Mönche wird nur von diesen getragen, und Krawatte und Anzug sind heute nur bei bestimmten Berufsgruppen zu finden. Beides sind klare *group*-Regeln (*high grid/high group*). Im Bereich der Bekleidung wären Jeans als Gegenbeispiel zu nennen. Die Praxis, Jeans zu tragen, steht weder für individuelle Zugehörigkeit noch für Normen einer Gruppe (*low grid/low group*). Aus der Kombination von *grid* und *group* ergeben sich vier

	Starker Zusammenhalt zwischen Gruppen → **high group**	*Schwacher Zusammenhalt zwischen Gruppen* → **low group**
Starke Zuordnung von Individuen zu einer Gruppe high grid	Starke HIERARCHIE + + Gesellschaft mit Kasten und strikter Trennung der Schichten.	FATALISMUS + – Akteure mit hohem Selbstbewusstsein, kein Empfinden für Risiken.
(**Beispiel**)	**Gesellschaft in Indien mit Kastensystem**	**Manager in westlichen Gesellschaften**
Schwache Zuordnung von Individuen zu einer Gruppe low grid	DUALE PHILOSOPHIE – + Trennung von guten und bösen Mächten, Misstrauen zwischen Individuen.	INDIVIDUALISMUS – – Individuen mit großen Ängsten vor Gefahren, Schutzlosigkeit, Gefühl beschränkter Handlungsfähigkeit.
(**Beispiel**)	**Hexerei, Europa während der Inquisition**	**Randfiguren in westlichen Gesellschaften, Hippies**

Abbildung 5.2: Gruppen und Individualsymbole nach Mary Douglas. Die Merkmale *group* und *grid* definiert Douglas als grundlegende Struktur von Gesellschaften. Ihre Klassifizierung wurde auch deshalb so gut aufgenommen, weil damit eine weithin empfundene Gesellschaftskritik artikuliert wurde.

verschiedene Gesellschaftstypen, je nachdem, welche Merkmale dominieren. Eine Gesellschaft mit hoher Bedeutung von Gitter- und Gruppensymbolen ist beispielsweise eine, die durch Altersklassen, Kasten oder andere soziale Grenzen unterteilt ist. Die Religion (zum Beispiel der Islam oder der Hinduismus) kann in dieser Gesellschaft eine große Rolle spielen, sie bietet dem Individuum ein starkes Gefühl von Sicherheit und Geborgenheit, wenn die religiösen Symbole von den Individuen als wichtig erachtet werden.

Von besonderer Bedeutung sind für Douglas die Gesellschaften mit schwacher Gitter- und Gruppensymbolik. Diese Gesellschaften sind sozial durchlässig, die Zugehörigkeit des Einzelnen zu einer Gruppe ist nicht verbindlich geregelt. Das bewirkt einerseits Unsicherheit, zugleich stellen die Freiheiten des Individuums aber einen hohen Wert dar. Diese Merkmalskombination gilt ganz offensichtlich für die westlichen Gesellschaften. Douglas weist deutlich auf die Probleme der niedrigen Bedeutung von regulatorischen

Symbolen hin: Das subjektive Empfinden von Gefahr ist größer, die Menschen fühlen sich orientierungslos und bedroht. Sie sind auf sich selbst angewiesen und müssen mit ihren Problemen allein fertigwerden. Diese Gesellschaften entwickeln einerseits den größten Individualismus, da der Einzelne kaum gebunden ist, andererseits entstehen in solchen Gesellschaften oft ganz spontan neue Gruppen, die sich eigene Symbole schaffen. Beispiele dafür wären Fußballvereine und deren Fanclubs.

Douglas' Ansatz wird als »symbolische Anthropologie« bezeichnet; dennoch lassen sich Indizien für eine funktionalistische Perspektive entdecken. Sie selbst hebt hervor, dass nicht die Symbole und die damit verbundenen Zeichen wichtig sind, sondern der Akt des Bezeichnens, das heißt die Bereitschaft einer Gruppe, ein Symbol als Moment der Abgrenzung anzunehmen. Das Handeln einer Gruppe hat eine Funktion, es trägt zur Befriedigung eines Bedürfnisses bei und ist nützlich, indem es den Gruppenzusammenhalt stärkt und zur Aufrechterhaltung der Gesellschaft beiträgt.

Es ist wenig verwunderlich, dass Douglas' Thesen in den Jahren um 1970, also in den Jahren von *flower power*, Vietnamkrieg und Studentenbewegung, große Resonanz gefunden haben. Sie bieten eine Erklärung dafür, warum junge Menschen in den westlichen Gesellschaften keinen Platz mehr fanden. Die besondere Bedeutung dieser Ethnologin liegt darin, dass ihre ethnologischen Einsichten dazu beitrugen, aktuelle Probleme in den westlichen Gesellschaften anzusprechen und zu erklären.

Es ist sinnvoll, Mary Douglas noch einmal im Zusammenhang der anderen hier dargestellten britischen Ethnologen zu betrachten. Douglas vertritt einerseits einen rudimentären Funktionalismus, der als einzige Funktion nur noch die Integration des Individuums kennt, andererseits steht die Leistungsfähigkeit von Symbolen im Zentrum ihres Werks. Rituale und Magie, die James Frazer noch als Vorstufe der Wissenschaftlichkeit, als falsch verstandene Naturgesetze betrachtete, werden bei Douglas plötzlich zum Elixier des Fortbestands von Gesellschaften. Nicht mehr die Frazer'schen »Gesetze von Gleichheit und Kontakt«, sondern die artikulierten Abgrenzungen sind nun bedeutsam. Der unmittelbare Vergleich mit den Gesetzen von Frazer zeigt, wie weit der Weg war, den die britische *Social Anthropology* gegangen ist. Tatsächlich hat es die britische Tradition geschafft, mit Douglas den Aspekt des Schweigens, des »Über-das-Sprechen-Hinweggehens«, der zu Beginn dieses Kapitels kritisch herausgestellt wurde, aufzuheben und sogar in sein Gegenteil zu verkehren: Nun wird genau das »Sprechen über«, die willentliche Artikulation, die Ankündigung eines Tabus oder eines gemeinsam geachteten Gebots zentral für den Fortbestand der Gesellschaften.

Die Interpretation ist noch zu ergänzen um die Frage nach Gemeinsamkeiten von Mary Douglas und Marvin Harris. Beiden gelingt es in der Zeit nach 1950, also nach dem vergleichsfeindlichsten Moment der Ethnologie, den Vergleich als Teil der wissenschaftlichen Vorgehensweise wieder in das Fach einzuführen. Allerdings nehmen sie extrem unterschiedliche Standpunkte ein: Bei Harris geht es um das Materielle, um Energie, Proteine und Umwelt; Douglas hingegen gewinnt ihre Vergleichskriterien ausschließlich aus dem Bereich der sozialen Ordnung, nämlich aus dem Zusammenhalt der Gruppe insgesamt, aus den dafür gewählten Symbolen und aus dem Orientierungsbedürfnis der Individuen innerhalb der Gruppe. Während Harris das Tabu, im Vorderen Orient kein Schweinefleisch zu essen, mit dem Klima, der Umwelt und den in der Region verfügbaren Nahrungsmitteln begründet, behandelt Douglas das gleiche Phänomen in *Purity and Danger* als ein selbstgegebenes Gruppensymbol, das Ergebnis sozialer und symbolischer Prozesse ist.

Der Kontrast beider Theorien und Erklärungen von Kultur könnte kaum größer sein, ein Dialog zwischen beiden ist nur schwer vorstellbar. Dennoch verdankt die Ethnologie ihnen eine überraschende Aufwertung des Vergleichs als Methode. Zugunsten eines vertieften Einblicks in bestimmte Ausschnitte von Kulturen nehmen beide die Einschränkung der holistischen Methode in Kauf.

5.7 Zusammenfassung

Die hier präsentierten Vertreter der *Social Anthropology* stehen keinesfalls für eine einheitliche Perspektive, dennoch hat das Spektrum der ihnen zugeordneten Theorien gezeigt, wie deutlich diese nationale Tradition von der *Cultural Anthropology* abzugrenzen ist. Im Einzelnen wurden folgende Punkte herausgestellt:

1. Kultur als universelles Merkmal des Menschen steht bei der britischen *Social Anthropology* mehr als in anderen Fachtraditionen im Vordergrund.

2. Unter anderem deshalb spielt der Evolutionismus in der *Social Anthropology* eine große Rolle. Aber auch die nach dem Evolutionismus entstandenen Theorien messen den weltweiten Gemeinsamkeiten kultureller Phänomene eine besondere Bedeutung zu.

3. Funktionalismus und Strukturfunktionalismus bauen aufeinander auf. Sie unterscheiden sich wesentlich in der Bedeutung, die sie dem Zusammenhang verschiedener Institutionen in einer Gesellschaft zugestehen.

4. Die Betrachtung historischer Entwicklungen spielt in der britischen Tradition nur eine geringe Rolle.

6. *Anthropologie* in Frankreich

Frankreich spielt in der Philosophie des 18. Jahrhunderts eine zentrale Rolle. Philosophen wie Rousseau, Montesquieu, Voltaire oder Diderot nutzen die damals rasch anwachsenden Kenntnisse über außereuropäische Völker und Regionen, um den europäischen Gesellschaften ihrer Zeit einen Spiegel vorzuhalten. Damit haben sie lange vor der Entstehung der Ethnologie eine wichtige Dimension ethnologischen Wissens populär gemacht: Das Wissen über andere Kulturen dient ihnen zur Entfaltung kritischer Perspektiven auf die eigene Gesellschaft. Die Denkfigur der indirekten Kritik hat der Ethnologie den Weg bereitet und verweist zugleich auf grundlegende Beziehungen zwischen Philosophie und Ethnologie. Ethnologie in Frankreich, so ist vor diesem Hintergrund festzustellen, entwickelt sich aus dem Interesse, die eigene Gesellschaft besser zu verstehen (Copans und Jamin 1978, Dégerando 1973, Jorion 1980).

Unabhängig von diesen philosophischen Fragestellungen entstehen in Frankreich sehr früh spezielle Akademien, um Fachleute für die koloniale Expansion auszubilden. Diese erhalten dort die nötigen Kenntnisse, um zunächst Expeditionen und später die koloniale Administration zu unterstützen. Beispiele für solche Akademien, die sich vielfach unabhängig von Universitäten etablieren, sind das Institut national des langues et civilisations orientales (INALCO, gegründet 1795) und gut hundert Jahre später die École nationale de la France d'outre-mer (ENFOM, gegründet 1885). Manche dieser Institute haben ihre Namen gewechselt, viele bestehen als regionalwissenschaftliche Einrichtungen – mit hohem internationalem Ansehen – bis heute fort.

Die Spaltung in philosophisches Interesse einerseits und Vermittlung praktischer Kompetenzen für außereuropäische Kulturen andererseits war allerdings ein Grund dafür, warum es in Frankreich erst relativ spät zur Etablierung der Ethnologie als universitärer Disziplin kommt: zunächst auf dem Umweg über die Gründung des soziologischen Lehrstuhls an der Sorbonne (1912), den Émile Durkheim innehat, schließlich 1925 mit der Gründung des Institut d'Éthnologie von Marcel Mauss, Lucien Lévy-Bruhl und Paul Rivet (Moebius 2006). Die Nähe zur Soziologie – zum Teil auch der Verzicht auf jede Abgrenzung – ist eine der Stärken der französischen Tradition, aber zugleich auch eine Herausforderung für eine kohärente Beschreibung der dortigen ethnologischen Positionen.

Die Gratwanderung zwischen universitärer philosophischer Neugier an ethnologischen Fragestellungen einerseits und Ausbildung von Eliten in regionalwissenschaftlichen Akademien andererseits lässt sich auch an der seit etwa dem Jahr 2000 geführten öffentlichen Debatte um das Musée du Quai Branly ablesen. Das 2006 eröffnete Museum übernahm sowohl Teile der Sammlung aus dem wichtigsten ethnologischen Museum Frankreichs, dem Musée de l'Homme (Dias 1991), als auch aus dem Museum der ehemaligen Kolonien, dem Musée national des Arts d'Afrique et d'Océanie. Während letzteres geschlossen wurde, setzen sich Ethnologen erfolgreich für die Erhaltung des Musée de l'Homme als Zentrum der ethnologischen Forschung ein.

Zur Problematik der Abgrenzung des Fachs gegenüber anderen Disziplinen in Frankreich tritt noch eine weitere Besonderheit hinzu. Die Vernetzung der frankophonen Anthropologie mit den anglophonen und deutschsprachigen Fachtraditionen ist eher dürftig. Französische Ethnologen rezipieren oder zitieren nur selten Quellen aus diesen Ländern. Meist verlaufen die Verbindungen in die andere Richtung, denn französische Ethnologen werden zum Beispiel in England und den USA rezipiert. Von den in diesem Buch behandelten nationalen Traditionen ist die französische die späteste. Dennoch hat sie für die Ethnologie des 20. Jahrhunderts so wichtige Persönlichkeiten wie Émile Durkheim, Marcel Mauss, Arnold van Gennep oder Claude Lévi-Strauss hervorgebracht.

6.1 Émile Durkheim (1858-1917)

Das Erbe Durkheims teilt die Ethnologie mit der Soziologie. Durkheims wissenschaftliche Entwicklung beginnt mit einem eher soziologischen Interesse an der eigenen Gesellschaft und führt ihn erst in der zweiten Hälfte seiner akademischen Tätigkeit dazu, seine Thesen immer stärker auf Befunde so genannter primitiver Gesellschaften zu stützen. Nur hier glaubt er die Grundlagen von Gesellschaft insgesamt erkennen zu können. Eine Annahme, mit der er im Trend der Ethnologie seiner Zeit liegt, weswegen er auch als Vertreter dieser Wissenschaft, eben als Ethnologe, wahrgenommen wird. Die Lektüre seines Buches aus dem Jahr 1912 über Religionen (siehe unten) ist einer der Gründe für Bronislaw Malinowski, 1914 nach Australien zu reisen und Feldforschung zu betreiben.

Der Ansatz Durkheims soll zunächst an einem früheren Werk vorgestellt werden, nämlich anhand der Studie *Le suicide* (1897), in der sein Konzept einer Wissenschaft des Sozialen besonders deutlich nachvollziehbar ist. Er untersucht die Selbstmordraten in verschiedenen Gegenden Frankreichs und ihre Korrelation mit anderen Kennzeichen der Suizidopfer: Konfessionszugehörigkeit, Familienstand, Lebensalter, wirtschaftliche Situation und so weiter. Wie er selbst hervorhebt, wählt er diesen Gegenstand nur aus einem Grund: In Frankreich existieren zum Zeitpunkt seiner Studie umfassende Statistiken über Selbstmorde wie auch über die ergänzenden Daten. Allein auf der Grundlage dieser Daten aus den verfügbaren Polizeiakten kann Durkheim wichtige Korrelationen aufzeigen; als Positivist stützt er sich ausschließlich auf die empirisch gegebenen Fakten. Er fordert, die Ethnologie insgesamt solle nach diesem Prinzip vorgehen und betrachtet sie idealerweise als exakte, der Physik, Biologie oder Chemie vergleichbare Wissenschaft. Nur dokumentierte Tatsachen, Regeln und nachprüfbare Phänomene dürfen verwendet werden, folgerichtig nennt er seine Vorgehensweise »Sozialphysik«. Nach Durkheim sind im sozialen Gewebe jeder Gesellschaft gesetzmäßige Zusammenhänge verborgen, die unter anderem den Statistiken zu entnehmen sind.

Die Suche nach der »Natur des Sozialen« als einem »eigenen Ding« ist ein übergeordnetes Projekt der französischen Ethnologie. Durkheim zufolge darf die Ethnologie nicht im Stadium einer beschreibenden Wissenschaft stehen bleiben, sondern muss sich dem Anspruch der Analyse von Gesetzmäßigkeiten stellen. Diese Forderung provoziert und ist auch heute noch höchst relevant im Hinblick auf die Leistungsfähigkeit der Sozialwissenschaften. Phänomene des Sozialen als eigenständige Tatsachen zu betrachten ist heute ein möglicher Ausgangspunkt, um zum Beispiel die autoritativen Deutungsansprüche der Neurowissenschaften zurückzuweisen. Durkheims Sicht bietet damit eine Grundlage, um der Biologisierung der Gesellschaft entgegenzutreten.

Die avisierte Sozialphysik ist durch ein scharfes Methodenbewusstsein gekennzeichnet. Durkheim fehlt allerdings ein Instrumentarium der Datenerhebung; stattdessen greift er auf bereits vorhandene Daten zurück und wertet diese aus. Für außereuropäische Gesellschaften ist das besonders problematisch, weil es keine vergleichbaren Daten gibt. Seine Forderungen stehen wenigstens in diesem Bereich im Widerspruch zu den Möglichkeiten.

Durkheim ist ein Lehnstuhlethnologe, der keine Feldforschung betreibt. Nur anhand von Reiseberichten und vergleichbaren Dokumenten sucht er nach möglichst grundlegenden Kennzeichen der betrachteten Gesellschaften – zum Beispiel im Feld der Religion. Er will allgemeine Begriffe oder Kategorien gesellschaftlicher Phänomene finden, die sich empirisch, also an Beschreibungen ablesen lassen und zugleich für gesellschaftlich anerkannte Wahrheiten stehen (Rawls 1996). Trotz der methodischen Probleme ist Durkheims Suche nach grundlegenden Kategorien, die für alle Gesellschaften weltweit gelten, sein eigentliches und wichtigstes Erbe (Hahn 2012). Die Suche nach diesen Kategorien bleibt über lange Zeit hinweg ein Paradigma ethnologischen Denkens in Frankreich.

Ethnologie im Sinne Durkheims bedeutet also: Das soziale Handeln bildet eine eigene Sphäre von Erscheinungen und Gesetzen, die sich zu grundlegenden Kategorien zusammenfassen lassen. Obwohl Durkheim bekennt, von der Lektüre des Leipziger Völkerpsychologen Wundt profitiert zu haben, betont er im Kontrast zu jenem die Unabhängigkeit der Gesetze der sozialen Sphäre vom Psychischen (de Wolf 1987).

Ein Beispiel für die Separierung beider Bereiche findet sich etwa in Durkheims Unterscheidung der Formen gesellschaftlicher Arbeitsorganisation. In dem 1893 erschienenen Buch *De la division du travail social* (*Über die soziale Arbeitsteilung. Studie über die Organisation höherer Gesellschaften*, 1988) erläutert er seine Unterscheidung zwischen mechanischer und organischer Arbeitsteilung. Während in »primitiven« Gesellschaften alle Angehörigen alle Arbeiten gleichermaßen übernehmen müssen (mechanisch), dominiert in modernen Gesellschaften die organische Arbeitsteilung. Was meint Durkheim mit seinem der Intuition widersprechenden Gebrauch von »mechanisch« und »organisch«? Der Ausdruck der organischen Solidarität entsteht in Analogie zum Zusammenwirken verschiedener Organe des Körpers: Die Leistungsfähigkeit des Körpers ergibt sich daraus, dass jedes Organ seine Funktion op-

	Mechanische Solidarität	**Organische Solidarität**
	Solidarität aus Gleichartigkeit	Solidarität aus Verschiedenheit
Beziehung des Individuums zur Gesellschaft	direkt, ohne Vermittlung	vermittelt
Gemeinsamkeit und Gemeinschaft	Vorherrschen des Kollektivbewusstseins	verschiedene Funktionen, jede ist auf ihre Art nützlich
Individualentwicklung	Individualität spielt keine Rolle	Fördert die Entwicklung verschiedener Persönlichkeiten

Abbildung 6.1: Arbeitsteilung nach Durkheim. Alle Gesellschaften weltweit sehen sich vor die Notwendigkeit der Arbeitsteilung gestellt. Die soziale Organisation der Arbeitsteilung ist mithin ein universelles Phänomen; sie ist eine »Kategorie«. Die Beschäftigung mit solchen »Kategorien des Sozialen« ist ein übergeordnetes Thema der französischen Ethnologie.

timal wahrnimmt. Solidarisch sind diese Elemente eines Ganzen, weil sie wissen, dass sie aufeinander angewiesen sind. »Mechanische Solidarität« bezeichnet hingegen das Fehlen von Arbeitsteilung. Alle Mitglieder einer Gesellschaft versuchen, das Gleiche mit größtem Eifer zu vollbringen, ohne dass irgendjemand eine besondere Kompetenz vorweisen kann (**Abbildung 6.1**).

Die Gegenüberstellung dieser beiden Formen von Arbeitsteilung zeigt eine evolutionistische Denkweise. Die Überlegenheit der organischen Solidarität und damit des Eurozentrismus sind nicht zu übersehen. Aber Durkheim geht über solche dem Geist der Zeit geschuldeten Aspekte hinaus, indem er die Kategorie der Arbeitsteilung als eine Notwendigkeit der sozialen Organisation weltweit herausstellt. Die Gemeinsamkeiten aller Gesellschaften sind ihm wichtiger als Unterschiede auf einer evolutionären Stufenleiter. Das von ihm behandelte Problem der Organisation zeigt sich in der Vielfalt gesellschaftlich definierter Formen von Arbeitsteilung. Jede Gesellschaft muss eine Antwort auf die Frage finden, wie Arbeit sozial organisiert wird.

Die Studien über den Selbstmord und die soziale Arbeitsteilung verdeutlichen die Breite von Durkheims Ansatz. Gesetzmäßige Zusammenhänge stehen auch im Mittelpunkt seines letzten und wichtigsten Werks aus dem Jahr 1912 mit dem Titel *Les formes élémentaires de la vie religieuse* (*Die elementaren Formen des religiösen Lebens*, 1981). Dass er als Positivist sich der Religion zuwendet, mag auf den ersten Blick verwundern, aber vielleicht war es auch eine Obsession jener Jahre, ausgerechnet in der Religion die Fundamente der Gesellschaft finden zu wollen. Auch James Frazer hatte sich ja mit der Religion befasst, um daraus allgemeine Gesetze abzuleiten. Bei allen Unterschieden verstehen sich Frazer und Durkheim beide als positivistische Wissenschaftler, für die Wissenschaftlichkeit das Versprechen einer besseren Zukunft ist. Aus dieser Haltung heraus artikulieren sie ihre Sicht auf die Religion als etwas, das von ihnen selbst und von ihrer eigenen Gesellschaft unendlich weit entfernt ist; sie nutzen Religion also auch zur Konstruktion von Andersartigkeit.

Durkheims Ansicht nach ist Religion eine Institution, die gesellschaftliche Ordnung sichtbar und erlebbar macht. Solche Ordnungen werden gesellschaftlich aber nur dann akzeptiert, wenn sie für alle Mitglieder nachvollziehbar und bedeutungsvoll sind. Die Religion leistet das nicht etwa durch die religiösen Inhalte oder Glaubensüberzeugungen, sondern durch ihren Einfluss auf die Gesellschaft. Sie gibt die Strukturen und Symbole vor, die den sozialen Zusammenhalt möglich machen. Die Sphäre des Religiösen wird zum Brennglas sozialer Beziehungen, sie wird, mit Durkheims Worten, zu einer »kollektiven Repräsentation«.

> Die Religion hat einen Sinn, den auch der unbeugsamste Rationalist nicht verkennen kann. Ihr Hauptziel ist nicht, dem Menschen eine Darstellung der physischen Welt zu geben. Denn wenn das der Fall wäre, dann könnte man nicht verstehen, wie sie sich hat erhalten können; da sie in dieser Beziehung nicht mehr als ein Netz von Irrtümern ist. Sie ist vor allem ein Begriffssystem, mit dessen Hilfe sich die Menschen die Gesellschaft vorstellen, deren Mitglieder sie sind, und die dunklen, aber engen Beziehungen, die sie mit ihr haben. (Durkheim 1981:309)

Kollektive Repräsentationen sind Symbole, Zeichen und rituelle Handlungen, die von allen Angehörigen der Gesellschaft verstanden und anerkannt werden und mit denen sie durch Emotionen wie Furcht oder Hoffnung verbunden sind.

Durkheim glaubt, dass solche Zusammenhänge am besten in »primitiven« Gesellschaften zu erkennen sind, weil sie dort nicht von anderen Phänomenen überdeckt werden. Deshalb erläutert er sein Konzept der Religion am Beispiel des Totemismus der Aranda, einer Gruppe der Aborigines in Australien. In der unpersönlichen Macht der totemistischen Symbole erkennt er eine Ordnung der Gesellschaft, die aus verschiedenen, gleichberechtigten Gruppen besteht. Deshalb bezeichnet er den Totemismus als »föderative Religion«. Strukturen in der Gesellschaft hängen demnach eng mit der Form der Religion zusammen, und tatsächlich sind die von ihm betrachteten totemistischen Gesellschaften durch das Fehlen einer institutionalisierten Hierarchie gekennzeichnet. Zusammenhalt wird nur durch Regeln und Gebote erzeugt, die für alle gleichermaßen gelten. Der Zusammenschluss – die Förderation – entsteht durch Efferveszenz. Mit diesem Begriff bezeichnet er das das festliche Außer-sich-Sein als kollektiven Zustand, der nur in bestimmten Momenten auftritt. Durch solche emotionalen Momente entsteht bei den Anhängern einer Religion eine Mischung aus den Gefühlen der Zugehörigkeit und der Unterordnung, die das Fortbestehen der Gesellschaft sichern. Ein naheliegendes Beispiel für solch emotionale, kollektiv empfundene Momente der Efferveszenz sind die Rituale des Weihnachtsfests.

Schon durch den Titel seines Werkes erhebt Durkheim den Anspruch, eine Aussage über die universalen Grundlagen von Kultur und Gesellschaft machen zu können: Er untersucht »elementare« Formen des religiösen Lebens, also solche Formen, die es überall gibt, auch wenn sie in der Moderne ungleich schwerer zu erkennen sind, da die Komplexität hier eine direkte Beobachtung verhindert: Symbole des Zusammenhalts wirken nicht mehr unmittelbar, sondern indirekt, zum Beispiel vermittelt über die Macht des Staates.

Die bereits angedeuteten Gemeinsamkeiten von Frazer und Durkheim beruhen auf evolutionistischen Konzepten sowie der Vorstellung, schon in den »einfachsten« Kulturen universal gültige Gesetze zu finden (Müller 2009). Die Unterschiede liegen in der Vorgehensweise: Während Frazer seine einfachen, pragmatischen Gesetze der Magie mit Hunderten, jeweils nur ganz knapp abgehandelten Beispielen illustriert, glaubt Durkheim, dass es in jeder Gesellschaft eine spezifische Sozialphysik gibt und die Gesetze deshalb nur an umfassend erläuterten Beispielen erkennbar sind.

Durkheims Bedeutung für die spätere Entwicklung der Ethnologie in Frankreich beruht also auf wenigstens zwei Aspekten: Zum einen hebt er die grundlegenden Kategorien hervor, die in der Sphäre des Sozialen als »eigene Dinge« Pfade der Analyse vorgeben, zum anderen betont er, dass darin jede Kulturerscheinung ihren eigenen Platz hat.

Im Lauf der Zeit haben sich die religionsethnologischen Konzepte weit von Durkheim entfernt. Eine objektive Sozialphysik kann es aus heutiger Sicht nicht geben. Jede Beobachtung ist nur eine Perspektive auf eine Gesellschaft, die neben vielen anderen besteht. Kulturen und Gesellschaften können zudem nicht auf zeitlose Regeln reduziert werden, weil sie beständiger Infragestellung und Veränderung unterliegen. Falsch ist auch die Vorstellung vom Totemismus als der elementarsten Form von Religion. Dieses weltweit verbreitete Phänomen hat ganz unterschiedliche Wurzeln und umfasst verschiedene Konzepte. So gibt es Gruppen, bei denen der Totemgegenstand (oder das Totemtier) tabu ist, das heißt, er darf nicht beschädigt oder gar gegessen werden. Bei anderen hingegen wird gerade das Totemtier besonders häufig verspeist. Totemismus ist aus heutiger Sicht eine weltweit in verschiedenen Kontexten auftretende soziale Ausdrucksform, nicht mehr oder weniger »archaisch« oder »elementar« als andere Religionen.

6.2 Arnold van Gennep (1873-1957)

Arnold van Gennep, ein Zeitgenosse Durkheims, entdeckte sein Interesse für die Ethnologie aus einer ganz anderen sozialen Position heraus. Van Gennep kommt in Württemberg auf die Welt, zieht aber mit seiner Mutter noch als Kind nach Paris. Dort studiert er später Religionswissenschaften, Arabistik und Ägyptologie und ist danach unter anderem als Sprachlehrer, Übersetzer und Ministerialbeamter tätig. Nur für kurze Zeit (1912-1914) hat er eine Professur für Ethnologie in Neuchâtel in der Schweiz inne. Seine Studien betreibt er ansonsten als Privatgelehrter, und wie Durkheim verfasst er seine wichtigsten Bücher im Lehnstuhl. Im Jahr 1909 veröffentlicht er sein Hauptwerk *Les rites de passage* (*Übergangsriten*, 1986). Wie schon Frazer und Durkheim geht auch er davon aus, dass es universelle Gesetze gibt, die in allen Kulturen anzutreffen sind, und wie diese macht er die Einheit des Menschen und die Universalität anthropologischer Gesetze zur Grundlage seiner Überlegungen.

Neben diesen Parallelen gibt es zwei wichtige Unterschiede: Zum einen verzichtet er darauf, eine evolutionäre Reihe aufzustellen. Er braucht keine Entwicklungsstufen, da die von ihm als Gesetz formulierte Struktur von Übergangsriten im Europa des 20. Jahrhunderts ähnlich gut sichtbar ist wie in irgendeiner anderen Gesellschaft. Neu und zukunftsweisend ist das Werk van Genneps zum anderen aber auch deshalb, weil es verschiedene Ebenen der Bedeutung miteinander verbindet. Seine Erklärungen betreffen nämlich nicht nur die soziale Relevanz von Ritualen, sondern zugleich ihre psychische Funktion.

Van Genneps bevorzugter Untersuchungsgegenstand sind Übergangsriten, also zeremonielle Ereignisse, in deren Verlauf den Personen, die sich diesen Riten unterziehen, ein neuer Status zugewiesen wird. Die Taufe ist ein solcher Ritus: Die getaufte Person ist ab diesem Moment Mitglied einer christlichen Gemeinschaft. Ebenso die Eheschließung: Das Brautpaar wechselt vom Status der Ledigen in den Status der Verheirateten. Es kann aber auch eine Prüfung sein, zum Beispiel das Abitur. Fast alle Gesellschaften kennen solche Übergangsriten; in modernen Gesellschaften werden solche Rituale, die Stationen der individuellen Biografie markieren, sogar immer wichtiger.[6] Das gilt auch für die wichtigste Form des Übergangsritus, die Initiation. So wird der Übergang vom Jugend- zum Erwachsenenalter bezeichnet, aber auch der Eintritt in eine Altersklasse oder die Integration in eine neue soziale Gruppe. Initiationen sind zum Beispiel die Kommunion, die Konfirmation und die Jugendweihe.

Van Gennep erkennt in allen Übergangsriten eine übereinstimmende, grundlegende Struktur: Sie bestehen aus drei Phasen, (1) der Separation, (2) der Schwellenphase und (3) der Reintegration. Jede Person muss beim Übergang von einem gesellschaftlichen Status zum anderen eine Schwelle überschreiten. Alte Verbindungen, Assoziationen und Kontexte werden abgebrochen und durch neue ersetzt. Justin Stagl (1986) hat diesen Vorgang mit dem Durchschreiten einer Doppeltür verglichen: Solche Türen lassen einerseits

6 Beispiele sind hier die immer elaborierteren Rituale der Eheschließung, aber auch ganz neue »Initiationsfeiern« wie das Fest der Einschulung oder die Scheidungsfeier (Caduff und Pfaff-Czarnecka 2001).

zwar Personen hindurch, andererseits verhindern sie jedoch, dass etwa im Winter aus dem beheizten Inneren die Wärme entweicht, da die beiden Räume gegeneinander isoliert bleiben. Doppeltüren sind zugleich durchlässig (für Menschen) und undurchlässig (für die warme Luft). Sie erlauben den Übergang in einen neuen Raum, ohne dessen Eigenschaften zu verändern (keine Abkühlung).

Eine vergleichbare Funktion haben Initiationsriten. Sie lassen Personen passieren, denen während der Initiation ein neuer Status zugewiesen wird. Andererseits halten sie die Trennung der Sphären aufrecht. Sie machen erkennbar, dass nur die Initianden den Status wechseln, sich für alle anderen jedoch nichts ändert. Bezogen auf die Veränderung der Menschen liegt die Bedeutung von Übergangsriten in der Verknüpfung von biologischer mit sozialer Zeit: Jeder Mensch wird irgendwann erwachsen, aber erst durch den Initiationsritus wird der Moment der Reife angezeigt. Nur wenn alle wissen, dass der Übergang stattgefunden hat und der zugehörige Zeitpunkt bekannt ist, gilt für alle die gleiche soziale Zeit.

Die Bedeutung der Schwellenphase sowie der dreiteiligen Struktur besteht aber nicht nur in der Trennung verschiedener Statuszustände und der Synchronisierung sozialer Zeit. Sie besteht auch darin, den Initianden im Moment subjektiv empfundener Unsicherheit zu schützen. Diese Person wird während des Ritus von der alltäglichen Welt getrennt und anschließend mit klar definiertem neuen Status wieder in die Gesellschaft eingeführt. Die Erklärung der Initiationsriten beruht somit auf einer spezifischen Verbindung von zwei Ebenen: einerseits der sozialen Ebene struktureller Veränderung, andererseits der psychischen Ebene der Unsicherheit des Einzelnen. Wichtig sind für van Gennep, im Kontrast zu Durkheim, die prekären Momente des Lebens (**Abbildung 6.2**). Außerdem zeigt er über die Ebenen des Sozialen und des Psychischen hinweg die Bedeutung der Ritualstruktur auf. Seine Theorie ist mithin zugleich strukturell (Ordnung der Gesellschaft), funktional (Nutzen für das Individuum) und psychologisch.

Die übermächtige Wirkung der Tür-Metapher ist jedoch auch kritisch zu sehen. Zwar zeichnet van Gennep damit ein Bild, das Austritt (Separation), Übergang (Schwelle) und Eintritt (Reintegration) in den neuen sozialen Raum anschaulich macht. Aber diese Vorgehensweise basiert auf bestimmten Annahmen, die bei genauer Betrachtung problematisch sind. Ist es nicht vielmehr so, dass

Phase der Separation	Schwellenphase	Phase der Reintegration
Ausscheiden aus dem Alltäglichen	Abstand zur »normalen Welt«	Angliederung, Zuweisung des neuen Status
Aufheben der alten Identität	Schutzbedürftigkeit, Schutz durch Abtrennung	neue soziale Identität

Abbildung 6.2: Struktur von Initiationsriten nach van Gennep. Nicht nur der regelmäßige Ablauf durch ganz unterschiedlichen Riten der Initiation wurde durch van Gennep herausgestellt, sondern auch die doppelte Funktion: (1) Nach außen Anzeigen von Veränderung; (2) nach innen, für den Initianden, Schutz während der Statusveränderung.

Übergänge sich oft sehr langsam und allmählich vollziehen und erst nachträglich vom Individuum und auch von der Gesellschaft erkannt werden?

Ein Beispiel für einen zeitlich kaum einzugrenzenden Übergang wäre die Entstehung einer festen Lebenspartnerschaft, die dem Status nach einer Ehe gleichgestellt ist, aber ohne öffentliche Rituale vollzogen und anerkannt wird. Wie dieses Beispiel zeigt, hat die Kritik auch mit der Spannung zwischen den beiden Erklärungsebenen zu tun: Natürlich gibt es sowohl den sozial definierten, öffentlich sichtbaren Übergang in einen neuen sozialen Status wie auch den der persönlichen Entwicklung. Aber befinden sich diese Ebenen immer im Gleichgewicht? Trotz des hohen Erklärungswertes der Thesen van Genneps sind auch alternative Modelle von Statusveränderungen möglich. In letzter Zeit haben sich so genannte Ritualethnologen intensiv mit der Frage befasst, wie Übergangs- und andere Rituale jenseits der Logik der Schwelle besser zu verstehen sind (Schechner 1993, Grimes 2000).

6.3 Marcel Mauss (1872-1950)

Marcel Mauss ist zwar ein Zeitgenosse van Genneps, aber seine wichtigste Arbeit erscheint erst nach dem Ersten Weltkrieg (etwa zeitgleich mit den Büchern von Bronislaw Malinowski). Es handelt sich dabei um seine Abhandlung *Essai sur le don* (*Die Gabe*, 1968), die zuerst als Aufsatz in der Zeitschrift *Année sociologique* im Jahr 1925 abgedruckt wurde.

Marcel Mauss ist nicht nur Émile Durkheims Schüler, sondern auch sein Neffe. Nach dessen frühem Tod im Jahr 1917 übernimmt er allmählich eine zentrale Rolle in der französischen Ethnologie. Zu den Vorstellungen, die er von Durkheim – und damit der Ethnologie des 19. Jahrhunderts – erbt, gehört das Konzept der Kultur als universalem Phänomen aller Gesellschaften. Dies ist insbesondere für den Text über die Gabe von Bedeutung, weil Mauss darin hervorhebt, dass seine Argumente für europäische wie für außereuropäische Gesellschaften gleichermaßen gültig sind. Mauss teilt mit Durkheim aber auch bestimmte Defizite: Er betreibt keine Feldforschung und bezieht sein ethnografisches Wissen vollständig aus der Literatur. In dieser Hinsicht unterscheidet er sich signifikant von anderen Ethnologen seiner Zeit wie Malinowski, Frobenius oder Boas, für die Feldforschung schon zu einer unverzichtbaren Grundlage des Fachs geworden war.

In *Die Gabe* formuliert Mauss drei fundamentale Regeln, die im Kontext des Übergebens einer Gabe als Verpflichtungen anzusehen sind. Diese Pflichten sind:

1. ein Geschenk in der richtigen Art und Weise sowie zum richtigen Zeitpunkt zu machen;
2. ein Geschenk anzunehmen – andernfalls riskiert der Beschenkte, dass die soziale Beziehung unter der Ablehnung leidet;
3. ein Geschenk im angemessenen Umfang zu erwidern – die Gegengabe ist die notwendige Folge der Gabe.

Die Verpflichtung, zu geben und Gaben zu erwidern, ist nach Mauss fundamental für den Zusammenhalt einer Gesellschaft. Die Bedeutung von Gabe und Gegengabe liegt nicht nur in der Ökonomie, sondern betrifft auch andere gesellschaftliche Domänen wie Verwandtschaft und Religion. Das Ausbleiben einer Gegengabe ist nicht nur ein wirtschaftlicher Nachteil, sondern kann auch soziale Bindungen nachhaltig schädigen oder eine Verletzung religiöser Pflichten darstellen.

Mauss hat deshalb für sein erweitertes Konzept der Gabe den Begriff der »totalen sozialen Tatsache« (*fait sociaux totaux*) geprägt. Er verweist zum Beispiel auf die Beobachtung, dass Gaben nicht immer direkt von der Person erwidert werden, die sie empfangen hat. Es ist gut möglich, dass ein Verwandter die Gegengabe erbringt.

Das Geben der Gegengabe mag zunächst ein ökonomisches Handeln sein; in diesem Beispiel ist es aber die Verwandtschaftsordnung, die den ökonomischen Handlungsstrang fortführt. Gabe und Gegengabe sind stets eingebettet in gesellschaftliche Zusammenhänge (Parry 1986). Das Beispiel der Familie zeigt, wie Gabe und soziale Bindung sich gegenseitig voraussetzen und zugleich zu einer Bestätigung der Bindung insgesamt führen (Hollstein 2005).

Wichtig ist die grundsätzliche Gleichwertigkeit von Gabe und Gegengabe. Der amerikanische Kulturanthropologe Marshall Sahlins hat in den 1970er Jahren, auf dieser Einsicht aufbauend, die soziale Bedeutung der Reziprozität herausgearbeitet, die auch in modernen Gesellschaften ein fundamentales Prinzip darstellt (Sahlins 1972:177 ff.). Die Gleichwertigkeit der Tauschbeziehung darf dabei nicht mit Gleichartigkeit verwechselt werden. Die Zuweisung eines Werts ist vielmehr eine Festlegung zwischen Gebendem und Nehmendem.

Mauss führt zahlreiche Beispiele für den verpflichtenden Charakter von Gabe und Gegengabe an. Er nutzt das Konzept des *hau*, des »Geistes der Gabe«, der in der Vorstellung der Maori in Neuseeland eine herausragende Rolle spielt, um die Verbindung von Personen durch Gaben anschaulich zu machen. Den Maori zufolge geht der Geist mit dem Geschenk vom ursprünglichen Besitzer auf den Beschenkten über. Er bringt ihm Glück bei der Jagd und in der Landwirtschaft. Er ist zugleich eine Verpflichtung, weil der Geist vom Beschenkten fordert, seinerseits eine Gabe zu geben. Der *hau* ist nicht der Geist einer Sache, sondern ein Geist, der zwischen Schenkendem und Beschenktem hin- und herwandert.

> Ich will Ihnen jetzt vom *hau* erzählen [...] Das *hau* ist nicht der Wind, der bläst. Ganz und gar nicht. Stellen Sie sich vor, Sie besitzen einen bestimmten Gegenstand (*taonga*) und geben ihn mir; Sie geben ihn mir ohne festgesetzten Preis. Wir handeln nicht darum. Nun gebe ich diesen Gegenstand einem Dritten, der nach einer gewissen Zeit beschließt, irgend etwas als Zahlung dafür zu geben (*utu*), er schenkt mir irgend etwas (*taonga*). Und dieses *taonga*, das er mir gibt, ist der Geist (*hau*) des *taonga*, das ich von Ihnen bekommen habe und das ich ihm gegeben habe. [...] Es wäre nicht recht (*tika*) von mir, diese *taonga* für mich zu behalten [...].(Mauss 1968:32)

Mauss' Untersuchung über die Gabe stellt nicht die Dinge in den Vordergrund, sondern die Personen, die durch die materiellen

Transaktionen zueinander in ein Verhältnis sozialer Verpflichtungen treten. Eine Gabe zu erwidern ist nicht dem Belieben jedes Einzelnen unterstellt, sondern eine Verpflichtung. Mauss betont dabei die universelle Gültigkeit und kulturelle Einbettung solcher Verpflichtungen. Getreu dem Anliegen Durkheims verfolgt Mauss das Ziel, die Sphäre des Sozialen durch grundlegende Kategorien zu beschreiben. Natürlich handelt es sich dabei um eine Idee, die nicht vollständig zu verwirklichen ist. Immerhin fügt Mauss den bereits von Durkheim behandelten Kategorien wie Religion und soziale Arbeitsteilung die der Gabe hinzu. In kürzeren Abhandlungen hat er weitere Kategorien skizziert, ohne sie wirklich auszuführen. Das gilt unter anderem für den Körper, die Technologie oder das Opfer (Mauss 1975). Er hat damit mehreren Feldern der Ethnologie nachhaltige Impulse gegeben.

Wichtiger als das Festhalten am wissenschaftlichen Programm Durkheims ist aber der Bruch: Unhaltbare Annahmen – etwa im Hinblick auf die grundlegende Rolle der Religion – hat Mauss über Bord geworfen, indem er zum Beispiel die Gabe gleichermaßen in der Sphäre des Religiösen wie auch der des Profanen verankert. Durkheims problematische Auffassung von Religion ist damit obsolet geworden. Außerdem verzichtet Mauss auf evolutionistische Annahmen und auf den Essentialismus der kollektiven Repräsentationen. Mauss' *Essai* hat natürlich auch eine besondere Bedeutung im Feld der Ethnologie wirtschaftlichen Handelns, also der Wirtschaftsethnologie. Hier hat er zur Befreiung von der alten evolutionistischen Blickverengung des 19. Jahrhunderts beigetragen.

Mit seinem Neuansatz – weg von der Religionsethnologie und hin zu einer breiteren Fundierung gesellschaftlicher Phänomene in allen Lebensbereichen – hat Mauss das eigentliche Fundament der aktuellen französischen Ethnologie geschaffen (Moebius 2010).

6.4 Claude Lévi-Strauss (1908-2009)

In den vorigen Kapiteln wurde Bronislaw Malinowski als die paradigmatische Persönlichkeit der Ethnologie des 20. Jahrhunderts vorgestellt, tatsächlich kann aber der um eine Generation jüngere Claude Lévi-Strauss ebenfalls Anspruch auf diesen Titel erheben. Als Autor zahlreicher Bücher außerordentlich produktiv und stets provozierend, gilt er als der Begründer einer der wichtigsten zeitgenössischen Theorien der Ethnologie. Sein Sammelband *Anthropologie structurale* von 1958 (*Strukturale Anthropologie*, 1967) verweist schon auf diesen Ansatz: den Strukturalismus.

Nach dem Studium der Philosophie in Paris und seiner Tätigkeit als Lehrer in Südfrankreich geht Lévi-Strauss von 1935 bis 1938 nach Brasilien, um an der Universität von São Paulo Soziologie zu lehren. Während er dort unterrichtet, nutzen er und seine Frau den Aufenthalt, um indianische Kulturen im Mato-Grosso-Gebiet kennenzulernen. Die bei diesen Reisen gewonnenen Eindrücke bilden einen wichtigen Ausgangspunkt für seine Theorien.

Der Reisebericht zu den Bororo und anderen indianischen Gruppen, im Jahre 1955 unter dem Titel *Tristes Tropiques* (*Traurige Tropen*, 1981) veröffentlicht, dokumentiert weniger eine typische Feldforschung als differenzierte Reiseeindrücke, deren atmosphärische Nuancen das Buch prägen. Lévi-Strauss hält sich an keinem Ort länger als einige Wochen auf und verzichtet auch darauf, irgendeine lokale Sprache zu erlernen. Er schildert zahlreiche detaillierte Beobachtungen, aber noch intensiver berichtet er über seine subjektiven Eindrücke und Assoziationen. Im Vordergrund stehen dabei die extrem dünne Besiedlung des Regenwalds, seine Kommunikationsprobleme und das Warten auf Gelegenheiten zur Kontaktaufnahme oder zum Weiterreisen. All dies verbindet sich mit der intensiven Wahrnehmung der Zerstörungen, die die westliche Zivilisation in diesen Regionen verursacht hat.

Sicher kannte Lévi-Strauss schon damals die britische Tradition der Sozialanthropologie und die Prinzipien der intensiven, empirisch orientierten Forschung. Aber er bezieht sich weder darauf, noch macht er sich die Teilnehmende Beobachtung zu eigen. Wenn er die britische Sozialanthropologie überhaupt erwähnt, dann nur, um diese ironisch zu kommentieren: Die These Malinowskis, gesellschaftliche Institutionen hätten eine Funktion, sei banal, die ergänzende These, *alle* gesellschaftlichen Institutionen hätten eine funktionale Dimension, sei hingegen absurd (s. S. 115).

Zu Lévi-Strauss' Talenten gehört es, nicht nur in geschickter Weise die theoretischen Impulse seiner Vorläufer aufzugreifen, sondern auch neue Erkenntnisse aus anderen Fächern zu nutzen. Hier ist an erster Stelle die Linguistik zu nennen, die ab 1900 die Fundamente einer allgemeinen Sprachwissenschaft als Lehre von den Zeichen gelegt hatte. Diese Semiologie wird von dem Linguisten Roman Jakobson (1896-1982) weiter ausgearbeitet. Lévi-Strauss wiederum lernt Jakobson während seines Aufenthalts im New Yorker Exil (1940-1945) kennen und begeistert sich schnell für dessen strukturale Linguistik.

Dieser Begriff bezeichnet ein spezifisches, unter anderem von Jakobson entwickeltes Konzept von Sprache. Worte sind demnach Zeichen, die ihre Bedeutung nur dadurch erlangen, dass sie nach einer kulturell definierten Übereinkunft mit einem Gegenstand oder Sachverhalt verknüpft sind (Jakobson 1971). Worte bestehen aus Phonemen (Lauteinheiten); diese sind die kleinsten bedeutungsunterscheidenden Einheiten einer Sprache. Größere Einheiten werden als Morpheme bezeichnet, sie sind die kleinsten Bedeutungsträger. Worte können ein oder mehrere Morpheme umfassen. Verschiedene Phoneme bewirken den Bedeutungsunterschied von Morphemen und Wörtern. Bei so genannten Minimalpaaren bewirkt die Differenz zwischen nur zwei Phonemen den Unterschied der Bedeutung zwischen zwei Wörtern (Hund – Hand, verstreut – zerstreut). Die strukturale Linguistik beschreibt also Merkmale der Laute (Phoneme) und ihre Differenz als Grundlage von Morphemen, Worten und Bedeutungszuweisungen und damit der Sprache insgesamt. Außerdem geht die strukturale Linguistik von einer Wechselwirkung zwischen Sprache und Geist aus. Sprache wirkt sich demnach direkt auf die Gedanken aus; sie ist mehr als nur ein Instrument der Kommunikation.

Genau diesen Zusammenhang überträgt Lévi-Strauss auf Gesellschaften und Kulturen. Der Strukturalismus untersucht die Strukturen kulturell geprägten Denkens. Im Zusammenhang mit der Analyse von Mythen spricht Lévi-Strauss von »Mythemen« als grundlegenden Strukturen dieser Geschichten (Lévi-Strauss 1967). Er nutzt also Einsichten der Linguistik für eine neue Form der Analyse kultureller Phänomene. Entscheidend sind für ihn die kulturell definierten Ideen, Regeln und Vorschriften. Die Frage nach der Durchsetzung solcher Regeln und ihrer Anwendung sind dem nachgeordnet. Der Alltag und dessen genaue Beobachtung, so wie es die britische Sozialanthropologie fordert, sind deshalb für ihn zweitrangig.

Morpheme, Mytheme und Strukturelemente haben zunächst keine andere relevante Eigenschaft, als voneinander verschieden zu sein. Das verallgemeinert Lévi-Strauss: Die Logik des menschlichen Geistes basiert immer auf binären Unterscheidungen, so wie es hier am Beispiel der Minimalpaare gezeigt wurde. Der Theorie des Strukturalismus zufolge ist der Aufbau einer Gesellschaft und ihrer Kultur insgesamt aus solchen Strukturen und deren Kombinationen zu verstehen. Männlich und weiblich, Yin und Yang, pflanzlich und tierisch, das Rohe und das Gekochte sind Beispiele solcher Paare, in deren Gegenüberstellung Lévi-Strauss zugleich gesellschaftliche Strukturen erkennt.[7] Die Aufgabe des strukturalistisch arbeitenden Ethnologen ist es, solche Strukturen aufzudecken. Die Strukturen sind deshalb bedeutungsvoll, weil sie in der Gestalt von Mythen, Verwandtschaftsformen oder lokaler Kunst (wie der Ornamentik) Denkweisen repräsentieren. Solche Strukturen kommen in allen Gesellschaften vor.

Dass Lévi-Strauss sich selbst als Nachfolger Émile Durkheims sah, ist schon aufgrund des Titels seines im Jahr 1949 veröffentlichten Werks *Les structures élémentaires de la parenté* (*Die elementaren Strukturen der Verwandtschaft*, 1981) naheliegend. Die Verwendung des Adjektivs »elementar« zeigt den Anspruch, kulturelle Phänomene in einer Weise zu untersuchen, die an Durkheims Perspektive anschließt. Lévi-Strauss präsentiert in dieser Studie zudem eine Synthese seines Ansatzes mit dem von Marcel Mauss, indem er die Bedeutung von Gabe und Gegengabe aufgreift. Er definiert dabei die Heirat einer Frau mit einem Mann aus einer anderen Verwandtschaftsgruppe als Tauschbeziehung. Frauen verlassen die Verwandtschaftsgruppe, in die sie hineingeboren wurden; mit der Eheschließung werden sie einer anderen Gruppe »übergeben«. Die andere Gruppe wiederum ist verpflichtet, auch »ihre« Frauen abzugeben. Die Grundregel der Verwandtschaft, nämlich einen Ehepartner außerhalb der eigenen Verwandtschaftsgruppe zu wählen (Exogamie), ist nach Lévi-Strauss auf die Notwendigkeit zurückzuführen, durch Tauschbeziehungen Verbindungen zwischen sozialen Gruppen zu schaffen und zu festigen. Heiratsregeln begründen dabei eine minimale Unterscheidung, die zumindest aus der Sicht eines männlichen Individuums bedeutsam ist: Es geht um den Unterschied zwischen Männern, deren Schwestern oder Töchter er

7 Wie Thomas Reinhard (2008) in einer Übersicht zum Gesamtwerk von Lévi-Strauss zeigt, lässt sich daraus eine komplexe Analyse der Zubereitungsarten von Speisen entwickeln.

heiraten darf, und solchen, deren direkte weibliche Verwandte er nicht ehelichen kann.

Heiratsregeln zwischen Verwandtschaftsgruppen lassen sich noch weiter differenzieren. So gibt es ethnische Gruppen, bei denen ein junger Mann die Tochter seines Onkels väterlicherseits heiraten kann (Parallelkusinenheirat). In anderen Gesellschaften ist eine solche Verbindung jedoch untersagt; sie würde als Inzest gelten. In diesen Gruppen, deren Zahl deutlich höher ist, kann ein junger Mann die Tochter der Schwester seines Vaters oder auch die Tochter seines Onkels mütterlicherseits heiraten (Kreuzkusinenheirat). Beide Regelungen identifiziert Lévi-Strauss als elementare Formen der größten zulässigen Nähe zwischen Verwandten, die einander heiraten können. In der Unterscheidung dieser beiden Formen des Verheiratens sieht Lévi-Strauss eine fundamentale Differenz in der Struktur der sozialen Beziehungen: Im einen Fall verabreden zwei Brüder die Heirat ihrer Kinder (Parallelkusinenheirat), im anderen Fall hat ein Vater sich mit dem Mann seiner Schwester (oder eine Mutter mit ihrem Bruder) zu einigen, ob eine Heirat ihrer Kinder zustande kommt (Kreuzkusinenheirat). Neben diesen elementaren Strukturen gibt es weitere Regelungen, deren gemeinsames Kennzeichen es ist, einen größeren Kreis von möglichen Heiratspartnern zuzulassen. Lévi-Strauss nennt dies einen »generalisierten Tausch«.

Diese Regeln zeigen, wie minimale Unterscheidungen weitreichende Konsequenzen in Form von grundlegend verschiedenen Verwandtschaftsbeziehungen und Tauschformen haben können. Es geht dabei nicht um die Frage, ob solche Heiratsregeln tatsächlich in der Mehrzahl der Fälle angewandt werden; Lévi-Strauss interessiert sich kaum für solch praktische Aspekte. Wichtiger sind die kulturell anerkannten Normen und die ihnen zugrunde liegende Struktur. Da der menschliche Geist immer gleich arbeitet, da er gewissermaßen nicht anders kann, als in binären Strukturen zu denken, ist die unmittelbare Beobachtung der Praktiken (die ja oft von der Regel abweichen) wenig relevant.

Lévi-Strauss ist mehr an den Varianten einer Heiratsregel oder eines Mythos interessiert, so wie sie in verschiedenen Kulturen weitergegeben werden. Die Analyse von Formen macht es möglich, verborgene Strukturen oder, im Fall von Mythen, Mytheme zu erkennen. Dahinter steht die Annahme, dass alle Varianten eines Mythos auf den gleichen Grundelementen aufbauen und Unterscheidungen nur deshalb aufgenommen und weitergegeben werden, weil sie an bestehende Differenzen anknüpfen.

Nicht die Logik oder die Kohärenz eines Mythos ist relevant, sondern die in ihm enthaltenen Grundelemente. Lévi-Strauss untersucht deshalb die vielfältigen Veränderungen mythologischer Themen besonders intensiv. Dafür bezieht er sowohl Mythen aus dem Amazonasgebiet wie auch aus Nordamerika mit ein. Im Idealfall sollen alle verfügbaren Fassungen eines Mythos zusammen interpretiert werden (Lévi-Strauss 1967:240 f.). Diese Versionen können wie Folien übereinandergelegt werden; übereinstimmende Elemente werden dadurch erkennbar und können als strukturelle Aspekte identifiziert werden.

Lévi-Strauss' Vorgehensweise unterscheidet sich grundlegend von den Methoden anderer Ethnologen seiner Zeit. Das ist schon an einer Gegenüberstellung seines Kulturbegriffs und dem von Kroeber und Kluckhohn in dem Werk *Culture. A Critical Review of Concepts and Definition* (1952) zu erkennen. Wie in Kapitel 1 erläutert, schildert diese nur wenige Jahre vor Lévi-Strauss' *Strukturaler Anthropologie* erschienene Studie eine Vielfalt an Definitionen, die allesamt Kulturen als einzigartig, begrenzt und unvergleichbar betrachten. Lévi-Strauss hingegen hält die Verbindungen zwischen Kulturen für wichtiger als die Unterschiede. Er hat auch kein Interesse daran, Kulturen holistisch darzustellen, viel lieber greift er aus ganz verschiedenen Kulturen Strukturen heraus, die ihm zufolge die Grundlagen des menschlichen Denkens aufzeigen.

Aus diesen Gründen gelingt es ihm besser als anderen Ethnologen, an der Forderung nach der Universalität der anthropologischen Grundlagen festzuhalten. Diese Perspektive macht ihn nach dem Zweiten Weltkrieg zu einem wichtigen Kämpfer gegen den Rassismus. 1952 verfasst er im Auftrag der UNESCO einen Essay mit dem Titel *Race et histoire* (*Rasse und Geschichte*, 1972), in dem er unmissverständlich die universalen Gesetze des menschlichen Denkens betont. Zu den universellen Grundlagen der Kultur gehört demnach unter anderem die Fähigkeit, Strukturen mithilfe von Sprache auszudrücken.

Trotz Lévi-Strauss' beeindruckender Leistungen bleibt der Strukturalismus als Konzept umstritten und wird zum Beispiel in Großbritannien von vielen Sozialanthropologen heftig abgelehnt. So vermeidet es Evans-Pritchard gewissenhaft, aus Lévi-Strauss'

Werken auch nur zu zitieren. Trotz solcher Differenzen ist auf die gemeinsame Leistung von Strukturalismus und Funktionalismus zu verweisen, die evolutionäre Sichtweise des 19. Jahrhunderts definitiv überwunden zu haben (King 2011). Neuere Ansätze in der britischen Ethnologie (etwa von Mary Douglas) lassen deutliche Anleihen bei Lévi-Strauss erkennen. Zweifellos wird dieser heute auch in England als wichtiger Autor angesehen, auch wenn der aus seiner Theorie zu ziehende Erkenntnisgewinn umstritten bleibt.

6.5 Zusammenfassung

Der Überblick hat sowohl Unterschiede als auch Kontinuitäten zwischen den Vertretern der Anthropologie in Frankreich deutlich gemacht. Gerade bei Lévi-Strauss wurde offensichtlich, wie viel sein Ansatz insbesondere Durkheim und Mauss verdankt. Zugleich hat die französische Tradition mittlerweile weltweit ein starkes Echo gefunden, selbst wenn ihre Rezeption sehr kontrovers ist. Die wichtigsten Aspekte sind im Einzelnen:

1. Émile Durkheim fordert eine neue Wissenschaft der »Gesetze des Sozialen« (Sozialphysik) und stellt die Sphäre des Sozialen ins Zentrum seiner Betrachtung. Er begründet das damit, dass nur soziale Phänomene exakt zu beobachten sind.

2. Arnold van Gennep und Marcel Mauss liefern wichtige Beiträge zur Religionsethnologie und Wirtschaftsethnologie. Beide betonen den Anspruch, universelle Gesetzmäßigkeiten menschlicher Gesellschaften zu beschreiben.

3. Der Strukturalismus von Claude Lévi-Strauss ist bis heute der wichtigste Beitrag für das Fach insgesamt. Strukturen sind demnach ein universelles Merkmal. Zugleich verzichtet Lévi-Strauss auf den Holismus. Wissenschaftsgeschichtlich gesehen war dies zu einem bestimmten Zeitpunkt (etwa um 1950) einer der ganz wenigen Ansätze, der auf der Universalität der menschlichen Denkfähigkeit als Grundlage aller Kulturen bestand.

7. Ethnologie in den deutschsprachigen Ländern

Die in den deutschsprachigen Ländern verwendeten Begriffe »Ethnologie« und »Völkerkunde« beschreiben das Fach, das in den USA, Frankreich und England als »Anthropologie« bezeichnet wird. Möglicherweise liegt der Grund für die Verwendung dieser Bezeichnungen in der späten Ausdifferenzierung zwischen Anthropologie als biologischer Beschreibung des Menschen und Anthropologie als Kulturwissenschaft im deutschen Sprachraum. Für das alte, umfassende Verständnis von Anthropologie steht zum Beispiel noch der Berliner Arzt Rudolf Virchow (1821-1902), der sich für biologische Anthropologie, Ethnologie und Archäologie interessiert. Im Jahr 1869 ist Virchow einer der Gründer der Berliner Anthropologischen Gesellschaft.

Die deutschsprachige Ethnologie unterscheidet sich auf charakteristische Weise von den schon geschilderten Fachtraditionen anderer Länder. In einer frühen Phase, in der die Disziplin noch kaum institutionalisiert ist, geben Ethnologen aus dem deutschsprachigen Raum wichtige Impulse für die Fachtraditionen anderer Länder. Leipzig, wo ab 1875 der Völkerpsychologe Wilhelm Wundt (1832-1920) lehrt, ist in der zweiten Hälfte des 19. Jahrhunderts ein Zentrum innovativen ethnologischen Denkens. Bis zum Beginn des Ersten Weltkriegs behält die deutschsprachige Ethnologie diese Rolle.

Auch in den 1920er Jahren ist die deutschsprachige Ethnologie noch von einiger Bedeutung. Allerdings nehmen das öffentliche Interesse und die Produktivität der Ethnologen in jener Zeit unter anderem deshalb ab, weil dem Fach in Deutschland jener Praxisbezug fehlt, der bei den Kolonialmächten Frankreich und England zumindest in politischer Hinsicht gegeben ist. Genau in diesem Zeitraum kommt nämlich in Ländern wie England und Frankreich das koloniale Engagement zum Zuge, und die praktischen Leistungen von Ethnologen werden immer gefragter. In gewisser Weise gilt das auch für die USA, wo die praktische Rolle des Fachs in enger Verbindung mit der Tätigkeit des Bureau of Indian Affairs steht. Dort sind zu jener Zeit Ethnologen tätig, um die Betreuung der in Reservaten lebenden indianischen Gruppen zu unterstützen.

Das Fehlen eines praktischen Bezugs in Deutschland ist sicher *ein* Grund für die nachlassende Bedeutung der Ethnologie, der aufkommende Nationalsozialismus ein weiterer, der schließlich zur Spaltung des Fachs führt. Einige Ethnologen versuchen, sich anzupassen oder anzubiedern (Fischer 1990). Als Grundlage dient ihnen die kolonialrevanchistische Ideologie der 1920er Jahre, der zufolge der erzwungene Verlust der deutschen Kolonien nach dem Ersten Weltkrieg historisches Unrecht gewesen sei (Seidler 2004). Eine konkrete Option zur Kollaboration bietet sich dank der Schaffung einer neuen »Kolonialwissenschaft« während des Zweiten Weltkrieges. Diesen Tendenzen stehen nur einige wenige gegenüber, die den wissenschaftlichen Erkenntnissen der Disziplin treu bleiben und dem nazistischen Geist widersprechen, zum Beispiel Leo Frobenius und sein Schüler Adolf Jensen in Frankfurt am Main, dem die Lehrbefugnis entzogen wird. Entsprechend schwierig ist der Neuanfang nach 1945.

Erklärungen zur Geschichte der Ethnologie in Deutschland bedürfen mehr als die Ausführungen zu Fachtraditionen in anderen Ländern des Verweises auf Politik und Geschichte. Offensichtlich ist es Ethnologen in Deutschland nicht gelungen, theoretische Ansätze unabhängig von der Politik durchzusetzen bzw. entsprechende Forschungen durchzuführen. Dieses Problem führt zu Debatten über den richtigen Weg der wissenschaftlichen Erkenntnis oder zu Ratlosigkeit im Hinblick auf die Bedeutung der Leistungen des Fachs.

Nach dem Zweiten Weltkrieg spielt die deutschsprachige Ethnologie keine Rolle mehr und verliert den Anschluss an die Entwicklungen in den USA, Großbritannien und Frankreich. Es ist schwierig, genaue Gründe dafür anzugeben, warum nach 1950 keine international anerkannte ethnologische Theoriebildung mehr von den deutschsprachigen Ethnologen ausgeht. Liegt es an den fehlenden institutionellen Voraussetzungen (also an Mitteln), oder ist dieses Defizit eher durch den mangelnden Praxisbezug zu erklären (weil es keine Kolonien gab)? Ist das Fehlen eigener Wissenschaftstraditionen der eigentliche Grund? Wahrscheinlich spielen alle drei Aspekte eine Rolle.

Die genannten Besonderheiten der Ethnologie in den deutschsprachigen Ländern erklären, warum das Quartett der hier Vorgestellten keinen Ethnologen enthält, der hauptsächlich nach 1945 arbeitet. Es handelt sich um Adolf Bastian, Leo Frobenius, Wilhelm Schmidt und Wilhelm Emil Mühlmann. Die beiden Ersten sind in ihrem Denken dem 19. Jahrhundert zuzuordnen, Schmidt und Mühlmann hingegen sind in je anderer Weise mit den politischen Entwicklungen des 20. Jahrhunderts verbunden.

7.1 Adolf Bastian (1826-1905)

Adolf Bastian war ein antimoderner Wissenschaftler, wenn es so etwas überhaupt gibt. Analytische Kategorien zu bilden, universale Gesetze aufzustellen oder das ethnologische Wissen systematisch zu ordnen waren für ihn weniger wichtig als »Selbsterkenntnis des Menschen« und »Menschlichkeit« (Fiedermutz-Laun 1986). Bastian schreibt im Laufe seines Lebens über einhundert (zum Teil mehrbändige) Bücher und über dreihundert Artikel. Schon vor 1850 hat er Recht, Medizin und Naturwissenschaften in Heidelberg studiert und ist nach Abschluss seines Studiums viele Jahre als Arzt auf Hochseeschiffen unterwegs, wo er Erfahrungen mit den unterschiedlichsten Kulturen sammelt. Nach 1866 wirkt er – unterbrochen von weiteren Reisen – als Professor an der Universität in Berlin, außerdem gründet er das Berliner Museum für Völkerkunde (heute das Ethnologische Museum) und engagiert sich in der Berliner Gesellschaft für Anthropologie, Ethnologie und Urgeschichte (Penny 2002). Viele Publikationen Bastians sind ausführliche Reiseberichte. Sie sind anschaulich und erfrischend, weil sie eine Vielzahl kultureller Erscheinungen beschreiben. Aber obwohl Bastian über ein enzyklopädisches Wissen bezüglich zahlreicher Kulturen verfügt, ist es schwierig, die wissenschaftliche Argumentation in seinen Texten zu finden.[8]

Dennoch gibt es in seinem Werk eine theoretische Ausrichtung, die hier mit dem Rückgriff auf Platons Höhlengleichnis erklärt werden soll. Das Höhlengleichnis beschreibt die Differenz zwischen der Welt der scheinbaren Tatsachen und der Welt der Ideen. Die Wirklichkeit, das, was jeden Tag auf der Straße zu beobachten ist, stellt in diesem Gleichnis lediglich die Schatten an der Wand der Höhle

8 Eine monumentale Würdigung von Bastians Leistungen wurde zu seinem 100. Todestag vom Berliner Ethnologischen Museum veröffentlicht (Fischer, Bolz und Kamel 2007).

Abbildung 7.1: Das Höhlengleichnis als Paradigma der idealistischen Ethnologie von Bastian. Die eigentliche Ursache von Kultur bleibt in der alltäglichen Wahrnehmung verborgen. Erst durch die Analyse des Ethnologen werden »Elementargedanken« erkannt. (Illustration: Berno Hellmann)

dar. Viel wichtiger als die Schatten ist deren Ursache. Die Schatten entstehen durch die um ein Feuer in der Mitte der Höhle mit dem Rücken zum Feuer sitzenden Personen. Diese beobachten also die von ihnen selbst erzeugten Schatten. Die Wirklichkeit ist in diesem Gleichnis nichts als ein Reflex auf die eigene Gestalt. Das Feuer, das Licht der Erkenntnis bleibt den Menschen hingegen verborgen.

Genau diese Teilung der Welt in zwei sehr ungleiche Teile – einerseits die weniger wichtigen, ephemeren Realitäten und andererseits deren Ursachen (**Abbildung 7.1**) – steht im Zentrum von Bastians Denken. Die ephemeren, das heißt die oberflächlichen und flüchtigen Realitäten bezeichnet Bastian als »Blüten der Kultur«. Diese Kulturblüten sind unendlich vielgestaltig und in ihrer Formenvielfalt verwirrend. Ihnen gegenüber stehen die Elementargedanken. Sie sind die wirkliche Basis der Kulturen und wirken überall im Verborgenen. Kultur beruht Bastian zufolge also auf einigen wenigen verborgenen Elementargedanken.

Bastian widmet seine Schriften überwiegend den Kulturblüten und beschreibt hauptsächlich Kulturerscheinungen. Deshalb darf sein 1881 veröffentlichtes Werk *Der Völkergedanke im Aufbau einer Wissenschaft vom Menschen* durchaus als schwierig gelten. Es bedarf geduldiger Lektüre, um zu erkennen, wie hinter jedem Satz das »Dahinter-Stehende« und die übergeordnete Welt der »Völkergedanken« aufscheint. Ein Beispiel für einen solchen Elementargedanken wäre die in vielen Kulturen verbreitete Idee der Entstehung der Welt aus dem Wasser (Seidensticker 1969:64). Diese Idee konkretisiert sich vielfach in der Verknüpfung von Wasser mit speziellen Bedeutungen, von Bastian als »Völkergedanke« bezeichnet. Einzelne Bräuche, Riten oder Praktiken wie etwa die Taufe oder die indische Praxis, die Asche der Toten in den Fluss zu streuen, sind die Kulturblüten, also der beobachtbare, oberflächliche Teil einer Kultur. Angesichts der Vielfalt der Kulturblüten fordert Bastian von Ethnologen die Fähigkeit, hinter die Kultur zu schauen; sie sollen von Kulturblüten auf Elementargedanken schließen. So wie der Philosoph über den Dingen steht, so steht der Ethnologe außerhalb der von ihm betrachteten Kultur. Dadurch ist er in der Lage, die Elementargedanken zu entdecken. Diese Methode ist nach Bastian insbesondere bei Völkern, die ihre eigene Geschichte noch nicht thematisieren, anzuwenden.

Die Betonung des Ideellen, also des Völkergedankens, ist der eigentliche Kern von Bastians Denken. In der Epoche von Dampfmaschinen und -lokomotiven schiebt er die Moderne zur Seite und erhebt die Gedankenwelt zum wichtigsten Maßstab. Anknüpfungspunkte liefert ihm die Welt vor 1850, also die Romantik und der deutsche Idealismus. Beide Strömungen sind noch lange über Bastian hinaus Ideengeber für wissenschaftliche Theorien, aber nur selten gibt es so enge Verbindungen wie die von Bastian zu Herder, einem der wichtigsten Denker der Romantik (Köpping 1983:82). Herder wehrt sich gegen das Messen und Vergleichen von Kulturen, er verwendet die Begriffe des Volksgeistes und der Seele der Kultur. Das entspricht Bastians Vorstellung der Elementargedanken als Grundlage der Kultur. Auch Herder vertritt die Auffassung, die Beschäftigung mit Kultur solle nicht rein beschreibend sein, sondern das »Verstehen des Wesens« in den Mittelpunkt stellen.[9]

9 Auch die Idee des Volksgeistes verbindet Herder und Bastian. Darüber hinaus führt diese Idee zu Boas' Kulturkonzept, wie George W. Stocking (1996) herausstellt.

So wie die Moderne Sachlichkeit und das Anerkennen des Faktischen einfordert, so fordert Bastian im Kontrast dazu, in der immer komplexer werdenden Welt den Blick auf das hinter den Erscheinungen Stehende, auf die Seele der Völker zu richten. Ideengeschichtlich ist hier auch auf Hegel und dessen Idee des Weltgeistes hinzuweisen. Der Weltgeist hat ebenfalls die Eigenschaft, ohne Wissen und aktive Mitwirkung der Menschen auf seine Vervollkommnung hinzuwirken. Der Rede von der Seele der Völker und den Elementargedanken liegt die schon im Kapitel über den Kulturbegriff diskutierte Vorstellung von Kultur als Essenz zugrunde (vgl. Kapitel 1). Bastian hat also einen essentialistischen Kulturbegriff, wie auch dem folgenden Zitat aus dem Werk *Ethnische Elementargedanken* zu entnehmen ist:

> Das Status-quo der Volks- und Völkerkunde läßt sich folgendermaßen in Betracht nehmen: Angeschlossen an die Anthropologie (für den somatischen Habitus des psycho-physischen Individuums) und an die Ethnographie (bei den Volksstämmen in ihren mehr oder weniger verwandtschaftlichen Durchkreuzungen) hat (in der »Lehre vom Menschen«) die Ethnologie das (ethnische) Geistesleben zu durchforschen, den Organismus der Gesellschaftswesenheit, [...] um unter dem durch die geographischen Umgebungsverhältnisse aufgeprägten Stempel die Blüten der Kultur zu entfalten [...]. (Bastian 1895:312)

Das Verständnis von Bastians Werk wird dadurch erschwert, dass seine Bemühungen, Inhalte solcher »Gesellschaftswesenheiten« zu beschreiben und sie auf bestimmte Ursachen zurückzuführen, immer fragmentarisch bleiben. So führt er den Begriff der geographischen Provinzen ein, mit dem Gebiete höherer Übereinstimmung von Kulturen gekennzeichnet werden. Dieser Begriff kann als Vorform der *culture areas* im Sinne Franz Boas' (vgl. Kapitel 4) aufgefasst werden, auch wenn Bastian für räumliche Übereinstimmungen nur den Begriff der »Prägungskraft des Topologischen« (des geographischen Stempels) verwendet. Zudem führt er die Gründe solcher Ähnlichkeiten nicht weiter aus. Als tiefere Ursache kultureller Übereinstimmungen sieht er nur kulturelle Wechselwirkungen, die er als »Mutation«, »Modifikation« oder »Mutilation« bezeichnet. Jede Konkretisierung mündet in eine kaum noch überschaubare Komplexität. Bastian breitet die Flut der ethnografischen Details aus und vernachlässigt darüber den Versuch, diese Informationen zu ordnen (Buchheit 2007).

Auch sein Engagement bei der Gründung des Völkerkundemuseums in Berlin ist von diesem Zwiespalt geprägt. Einerseits will Bastian anhand der ethnografischen Objekte kulturelle Ausdrucksformen studieren, andererseits behauptet er, die Lebensweisen der Menschen und der Alltag seien nicht die wichtigste aus diesen Dingen zu ziehende Lehre. Wichtiger sei es, das hinter den Objektformen verborgene Wesen der Kulturen zu erkennen. Die gesammelten Objekte aus aller Welt sind nur Kulturblüten, und erst dahinter kommt das Eigentliche. Man könnte sagen: Bastians Forschung gilt den Kulturen, aber sie vergisst darüber leider den Menschen.

Andrew Zimmerman hat seine Kritik an dieser Epoche der deutschen Ethnologie in einem Buch mit dem polemischen Titel *Anthropology and Antihumanism in Imperial Germany* (2001) zum Ausdruck gebracht. Wenn die Ausstellungsstrategien der völkerkundlichen Museen jener Zeit als eine Anleitung zur Erfahrung geschichtlicher Zusammenhänge verstanden werden, so Zimmerman, dann wäre das eine Geschichte ohne Humanismus.

Wie bereits erwähnt, ist für Bastian die »Gesellschaftswesenheit« der Kultur wichtiger als der Alltag. Der Materie gewordene kulturelle Ausdruck soll eine unbewusste Struktur enthalten, die nur durch den Vergleich von Objekten zu erkennen sei. Bastians Interesse an solchen Strukturen und die Abstraktion vom Alltag der Menschen weist Parallelen zum Strukturalismus auf, wie der Heidelberger Ethnologe Klaus-Peter Köpping gezeigt hat. Köpping (2007) ist davon überzeugt, dass es eine ideengeschichtliche Verbindung zwischen Bastian und Lévi-Strauss gibt, da beide der kulturübergreifenden Einheit des Denkens größte Bedeutung beimessen.

In den beiden ersten Kapiteln dieser Einführung wurde mehrfach das Streben nach Verwissenschaftlichung der Ethnologie hervorgehoben. Zu dem Ziel der Ethnologie, das Image einer marginalen Wissenschaft zu überwinden, scheint Bastian wenig beizutragen. Während sich Zeitgenossen wie Edward Tylor selbst als Positivisten – als Ideologen der Wissenschaftlichkeit – darstellen und empirisch überprüfbare Fakten als Grundlage der neuen Wissenschaft einfordern, befährt Bastian als Schiffsarzt die Weltmeere und veröffentlicht dann schwer lesbare Texte über Gesellschaftswesenheiten und Kulturblüten. Vordergründig scheint er der deutschsprachigen Ethnologie damit keinen guten Dienst auf dem Weg zu einer »richtigen« Wissenschaft erwiesen zu haben. Dennoch lohnt sich die Beschäftigung mit ihm, weil er für eine spezifische Begründung des Faches steht. Durch Bastian werden die Bezüge der Ethnologie zur Romantik und zum deutschen Idealismus deutlicher als bei anderen. Während seine Kollegen in England oder den USA den Evolutionismus als Vehikel der Verwissenschaftlichung nutzen, verfolgt Bastian einen eigenständigen Weg. Dieser Weg mag aufwändig sein und das allgemeine Verständnis von Wissenschaftlichkeit nicht treffen, aber er bietet den Vorteil, weniger von den damals dominanten biologischen Konzepten beeinflusst zu sein.

7.2 Leo Frobenius (1873-1938)

Paradoxerweise ist der wichtigste Wegbereiter einer wissenschaftlich etablierten Ethnologie in Deutschland ein akademischer Außenseiter, der bei seiner Promotion scheitert und später kaum je auf akademische Gepflogenheiten achtet (Heinrichs 1998). Dennoch wird Leo Frobenius bis heute als die Persönlichkeit angesehen, die der deutschsprachigen Ethnologie auch über die akademische Welt hinaus Anerkennung als Disziplin verschafft hat. Er ist zugleich der umstrittenste und meistzitierte deutschsprachige Ethnologe.

Frobenius wird 1873 in Berlin als Sohn eines Offiziers geboren. Bald nach Schule und Abitur interessiert er sich für ethnologische Forschungs- und Reiseberichte. Da man damals Ethnologie aber noch nicht studieren kann, sucht er sich eine Tätigkeit am Bremer Überseemuseum. Die Jahre dort nutzt er dazu, Texte über Masken in Afrika und Ozeanien sowie über Geheimbünde in Afrika zu publizieren. Bereits im Alter von 25 Jahren veröffentlicht er seinen ersten wichtigen, viel diskutierten Aufsatz *Der westafrikanische Kulturkreis* (Frobenius 1897/98).

Dieser Text ist zugleich eine Erweiterung von Bastians Theorien und ein Forschungsprogramm, das die deutschsprachige Ethnologie für mindestens drei Jahrzehnte beschäftigt. Das zentrale Argument soll am Beispiel einer der beschriebenen Kulturen erläutert werden, nämlich der malajo-nigritischen Kultur. Aufgrund seiner Untersuchung von ethnografischen Objekten im Museum ist Frobenius zu der Überzeugung gelangt, dass die Kulturen Afrikas keinen gemeinsamen Ursprung haben. Vielmehr seien die Kulturen in Afrika von ganz verschiedenen Einflüssen geformt.

Ein Einflussgebiet bezeichnet er als »Kulturkreis«, der durch die historisch weit zurückliegende Diffusion von alten Kulturen entstanden ist. Deshalb sei der westafrikanische Kulturkreis von der alten malajo-nigritischen Kultur beeinflusst. Mit dem Ausdruck des Kulturkreises greift er einen Begriff auf, den der Geograf Friedrich Ratzel schon zuvor geprägt hatte (Streck 2001). Während Ratzel damit aber Gruppen ähnlicher Kulturen bezeichnet, verleiht Frobenius dem Wort eine neue, spezifische ethnologisch-historische Bedeutung.

Frobenius' Ansicht nach sind Kulturkreise der sichtbare Ausdruck des Einflusses viel älterer, heute nicht mehr sichtbarer Kulturen. Mithilfe so genannter Kulturkomplexe können diese Einflüsse identifiziert werden. Ein Kulturkomplex besteht aus bestimmten, untereinander nicht verbundenen Kulturphänomenen, die immer wieder gemeinsam auftreten. Diese Sichtweise verrät das Erbe Bastians: Gemeinsamkeiten werden zwar durch gleichartige Formen (Kulturblüten) angezeigt, verweisen aber auf etwas Verborgenes, das nur der Ethnologe entziffern kann.

Mit dieser Theorie verschafft Frobenius dem jungen Fach in Deutschland ein theoretisch begründetes Ziel, eine weitreichende Fragestellung – nämlich die Frage nach den alten Kulturen – und eine Methode: die Bestimmung von Kulturkomplexen, die durch Museumsstudien zu erschließen sind. Frobenius' Erörterung der Ausbreitung des westafrikanischen Kulturkreises und von dessen Verbindung zur malajo-nigritischen Kultur bilden das erste Beispiel, an dem er die weltweite Diffusion von Kulturkomplexen aufzeigen will. Dabei spielt der genaue historische Ablauf nur eine nebensächliche Rolle; er ist als Spur zu verstehen, die zu der früheren, heute nicht mehr sichtbaren Kultur führt.

Konzepte der Veränderung von Kulturen durch Aufnahme und Mischung von Kulturelementen werden heute unter dem Begriff des Diffusionismus zusammengefasst. Der Diffusionismus wird hauptsächlich von kulturhistorisch arbeitenden deutschsprachigen Ethnologen, um 1900 aber auch in Großbritannien und in den USA vertreten (Lowie 1937). Die diffusionistische Ethnologie untersucht die Ausbreitung von Kulturen und Innovationen und weist der räumlichen Mobilität, also der Diffusion, eine wichtigere Rolle für die Erklärung kultureller Unterschiede zu als zum Beispiel lokalen Innovationen.

Mit einem Wort des Wiener Ethnologen Robert Heine-Geldern (1964) gelingt es Frobenius, der Ethnologie die »Raumfurcht« zu nehmen. Er findet einen Weg, die romantischen und idealistischen Gedanken, die damals bei Bastian und anderen dominierten, in konkrete Forschungsfragen zu überführen (Joch 1999). Das Anliegen der Forschung galt den kulturellen Ursprüngen, die in historisch fernen Epochen vermutet wurden.

Ein Blick auf die Landkarte macht heute jedoch klar, wie unwahrscheinlich die Ausbreitung solcher Kulturkomplexe ist. Wie soll denn der zur malajo-nigritischen Kultur gehörende Kulturkomplex, bestehend aus Holztrommeln, verschiedenen Messerformen, Schmuck und Tätowierungen, von Malaysia nach Westafrika und zugleich auch nach Papua-Neuguinea gelangt sein? Bei Frobenius findet man dafür keine Erklärung. Er stellt lediglich die These auf, dass es vor vielen tausend Jahren, zum Zeitpunkt einer von ihm vermuteten Völkerwanderung, heute nicht mehr vorhandene Zwischenstationen gegeben haben muss, zum Beispiel in Südindien. Die Größe der Verbreitungsgebiete ist für ihn hauptsächlich ein Hinweis auf das hohe Alter der Kulturkreise.

Frobenius unterscheidet zwischen kulturhistorischen Gemeinsamkeiten, linguistischer Verwandtschaft und rassischer Übereinstimmung, interessiert sich jedoch nur für Erstere, die er als historisch-genetische Verwandtschaft bezeichnet. Linguistische Verwandtschaft und rassische Merkmale betrachtet er als abgetrennte, eigene Untersuchungsfelder, zu denen Ethnologen nichts zu sagen haben.

Was Frobenius damals mit kühnem Schwung skizziert, könnte heute als »Globalethnologie« bezeichnet werden – eine Ethnologie globaler Bezüge vor der Erfindung der Globalisierung (Streck 2001). Das Konzept weltumspannender, uralter Kulturbeziehungen findet schnell Anhänger. Schemata weltweiter Diffusion und Landkarten mit der Verbreitung ethnografischer Objekte sind zum Beispiel der Gegenstand zweier Vorträge Fritz Graebners und Bernhard Ankermanns im Jahr 1904 (Ankermann 1905), die sich beide auf Frobenius' frühe Arbeit berufen. Frobenius selbst allerdings kritisiert den Entwurf solcher Kulturkreise als »mechanistisch«. Überraschenderweise fordert er eine neue Sicht auf Kulturen, die nicht mehr nur nach Rekonstruktionen fragt.

Mit dieser Kritik geht Frobenius einen Schritt über seine eigenen, damals nur wenige Jahre alten Erkenntnisse hinaus, indem er nun auch Mythen und Sagen in die Betrachtung einbeziehen will. Nicht nur die Diffusion, sondern mehr noch das Wesen, die Seele einer Kultur gelte es zu verstehen. Um diese Forderung einzulösen, begibt er sich selbst auf Reisen und organisiert eine Reihe von Expeditionen, die im Hinblick auf die Ethnografie als innovativ gelten können. Unter der prätentiösen Sammelbezeichnung »Deutsche-Innerafrikanische-Forschungsexpedition« (DIAFE) unternimmt er zwischen 1904 und 1934 zwanzig Forschungsreisen, von denen manche über ein Jahr dauern. Diese Expeditionen müssen ohne staatliche Förderung auskommen, aber Frobenius hat ein umfassendes System des Fundraising entwickelt, und es gelingt ihm immer wieder, Geldgeber zu verpflichten. Die wichtigsten Förderer sind die Museen für Völkerkunde, mit denen Frobenius Verträge aushandelt, in denen festgelegt wird, dass er einen festen Stückpreis für jedes gelieferte ethnografische Objekte erhält. Aufgrund seines außerordentlichen Fleißes können die Museen die Verträge kaum einhalten und müssen zum Teil die Objekte weiterverkaufen, um ihre Abnahmeverpflichtung einzuhalten (Hahn 1995).

Zwischenzeitlich beginnt Frobenius in München ein eigenes Afrika-Archiv aufzubauen, und es gelingt ihm im Jahr 1925, dieses Archiv an die Stadt Frankfurt zu verkaufen, dort das Institut für Kulturmorphologie einzurichten und ab 1932 auch zum Honorarprofessor an der Universität ernannt zu werden. Noch wichtiger als die späte akademische Karriere ist für Frobenius der Zugang zu höheren politischen Kreisen. Schon im Jahr 1912 wird ihm eine Audienz beim Kaiser gewährt, und er knüpft in den Jahren danach immer engere Beziehungen zu diesem. Es gelingt ihm auch, finanzielle Förderung zu erhalten. Nach dem Ersten Weltkrieg pflegt er im so genannten Doorner Arbeitskreis einen regen wissenschaftlichen Austausch mit dem Ex-Kaiser, der sich für Kulturgeschichte begeistert und die Vorstellung einer zyklischen Entwicklung von Kulturen emphatisch bejaht, da er im Auf und Ab der Kulturen auch eine Erklärung für sein eigenes Schicksal sieht (Franzen, Kohl und Recker 2012). Trotz seiner kritischen Stellungnahme zur nationalsozialistischen Rassenideologie hat Frobenius aufgrund des Kontakts zum Kaiser und anderer Verbindungen nicht viel zu befürchten. Und dennoch spricht auch er nach 1933 von einem neuen Zeitalter und einem Wendepunkt der Weltgeschichte: Anbiederungen, die das Institut vor der Schließung jedoch nicht bewahren können (Fischer 1990:89).

Die Idee der Kulturkreise ist bis heute der populärste Aspekt von Frobenius' ethnologischer Tätigkeit. Ihm selbst wird jedoch spätestens in der Frankfurter Zeit die Vorstellung einer »Seelenschau der Völker« wichtiger. Mit seiner oft überzeichnenden Ausdrucksweise, die nicht frei von Selbstironie ist, behauptet Frobenius, einen Weg zum Erkennen des »Du« der fremden Kulturen gefunden zu haben. Demnach sei eine Kultur nur in der intuitiven Betrachtung ihrer je eigenen Ausdrucksweise zu fassen (Frobenius 1922). Mit dem Kulturphilosophen Oswald Spengler (1880-1936), dem Autor von *Der Untergang des Abendlandes* (Spengler 1919-22), streitet er darüber, wer als Erster die Entwicklungsphasen von Kulturen als Phasen des Jugend-, Erwachsenen- und des Greisenalters beschrieben habe. Frobenius' Differenzierung nach Altersstufen erhebt die Kulturen zu lebenden Wesen. Er nutzt diese Einteilung, um die Kreativität afrikanischer Kulturen zu erklären. Auf diesem Kontinent, dem er den größten Teil seiner Forschungsarbeit widmet, identifiziert er nämlich eine ganze Reihe sehr alter Kulturen, deren frühere Vitalität heute nur noch in Fragmenten erkennbar sei. Frobenius beschreibt als ein Ziel seiner Arbeit, den Afrikanern durch die Rekonstruktion der alten Kulturen das zurückzugeben, was ihnen ureigentlich zustehe. Nur ein Ethnologe oder Kulturmorphologe könne, trotz der aufgetretenen Fragmentierung, die Existenz solcher alter Kulturen und ihre ursprünglichen Wesenszüge erkennen.

Die »Schau« von Kulturen, der Blick auf das *Paideuma* (Kulturseele) der Gesellschaften, ist auch ein Ausdruck der Kritik an modernen Gesellschaftstheorien, die nur empirisch messbare Phänomene als Grundlage wissenschaftlicher Thesen anerkennen. Frobenius kann für seine historischen Modelle ohnehin kaum empirische Daten vorlegen. Er betont stattdessen die Moral und die Authentizität afrikanischer Gesellschaften. Seinen kritischen Blick auf die Moderne teilt er mit etlichen Zeitgenossen wie etwa dem Philosophen und Soziologen Georg Simmel. Afrika ist für Frobenius dabei weitaus mehr als nur ein Gegenstand ethnologischer Forschung, es ist für ihn ein Gegenentwurf zu Europa. Dort findet er das Ideal einer von der Moderne noch nicht beschädigten Gesellschaft.

Damit sind zwei wichtige Aspekte seiner Theoriebildung genannt: einerseits der an der Biologie orientierte Vitalismus und andererseits die Idee des hohen Alters von Kulturen. Beide Aspekte tragen zur Popularität seiner Thesen gerade in Frankreich bei. Dort hat der Philosoph Henri Bergson ganz ähnliche Gedanken über die Lebensenergie – den *élan vital* – geäußert. Frobenius' Idee der uralten Kreativität afrikanischer Kulturen begeistert darüber hinaus auch junge afrikanische Intellektuelle in Frankreich (Marchand 1997). Der bekannteste unter ihnen ist Leopold Senghor, später Präsident Senegals und Begründer der Bewegung der Négritude. Diese Bewegung betont die kulturelle Eigenständigkeit Afrikas und versteht sich als Gegner der kolonialen Okkupation. Für die afrikanischen Eliten der 1930er Jahre bietet Frobenius' Wertschätzung der alten afrikanischen Kulturen eine Grundlage, dem Kolonialismus entgegenzutreten (Senghor 1973). Frobenius selbst ist nicht gegen die koloniale Beherrschung, hält sie aber für bedeutungslos, da sich die Vitalität von Kulturen durch solche Äußerlichkeiten nicht beeinflussen lasse.

Als drittes Merkmal seiner Theoriebildung ist die Vorstellung von Konfigurationen des Kulturellen zu nennen. Kulturen sind etwas Eigenständiges, wenigstens insofern sie jeweils eine spezifische Mischung älterer Kulturen darstellen. Ähnlich wie Ruth Benedict in den 1930er Jahren geht Frobenius von einer spezifischen Kulturgestalt aus. Bei ihm führt diese Sichtweise zur Erstellung zahlreicher Karten über die Kulturen Afrikas, in denen Gemeinsamkeiten und Unterschiede verzeichnet sind (Frobenius 1922). Die Idee der Kulturgestalt als zentraler Zugang zum Erkennen von Kulturen ist auch in der ursprünglichen Bezeichnung seines Instituts enthalten: Institut für Kulturmorphologie.

Vitalismus, hohes Alter der Kulturen und die Vorstellung von Konfigurationen sind drei Leitideen, die Frobenius' reife Theorie kennzeichnen, und mit denen er über die bekanntere Idee der Kulturkreise hinausgeht. So anfechtbar jedes der drei Konzepte ist, so originell und einzigartig steht er damit innerhalb der Ethnologie jener Zeit.

7. 3 Wilhelm Schmidt (1868-1954)

Leo Frobenius ist nicht der Einzige, der Adolf Bastians Konzept der Kulturblüten aufgreift und zur Grundlage der eigenen Theorie macht. Neben anderen – wie Fritz Graebner (1877-1934) und Bernhard Ankermann (1859-1943) – steht Wilhelm Schmidt für eine eigenständige Weiterentwicklung der kulturhistorischen Methode. Er gilt als Begründer der so genannten Wiener Schule der Ethnologie, die für eine spezifische Mischung aus kulturhistorischen und evolutionären Ideen steht.

Im Unterschied zu den bisher behandelten deutschsprachigen Ethnologen kann Schmidt als Lehnstuhlethnologe gelten, da er nie selbst Feldforschung betrieben hat. Er perfektioniert das System der Informationsbeschaffung durch Korrespondenz, indem er – lange vor seiner ethnologischen Tätigkeit – als Lehrer eines Priesterseminars die späteren Missionare dazu anhält, Informationen zu sammeln (Waldenfels 1997). Auf dieser Grundlage veröffentlicht er zahlreiche Studien, die häufig einen analytischen oder gar universalen Anspruch haben und damit über den Charakter reiner ethnografischer Dokumentationen hinausgehen. Aus den zahlreichen Publikationen ragt sein insgesamt zwölfbändiges, zwischen 1926 und 1954 erschienenes Werk *Der Ursprung der Gottesidee* heraus (Schmidt 1926-54). Es ist der Schlüssel zu seiner Theorie des Urmonotheismus.

Nach Schmidt unterliegt die Entwicklung der Religionen einer ganz bestimmten Gesetzmäßigkeit, mit der er einige Grundthesen des Evolutionismus auf den Kopf stellt. Es beginnt schon damit, dass er die Geschichte der Religionen als eine Verfallsgeschichte begreift. Ihm zufolge sind die Religionen der »primitivsten« Völker durch den Glauben an *einen* Gott geprägt (Thiel 1984:162-216). Die ursprünglichste Religionsform ist demnach der Monotheismus. Schmidt interessiert insbesondere das ethnografische Material zu Jäger- und Sammlergruppen. Er nutzt Informationen über so unterschiedliche Stämme wie die Feuerland-Indianer, die Pygmäen in Zentralafrika und die Kung-Buschleute in Südafrika. Aus diesen Daten rekonstruiert er eine hypothetische Urreligion, aus der alle anderen Religionsformen hervorgegangen sein sollen. Ähnlich wie Frobenius, Graebner und Ankermann vor ihm entwickelt Schmidt ein differenziertes System von Kulturkreisen, die einander zum Teil überlagern und für alte Kulturverbindungen stehen. Die Grundlage ihrer weltweiten Verbreitung sollen zeitlich weit zurückliegende Prozesse der Diffusion sein. Dabei handelt es sich im Einzelnen um:

1. den exogam-monogamen Kulturkreis (die meisten Jäger- und Sammlergruppen);
2. den exogam-totemistischen Kulturkreis (die Aborigines in Australien und die Tasmanier);
3. den exogam-bilateralen Kulturkreis (stimmt weitgehend mit dem nigritischen Kulturkreis nach Ankermann überein);
4. den exogam-patrilinearen Kulturkreis (stimmt weitgehend mit dem westpapuanischen Kulturkreis nach Graebner überein);
5. den exogam-matrilinearen Kulturkreis (stimmt weitgehend mit dem ostpapuanischen Kulturkreis nach Graebner überein);
6. den frei-matrilinearen Kulturkreis (stimmt weitgehend mit dem melanesischen Kulturkreis nach Graebner überein);
7. den frei-patrilinearen Kulturkreis (süd-sudanesische und polynesische Kulturen).

Schmidt zögert nicht, seine Idee als neuartigen anthropologischen Gottesbeweis zu präsentieren: Wenn sich alles so verhält, wie er es darstellt, dann sind die Jäger und Sammler im exogam-monogamen Kulturkreis also Monotheisten und mithin gewissermaßen schon längst Christen, ohne es selbst zu wissen. Schon ein erster Blick auf dieses System erweckt den Eindruck, dass das kulturhistorische Paradigma – die Kulturkreise – nie sorgfältiger ausgearbeitet wurde. Zugleich aber verfolgt Schmidt ein übergeordnetes Ziel, nämlich den Gottesbeweis mit ethnologischen Mitteln zu führen. Nur dafür setzt er seine ungewöhnliche Kombination von diffusionistischen und evolutionistischen Ansätzen ein.

Diese evolutionistische Perspektive könnte durch einen Kontakt mit dem britischen Ethnologen Robert R. Marett (1866-1943), einem Schüler Edward Tylors, angeregt worden sein (Joseph Franz Thiel, persönliche Mitteilung). Schmidt denkt die Evolution jedoch zirkulär, das heißt, sie nimmt zunächst einen absteigenden und danach wieder einen aufsteigenden Verlauf. Demzufolge stehen die ältesten Kulturen ganz oben, auf gleicher Stufe mit den christlichen Kulturen, die stets die Spitze der Entwicklung darstellen. Das drückt sich in der Unterscheidung der Kulturkreise durch Schmidt aus. Erst nach den ursprünglichen kommen die »gemischten Kulturkreise«, die keinen Monotheismus mehr kennen. Dieser Abfall vom »wahren« Glauben kann schließlich durch den Eifer der Missionare wieder rückgängig gemacht werden.

Die Idee der Kulturkreise nimmt bei Frobenius und Schmidt eine zentrale Stellung ein. Sie verwenden und diskutieren den Begriff intensiv, ebenso wie zahlreiche andere Ethnologen jener Zeit. Dabei bildet sich kein Konsens zu einer gemeinsamen »Kulturkreislehre« heraus; stattdessen herrschen Auseinandersetzungen über Anzahl, Verbreitung und Definition der Kulturkreise vor. Die Gemeinsamkeiten betreffen tatsächlich nur die so genannte kulturhistorische Methode. Dazu gehören etwa die Rekonstruktion von heute nicht mehr vorhandenen Kulturen als Ziel der ethnologischen Forschung, der Zusammenhang zwischen Formen kulturellen Ausdrucks und historischer Kulturen sowie schließlich die Überzeugung, dass Geschichte durch weltumspannende Diffusion beeinflusst wird (Zwernemann 1983).

Über die verschiedenen Publikationen zur kulturhistorischen Methode lässt sich eine Verbindung zwischen den drei wichtigsten Schulen herstellen (**Abbildung 7.2**): die Frankfurter Schule um Frobenius, die Kölner Schule um Graebner und die Wiener Schule um Schmidt (Rössler 2007). Die zentralen Werke sind in zeitlicher Reihenfolge: Leo Frobenius' *Der westafrikanische Kulturkreis* (1897/98), Fritz Graebners *Methode der Ethnologie* (1911) und Wilhelm Schmidts *Handbuch der Methode der kulturhistorischen Ethnologie* (1937).

Heute gelten die verschiedenen Modelle von Kulturkreisen aus folgenden Gründen als widerlegt: Die kulturhistorische Methode überschätzt die Macht der Kultur, weil sie davon ausgeht, diese hätte eine eigene Logik. Sie hat sich darüber hinaus vom Essentialismus nie befreien können; Kulturen sind jedoch keine feste Größe, sondern werden von den Intentionen und Wertorientierungen der Menschen und deren Handlungen getragen. Schließlich ist es nie gelungen, Kulturkreise empirisch nachzuweisen. Die postulierten Kriterien sind viel zu offen und ungenau.

Immerhin – das muss ihm zugutegehalten werden – stellt der kulturhistorische Ansatz im ausgehenden 19. Jahrhundert eine einzigartige Alternative zum Evolutionismus dar. Eine weitere Leistung ist, dass der Eurozentrismus hier eine deutlich geringere Rolle spielt, da die postulierte Diffusion alle Gesellschaften weltweit betrifft.

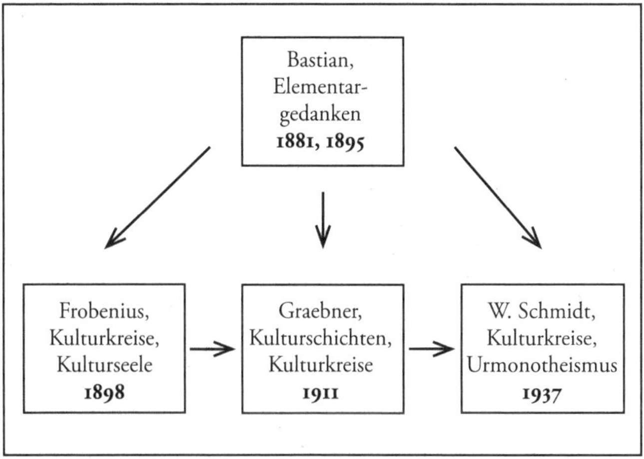

Abbildung 7.2: Die kulturhistorische Methode als Sammelbegriff von Theorien. Die Genealogie der »kulturhistorischen Methode« in der deutschsprachigen Ethnologie geht von Bastians Elementargedanken aus. Die Namen und Begriffe in den Kästen stehen für Autoren und zentrale Begriffe. Die Jahreszahlen beziehen sich auf wichtige Methodentexte.

7.4 Wilhelm Emil Mühlmann (1904-1988)

Politische Verflechtungen waren bei allen in diesem Kapitel präsentierten Ethnologen von besonderer Bedeutung. Stand bei Frobenius dessen Beziehung zum Kaiser im Vordergrund, so war Schmidts politisches Ziel die anthropologische Fundierung des Missionsauftrages. Auch die Biografie von Wilhelm Emil Mühlmann ist nur im Zusammenhang mit der politischen Entwicklung in Deutschland zu verstehen. Mühlmann gehört zur Generation der Unzufriedenen, die in der Weimarer Republik nicht auf die Verwirklichung ihrer Ziele hoffen kann. Schon als 19-Jähriger ist er Mitglied einer paramilitärischen Gruppe und begrüßt den Hitlerputsch von 1923. Wenig später schreibt er in sein Tagebuch:

> Meinen ganzen Haß will ich sammeln, um dem Dämon auf die Spur zu kommen, der dieses Zeitalter auf einen so furchtbaren Irrweg geführt hat.

Meine ganze Liebe will ich sammeln, um allen wertvollen Menschen, die ich kenne, ein sinnerfülltes Leben im Lebensstrom der Rasse zu ermöglichen, soweit meine Kräfte reichen. (Mühlmann, zit. nach Michel 1995:144)

Mühlmann studiert an verschiedenen Universitäten Anthropologie, die damals nichts anderes als »Rassenkunde« ist. Er ist selbst von der Existenz und Überlegenheit der arischen Rasse überzeugt und befürwortet schon im Jahr 1927 rassehygienische Grundsätze der Nationalsozialisten. Mühlmann ist der Meinung, zu Problemen könne die Rassehygiene nur dann führen, wenn sie übereilt eingeführt werde und dadurch sozial und psychologisch begründete Gegenpositionen evoziere.

Angeregt durch Georg Thilenius, den charismatischen Direktor des Hamburger Museums für Völkerkunde, erweitert er seine Perspektive und erhält erste Einblicke in die funktional orientierte Ethnologie. Schließlich geht er nach Berlin, um bei dem Ethnosoziologen Richard Thurnwald (1869-1954) sein Studium mit einer Promotion über *Geheimbünde auf Tahiti* zu beenden. Ab 1934 hat Mühlmann eine befristete Anstellung als Museumsassistent in Hamburg und arbeitet in der Redaktion der von Thurnwald gegründeten Zeitschrift *Sociologus*.

Trotz neuer Anregungen vertieft Mühlmann in seinen ethnologischen Arbeiten die NS-Fragestellungen. 1936 veröffentlicht er ein Lehrbuch mit dem Titel *Rassen- und Völkerkunde*, in dessen Schlusskapiteln die Aufgabe der Ethnologie umrissen wird. Diese solle zur »Rationalisierung der Rassenpolitik« beitragen und ethnologische Belege für rassehygienische Maßnahmen vorlegen. Wichtiger jedoch sei für eine kommende Ethnologie im »völkischen Deutschland« die Untersuchung von Rassenverbundenheit und Ahnenkult. Mühlmann interessiert dabei, wie andere Gesellschaften mit »Rassengrenzen« umgehen und welche soziologischen Mechanismen bei Konflikten zwischen Rassen auftreten. Natürlich geht es ihm hier nicht so sehr um die Kenntnis fremder Gesellschaften, sondern um eine Übertragung politischer Anliegen des Nationalsozialismus auf ethnologische Themenfelder.

Intensiv bemüht er sich um die Anerkennung seines Werks, das schließlich in eine Liste empfohlener Lehrbücher der NSDAP aufgenommen wird. Zwischenzeitlich hat er sich mit einer Denkschrift direkt an die Parteileitung gewandt und darin Pläne zu einer Neuordnung der deutschsprachigen Ethnologie vorgelegt. Dazu gehört die Idee, die Frankfurter Ethnologie, im Grunde also das Institut für Kulturmorphologie, umzustrukturieren. Die verbliebenen Mitarbeiter des Instituts sollen entlassen, das Institut selbst geschlossen werden. An die Stelle der Kulturmorphologie hätten eine rassisch orientierte Ethnologie und die Kolonialwissenschaft zu treten. Er schlägt vor, sämtliche Museen für Völkerkunde einem neu zu gründenden nationalen Institut für Rassen- und Völkerforschung zu unterstellen; alle nicht dieser Zielsetzung entsprechend arbeitenden Ethnologen sollen ersetzt werden. Das neue Institut soll vermehrt »exotische Hauptvölker« untersuchen und dabei gegenwärtige Rassen- und Völkerprobleme behandeln. Die Stoßrichtung dieser Vorschläge aus dem Jahr 1936 ist eindeutig: Mühlmann wendet sich gegen die kulturhistorische Ethnologie und entwirft eine Völkerkunde, die sich an pragmatischen Aufgaben und am Funktionalismus orientiert (Mischek 2000), trotz ihrer vermeintlich empirischen Ausrichtung in ihrer Verbindung zur »Blut-und-Boden-Ideologie« aber verheerend ist.

Im September 1939 erhält Mühlmann – mit Unterstützung Thurnwalds – die Lehrbefugnis für das Fach Ethnologie und eine Dozentur an der Universität Berlin. Nur wenige Monate später soll er zum Wehrdienst eingezogen werden, was er durch eine Unabkömmlichkeitsbescheinigung abwenden kann. Er begründet die Notwendigkeit seiner Forschung damit, die ethnischen Verhältnisse in den besetzten russischen Gebieten und Fragen der Umsiedlung der dort lebenden Gruppen zu untersuchen. Abermals wendet er sich gegen historische Untersuchungen und gegen das Studium »kleiner isolierter Völker«. Stattdessen gibt er Prozessen der »Umvolkung«, der »Assimilation« und der »Volkstumspolitik« den Vorrang; er möchte der deutschen Politik in den besetzten Gebieten zuarbeiten. Dabei erfindet er auch den Begriff der »Scheinvölker«, zu denen er auch Zigeuner und Juden zählt, die man ausrotten müsse.

Mühlmann gelingt es nach 1945, sich eine Unbedenklichkeitserklärung ausstellen zu lassen, und er arbeitet als ordentlicher Professor für Ethnologie zunächst in Mainz, dann in Heidelberg weiter. Er wechselt nicht einmal das Forschungsthema, sondern benennt es einfach um. So lautet der Titel seines 1961 veröffentlichten Buches *Chiliasmus und Nativismus*. Hier geht es Mühlmann um Bewegungen nationaler Wiedererweckung und national begründeter

Heilserwartungen. Das frühere, an der Nazi-Ideologie orientierte Thema der Überlebensfähigkeit von Völkern wird damit lediglich in neuem Gewand präsentiert. Auch das Interesse an der Auslöschung von Ethnien oder, mit Mühlmanns Worten, der »Umvolkung« behält er bei. Im Jahr 1985 erscheint ein Aufsatz *Ethnogonie und Ethnogenese* – also »Sterben und Entstehen von Völkern«. Auch hier ist der Anklang an seine früheren Thesen vom Überleben der Völker beziehungsweise von lebensfähigen Völkern offensichtlich. Dass der Ethnologie in Deutschland über 60 Jahre nach dem Zweiten Weltkrieg der Anschluss an die internationale Ethnologie nicht vollständig gelingt, ist auch mit solchen fatalen Verstrickungen zu erklären.

Die Bedeutung Mühlmanns in diesem Zusammenhang ist eine doppelte: Zum einen zeigt sein Werk die gefährlichen Konsequenzen einer Legitimierung ethnologischer Forschung allein durch die Annahme ihrer Nützlichkeit. Mühlmanns Aufnahme des damals populären Funktionalismus und dessen Anwendung für die Interessen des Nationalsozialismus machen sichtbar, wie leicht sich ethnologisches Wissen missbrauchen lässt. Zum anderen kann man an seinem Beispiel erkennen, wie leicht ethnologische Positionen in die Nähe rassistischer Ideologien geraten können.

7.5 Zusammenfassung

Die in diesem Kapitel präsentierten Ethnologen haben unterschiedliche Bedeutung für das Fach erlangt. Während Adolf Bastian und Leo Frobenius international wahrgenommen wurden, lässt sich das von Wilhelm Schmidt und Wilhelm Emil Mühlmann nur eingeschränkt behaupten.

Dennoch ist die deutschsprachige Anthropologie des 19. Jahrhunderts in jüngster Zeit zu einem wichtigen Forschungsfeld amerikanischer Anthropologen geworden (Penny und Bunzl 2003). Im Zusammenhang mit der internationalen Entwicklung des Fachs ab 1920 besteht das besondere Dilemma der deutschen Ethnologie darin, dass die kulturhistorische Methode und der Diffusionismus nicht mehr dem Stand der Forschung entsprechen. Statt zur Entwicklung neuer Konzepte anzuregen, hinterlässt der Untergang dieser Theorien eine Leerstelle, in der sich eine rassistische Ethnosoziologie à la Mühlmann breitmachen konnte. Deutlicher als in den anderen Kapiteln zeigen die hier geschilderten Wissenschaftler, wie sehr sich die Ethnologie in die Politik verstricken kann. Damit wird auch klar, wie wenig die Ethnologie dagegen immun ist, selbst »rassistisch« zu argumentieren, und wie leicht es geschehen kann, ethnologische Fragestellungen für so genannte Rasse-Politik und ethnische Säuberungen zu missbrauchen. Es bleibt eine zentrale Aufgabe der Ethnologie, sich gegen politische Vereinnahmung zu wehren und wachsam gegenüber jeder Form des Rassismus zu bleiben.

Wichtige Punkte dieses Kapitels sind:

1. Die ältere deutschsprachige Ethnologie lässt sich zwei Theorieschulen zuordnen, zum einen den mit kulturhistorischen Methoden arbeitenden Diffusionisten, zum anderen den Funktionalisten.

2. Idealistische Wurzeln (Bastian) des Fachs und diffusionistische Ansätze (Frobenius, Schmidt) haben den Mangel, Kulturen essentialistisch zu betrachten. Erfahrungshorizonte und Handlungsmöglichkeiten der Individuen werden vernachlässigt.

3. Funktionale Gegenentwürfe (Mühlmann) bleiben durch ihre fatale Nähe zum Nationalsozialismus indiskutabel.

4. Beide Hauptströmungen bieten nach 1945 keine Anknüpfungspunkte. Diese Leerstelle in der Fachgeschichte erklärt die bis heute andauernde Orientierung an anglophonen Theorien.

III. Fragen an die Ethnologie heute

8. Ethnologischer Kulturvergleich

Eines der zentralen und zugleich umstrittensten Themen in der Ethnologie ist der Vergleich von Kulturen. Es gibt bis heute keine allgemein anerkannte Antwort auf die Frage, ob ein Vergleich von Kulturen überhaupt sinnvoll ist und wie dafür in angemessener Weise vorzugehen wäre. Im Kontext dieser Diskussion verfolgt dieses Kapitel zwei Anliegen: Erstens geht es darum, zu erklären, was unter einem Kulturvergleich genau zu verstehen ist, welche Gründe für oder gegen den Vergleich sprechen, und schließlich, welche Vorannahmen über Kultur damit verbunden sind. Zweitens sollen drei Vergleichsmodelle mit ihren jeweiligen Stärken und Schwächen diskutiert werden.

Schon in den letzten Kapiteln ist deutlich geworden, welch außerordentliche Bedeutung Kulturvergleiche auch über die Grenzen des Fachs hinaus haben. Die große Resonanz auf die Arbeiten von Marvin Harris oder Mary Douglas beruht auf dem starken Interesse an den Ergebnissen von Kulturvergleichen, auch wenn deren Vorgehensweise innerhalb der Disziplin nicht ohne Widerspruch geblieben ist. Heute ist es eine der zentralen Aufgaben der Ethnologie, Konzepte des Kulturvergleichs weiterzuentwickeln und zugleich auf fachinterne Herausforderungen zu reagieren, um relevante Aussagen über die gegenwärtigen Kulturen und Gesellschaften treffen zu können. Damit sind bereits die Themen der beiden folgenden Kapitel »Krise der ethnografischen Repräsentation« (Kapitel 9) und »Ethnografie der Moderne« (Kapitel 10) angesprochen.

Kulturvergleich ist nicht nur ein Thema für die Zukunft, es ist auch ein Thema aus der Vergangenheit. Die Frage, wie und auf welche Weise Kulturen und Gesellschaften zu vergleichen sind, gab es »schon immer«, lange vor der Entstehung der Ethnologie (Tenbruck 1992). Schon der von den Griechen eingeführte Begriff »Barbar« geht von einem Vergleich aus, nämlich zwischen der eigenen Kultur, die als Zivilisation definiert wird, und den anderen Gesellschaften, deren Sprechen nur ein unverständliches »Bar-bar« ist; entsprechend ungünstig fällt der Vergleich für die Barbaren aus.[10]

10 Vergleiche für den Zusammenhang von Sprache und ethnischer Gruppierung im antiken Griechenland (Brather 2004:118 ff.)

Ganz anders ist die Position des schon im ersten Kapitel erwähnten Samuel von Pufendorf. Sein Ausgangspunkt ist ja die Beobachtung von Unterschieden zwischen Gesellschaften, aus denen er folgert, dass die Kultur anderen Gesetzmäßigkeiten unterliegt als die von Gott gegebene Natur. Bemerkenswert ist die Tatsache, dass von Pufendorf Einheit und Diversität zusammendenkt: auf der einen Seite die biologische Einheit des Menschen, auf der anderen Seite die durch kulturelle Unterschiede zu erklärende Diversität von Gesellschaftsformen. Diese Verbindung wurde zur Grundlage des ethnologischen Kulturvergleichs.

Wie die beiden Beispiele zeigen, kann der Kulturvergleich politisch instrumentalisiert werden; oft dient er dann dazu, andere Kulturen entweder zu diskreditieren oder aber zu idealisieren. Für die Ethnologie ist der Vergleich zugleich die Voraussetzung einer Reflexion über Kulturen überhaupt, unabhängig davon, ob über die Methode des Vergleichs nachgedacht wird oder nicht. Kulturvergleiche sind unausweichlich, auch dann, wenn es nur um die Betrachtung der eigenen Gesellschaft geht. Vergleiche mit anderen – westlichen, afrikanischen oder asiatischen – Gesellschaften sind der unumgängliche Ausgangspunkt für eine kritische Perspektive auf die eigene Kultur. In ebendiesem Sinn haben schon die französischen Philosophen, allen voran Rousseau, den Vergleich genutzt und damit den Weg zur Ethnologie geebnet.

8.1 Für und Wider des Vergleichens als Methode

Grundsätzlich gilt: Jede Beschreibung einer Kultur beruht auf Beobachtungen. Es gibt keine Beobachtung ohne Blickwinkel oder Perspektive. Jeder beschreibende Satz, der das Ergebnis einer Beobachtung darstellt, beruht auf dem eingenommenen Blickwinkel des Beobachters. Anhand seines Vorwissens trifft der Beobachter Entscheidungen darüber, *was* er beobachten und analysieren möchte. Deshalb enthält jede Beschreibung bereits eine Aussage darüber, welche Beobachtungen und Phänomene einer Gesellschaft für den Ethnologen Priorität haben und welche nachgeordnet sind. Die untrennbare Verbindung von Beobachtung und Blickwinkel ist zugleich der Ausgangspunkt eines jeden Vergleichs. Deshalb ist es möglich zu sagen: Es gibt keine Beschreibung von Kulturen ohne Vergleich. Ohne ihn ist das Beschreiben und Verstehen von Kulturen – und damit Ethnologie überhaupt – nicht möglich. Das ist ein erstes fundamentales Argument für das Vergleichen.

Das zweite Argument hat mit dem schon erwähnten wissenschaftlichen Anspruch der Ethnologie zu tun. Wissenschaftlichkeit wird vielfach mit Messbarkeit gleichgesetzt. Auch wenn die Ethnologie Kulturen nicht direkt »messen« kann, so kennt sie doch andere Wege, um überprüfbare Ergebnisse hervorzubringen. So ist es im Rahmen einer Ethnografie möglich, Beobachtungen und Erfahrungen aus verschiedenen Kulturen miteinander zu vergleichen. Die Ergebnisse können im Hinblick auf bestimmte kulturelle Merkmale Unterschiede oder Ähnlichkeiten feststellen. Ein solcher Vergleich verpflichtet den Ethnografen zur Objektivität seiner Dokumentation. Das zweite Argument bezieht sich also auf den Vergleich als eine Strategie des wissenschaftlichen Zugangs.

Dieses Argument erklärt auch den Zusammenhang zwischen der Einführung von Vergleichsmaßstäben, die zum Beispiel im Kapitel über die US-amerikanische Anthropologie genannt wurden, und der Anerkennung der Ethnologie als Wissenschaft. Immer dann, wenn ein bestimmtes Kriterium zur zentralen Fragestellung wird, nutzen Ethnologen einen praktikablen Vergleichsmaßstab, der grundlegende Aussagen zulässt. Ein solcher Vergleichsmaßstab wie der Energieverbrauch bei Marvin Harris kann ohne Probleme auf eine große Zahl an Gesellschaften angewandt werden. Die Option des weltweiten Vergleichs mit wenigen Merkmalen ist attraktiv, birgt jedoch auch die Gefahr der Simplifizierung.

Dies gilt im Übrigen für den Vergleich insgesamt, er bedeutet stets Vereinfachung der Komplexität von Kulturen. Aber welcher Grad an Vereinfachung ist hinnehmbar, ohne den wissenschaftlichen Anspruch aufzugeben? Aus ethnologischer Sicht sind Kulturen alles andere als einfach zu beschreiben. Jeder Kulturvergleich kann so außerordentlich unterschiedliche Phänomene nebeneinanderstellen, dass ein Vergleich eigentlich unmöglich ist. Oder wie es die Kritiker der Methode sagen würden: Hessen in Mitteleuropa mit Hausa in Westafrika zu vergleichen ist so unsinnig wie der Vergleich von Äpfeln mit Birnen.

Schon die frühen Ethnologen haben vor diesem Problem gewarnt. Das gilt besonders für Franz Boas, dessen Abwehr des Vergleichs zu einem wichtigen Thema seines Lebenswerks wurde (Boas 1896). Aber auch später verstummte die Kritik an vergleichend arbeitenden Ethnologen nicht:

Die vergleichende Methode in seiner naiven Form des 19. Jahrhunderts ist ein totes Pferd, das es nicht verdient, weiter geprügelt zu werden. Lesen Sie den *Goldenen Zweig*, so könnte man den Studenten raten, als ein Dokument der Geschichte oder wegen seines Reichtums und der Details über Magie und Mythologie, aber keinesfalls als methodologische Anleitung. (Kenneth E. Bock 1966: 269, Übersetzung HPH)

Auch der britische Anthropologe Evans-Pritchard kritisiert mit Nachdruck bestimmte Praktiken des Kulturvergleichs. In seinem Aufsatz *The Comparative Method in Social Anthropology* (Evans-Pritchard 1963) polemisiert er gegen falsche und voreilige Vergleiche, die häufig auf der willkürlichen Herauslösung isolierter Aspekte aus dem Kontext der Gesellschaft beruhten. Sind die dem Zusammenhang entrissenen Kulturphänomene durch die Herauslösung bereits bedeutungslos und unverständlich geworden, so werden sie im Vergleich nur noch als Illustration missbraucht. Vergleiche sind nach Evans-Pritchard zugleich attraktiv und unmöglich, weil sie zu einer unzulässigen Isolierung von Kulturphänomenen führen. Da sich alle Kulturelemente gegenseitig beeinflussen, kann es keine voneinander unabhängigen Variablen geben.

Ein Beispiel soll das erläutern: Wenn die Verwandtschaftsordnungen zweier Gesellschaften verglichen werden, liegt es für den vergleichenden Ethnologen nahe, religiöse Fragen auszuklammern. Wenn nun aber die Religion durch ein asymmetrisches Verhältnis der Geschlechter geprägt ist (da zum Beispiel der höchste Gott männlich ist), steht dies unweigerlich im Zusammenhang mit der Verwandtschaftsordnung. Eine Betrachtung der Verwandtschaft unter Vernachlässigung der Religion kann also keine Grundlage für einen ernsthaften Vergleich sein. Evans-Pritchard unterstellt den vergleichend arbeitenden Ethnologen außerdem, sie seien auf der Suche nach universellen und allgemeingültigen Regeln. Solche Regeln müssen Evans-Pritchard (1963: 27-28) zufolge aber immer falsch sein, solange die Datenbasis selbst mangelhaft ist.

Argumente für und wider den Vergleich machen eine gegenseitige Verlustrechnung auf: Für die einen ist der Vergleich als Basis menschlichen Erkennens unverzichtbar, während es sich für die anderen dabei um einen Kunstgriff handelt, der auf unzureichenden Grundlagen aufbaut.

Die Argumente dafür sind:

1. Jede Beobachtung basiert schon auf einem impliziten Vergleich.
2. Nur ein Vergleich kann für wissenschaftliche Überprüfbarkeit sorgen. Ein gut gewählter Vergleich macht Ethnologie als Wissenschaft attraktiv.

Die Argumente dagegen sind:

1. Vergleiche werden der Komplexität von Kulturen nicht gerecht.
2. Vergleiche haben das ethnologisch fragwürdige Ziel, allgemeine Regeln aufzustellen.

Offensichtlich handelt es sich um zwei fundamentale, zueinander im Widerspruch stehende Auffassungen von Ethnologie. Während die Komparatisten ihren Kollegen den Vorwurf machen, ihren Forschungsgegenstand zu mystifizieren und sich wissenschaftlicher Analyse zu verschließen, werfen Nichtkomparatisten den anderen vor, unwissenschaftliche Resultate vorzulegen, die höchstens illustrativen Wert haben. Für Vergleichsgegner wird auch die Bezeichnung »Holisten« verwendet, weil sie sich auf den von Boas geforderten Holismus als ethnografisches Prinzip der ganzheitlichen Erfassung einer Kultur berufen.

In einem Übersichtsartikel zur Geschichte der Ethnologie bezeichnet Gisela Welz (2001) den Zeitraum nach 1960 als die »Epoche der Krise des Kulturvergleichs«. Tatsächlich stecken die Komparatisten unter den Ethnologen schon seit Franz Boas, also seit den 1890er Jahren, in einer Krise. Der Zeitraum um 1960 kann möglicherweise als der vergleichsfeindlichste Moment in der Geschichte des Fachs gelten.

Nach dem erwähnten Artikel von Evans-Pritchard aus dem Jahr 1963 scheint der Kulturvergleich als Methode erledigt. Jedoch gibt es bereits zeitgleich, vor allem aber in den Jahren danach, Revitalisierungsbestrebungen, die den Vergleich als ethnologische Vorgehensweise besser absichern möchten. Zugleich sind sie ein Plädoyer dafür, diese Methode wieder explizit in das Spektrum ethnologischer Arbeitsweisen aufzunehmen. Die folgenden Vergleichstechniken stehen beispielhaft für die neueren Versuche, dem Vergleich wieder eine angemessene Rolle in der Ethnologie zuzuweisen (Fox und Gingrich 2002). Alle gehen explizit auf die Kritikpunkte der Holisten ein und versuchen zu zeigen, wie die Probleme der vergleichenden Methoden überwunden werden könnten. Die hier erläuterten Techniken sind im Einzelnen (1) die *Cross Cultural Comparison*, (2) der *interkulturelle Vergleich* und (3) der kontrollierte historische Vergleich (*Controlled Historical Comparison*).

Es ist bereits deutlich geworden, dass eine pauschale Ablehnung des Vergleichs für die Zukunft der Ethnologie problematisch wäre. Dennoch hat auch die vergleichskritische Position ihre Gültigkeit. Letztlich kommt es darauf an, kritisch zu prüfen, für welche Fragestellung welcher Vergleich nützlich ist. Die Vergleichsmethode sollte deshalb als Werkzeug verstanden werden, das sich für bestimmte Aufgaben eignet, für andere hingegen nicht. Idealerweise gelingt es, für jede Forschungsfrage eine spezifische Vergleichsstrategie zu erarbeiten.

8.2 *Cross Cultural Comparison* und die *Human Relations Area Files* (HRAF)

George Peter Murdock ist einer der Pioniere des jüngeren ethnologischen Kulturvergleichs. Ab 1937 arbeitet er an einer umfassenden Datenbank von ethnografisch beschriebenen Kulturen mit dem Namen *Human Relations Area Files* (HRAF). Sie basiert auf der Annahme, dass weltweit alle Gesellschaften mithilfe ihrer Kultur Antworten auf bestimmte Probleme geben. Beispielsweise werden in jeder Kultur die Regeln der Verwandtschaft festgelegt und auf diese Weise soziale Ordnungen geschaffen. Überall gibt es überlebenssichernde Wirtschaftsweisen, und jede Kultur hat religiöse Instanzen, die den Menschen Sicherheit geben. Universale Probleme und deren spezifische Lösungen sind aus dieser Sicht die Basis jedes Kulturvergleichs (Antweiler 2009).

Murdock erstellt ein Register über mehrere hundert Kulturelemente, die jeweils einer dieser »Regelungen von Alltagsphänomenen« entsprechen. Jedem Kulturelement wird ein dreistelliger Code zwischen 100 und 899 zugewiesen. Dabei sind diese Codes hierarchisch gegliedert, und jede Anfangsziffer steht für einen Hauptbereich. So sind beispielsweise die mit einer »2« beginnenden Kennziffern den ökonomischen Grundlagen gewidmet. Die Ziffern 221-228 betreffen Jagd- und Sammeltechniken, die Ziffern 230-237 die Viehzucht, die Ziffern 240-249 verschiedene Formen des Feldbaus. Insgesamt ist die Zahl der codierten Kulturelemente so groß und die Differenzierung so genau, dass es kaum möglich ist, ohne Handbuch mit den HRAF zu arbeiten. Das Handbuch mit dem Titel *Outline of Culture Materials* (OCM) bildet die Grundlage dieser Vergleichstechnik (Murdock 1982).

Für die Anwendung dieses Verfahrens baut Murdock an der Universität von Yale eine bis heute aktive Datenbank auf. Einige Dutzend Mitarbeiter lesen über Jahre hinweg ausgewählte ethnografische Werke und schreiben an den Rand der Seiten einen oder mehrere Codes. Von 1949 bis heute wurden über eine Million Textseiten gelesen, ausgewertet, codiert und entweder online oder über Mikrofiche zugänglich gemacht.

Die ausgewerteten Bücher beschreiben insgesamt 350 Kulturen. Manche Kulturen sind nur mit einigen wenigen Dokumenten vertreten, für andere wurden viele Dutzend Werke durchgearbeitet. Welche Bücher in die Datenbank aufgenommen werden, entscheidet ein wissenschaftliches Komitee auf Grundlage der Qualität der Dokumente. Keines der Bücher wurde dabei primär mit dem Anliegen eines Vergleichs verfasst, und gerade darin liegt die Qualität dieser Vergleichsmethode: Die aufgenommenen Werke orientieren sich am Ideal einer genauen, umfassenden und holistischen Beschreibung, ganz so, wie es Boas schon viel früher gefordert hatte. Die Vergleichbarkeit wird erst durch die Arbeit der »Codierer« hergestellt.

Murdock nennt sein Vergleichsprogramm *Cross Cultural Comparison.* Wie der Name schon sagt, sollte es mit seiner Datenbank möglich sein, nicht nur zwei Kulturen miteinander zu vergleichen, sondern – in Bezug auf ein ausgewähltes Thema – gleich mehrere. Jedes einzelne *Culture Material*, jeder einzelne Code aus dem OCM ist hinreichend präzise, um aus den Dokumenten zu jeder erfassten Gesellschaft einen oder einige wenige Absätze als Ergebnis der Recherche anzuzeigen. Diese ausgewählten Textstücke erläutern, wie das jeweilige Kulturelement in dieser Gesellschaft gestaltet ist.

Die *Human Relations Area Files* sind weltweit das umfassendste Projekt der Dokumentation und Standardisierung ethnografischer Daten mit dem Ziel, Vergleiche durchzuführen. Diese Datenbank stellt in methodischer Hinsicht eine eigenständige, durchdachte und vielfach mit Erfolg angewandte Vergleichsmethode dar. Was könnte zuverlässiger sein als die Überprüfung eines Kulturelements anhand einer großen Anzahl von Kulturen? Alle verwendeten Daten werden durch das wissenschaftliche Auswahlkomitee sowie durch die professionellen Codierer sorgfältig geprüft. Dennoch gibt es in der Praxis offensichtlich große Probleme. So fehlen aktuelle Themen, zum Beispiel die Globalisierung. Im Jahr 1938, als Murdock die Liste der *Culture Materials* entwickelt und erstmals veröffentlicht, ist das Phänomen noch nicht bekannt. Deshalb ist es kaum möglich, die heute allgemein bekannten Erscheinungen der Globalisierung mithilfe der *Cross Cultural Comparison* vergleichend zu untersuchen.

Ein anderes Problem betrifft die in der Datenbank enthaltene Bestimmung einzelner Kulturen. Die Website der *Human Relations Area Files* gibt gegenwärtig über 350 Kulturen als Datenbasis an; es soll sich also um mehr als 350 Vergleichseinheiten handeln.[11] Aber wurde tatsächlich in allen Fällen geprüft, ob diese Kulturen wirklich eigenständige Gebilde sind? Könnten manche von ihnen in enger Wechselbeziehung stehen oder sogar auseinander hervorgegangen sein? Wie wurde festgelegt, was eine eigenständige Kultur ist?

Auf dieses fundamentale Problem verweist bereits Francis Galton. Nach der Lektüre von Edward Tylors Werk *Primitive Culture*, das natürlich auch schon kulturvergleichend vorgeht, fragt er sich, wie man feststellt, ob bestimmte Kulturelemente in zwei Kulturen überhaupt unabhängig voneinander auftreten. Kann zum Beispiel eine nicht wahrgenommene Wanderung von Kulturelementen die Grundlage des Vergleichs beeinträchtigen? »Galtons Problem« ist sprichwörtlich geworden und wird von Kritikern der Methode immer wieder zitiert (Mace und Pagel 1994). Es bezieht sich auf die Frage der Unabhängigkeit der miteinander verglichenen Kulturelemente.

Wenn etwa zehn Mariendarstellungen miteinander verglichen werden, um die am weitest verbreiteten Kennzeichen solcher Kunstwerke zu identifizieren, so würde es die Grundlage der Arbeit in Frage stellen, wenn sich herausstellt, dass sechs Bilder Kopien einer einzigen Vorlage sind. Ein anderes Beispiel kommt aus der Wirtschaftsethnologie: Wenn bestimmte Vorstellungen über das Geld weltweit verglichen werden, muss beachtet werden, dass viele Gesellschaften die Verwendung von gemünztem Geld überhaupt

11 ⟨http://www.yale.edu/hraf/collections_body_ethnofiche.htm⟩

erst in der Kolonialzeit kennengelernt haben. Der Geldgebrauch wurde in diesen Fällen durch das damals herrschende Verständnis von Geld geprägt. »Geldgebrauch« als Kulturelement stellt definitiv kein Vergleichsthema dar, dessen lokale Ausprägungen voneinander unabhängig sind.

Vor diesem Hintergrund müssten alle in den HRAF erfassten Kulturen nochmals einer Überprüfung unterzogen und ein Register für solche Fälle erstellt werden, bei denen nicht von unabhängigen Vergleichseinheiten auszugehen ist. Tatsächlich haben Ethnologen zum Beispiel herausgefunden, dass ethnische Gruppen, die durch Aufspaltung einer älteren und größeren ethnischen Gruppe entstanden sind, in den HRAF als zwei Kulturen aufgelistet werden, weil sie verschiedene Dialekte sprechen. Die Sprache als Merkmal ethnischer Identität wurde in diesen Fällen also überbewertet. Kein Wunder, wenn sich im Vergleich zwischen diesen beiden Kulturen auffällig viele Gemeinsamkeiten finden.

Aus diesen Gründen messen Ethnologen den HRAF heute keine große Relevanz mehr bei, sie werden gegenwärtig eher von Biologen, Ernährungswissenschaftlern, Medizinern und Vertretern ähnlicher Fächer als Mittel zum Abgleich kultureller Faktoren in deren Modellbildung genutzt. Ein gutes Beispiel dafür ist das weltweit verbreitete Phänomen des Essens von Erde. Durch eine Überprüfung dieses Phänomens in der Datenbank wurden vor einigen Jahren überraschende Übereinstimmungen entdeckt: In vielen Kulturen sind es nur die Frauen, die Erde essen und dafür bestimmte Tonsorten auswählen. Weiterhin haben die Wissenschaftler herausgefunden, dass die Praxis des Essens von Erde vielfach mit der Schwangerschaft einhergeht. Aus medizinischer Sicht ist die Sache klar: Die ausgewählten Tonsorten enthalten wertvolle Mineralien, die in der Schwangerschaft besonders benötigt werden. Ohne die HRAF wäre der Zusammenhang nicht in diesem Umfang erkennbar gewesen, über die Kulturen selbst sagt er allerdings nicht viel aus (Wiley und Salomon 1998).

8.3 Interkultureller Vergleich

Im Jahr 1978 veröffentlicht der Kölner Ethnologe Thomas Schweizer eine Studie über die Methodenprobleme des ethnologischen Vergleichs. Der Ausgangspunkt seiner Überlegungen ist das bereits erläuterte Galton-Problem, das er mit einer neuen Technik überwinden will. Die von ihm vorgeschlagene neue Strategie bezeichnet er in Kontrast zu Murdocks Verfahren als »interkulturellen Vergleich«. Er fordert, die Zahl der in den Vergleich einbezogenen Gesellschaften auf einige wenige zu beschränken, die im globalen Maßstab geografisch möglichst weit voneinander entfernt sein sollen. Das Ziel des interkulturellen Vergleichs ist nach Schweizer die Prüfung nomologischer Hypothesen. Das führt ihn zu einer zweiten Einschränkung: Er fordert, dass solche Hypothesen zunächst in *einer* Fallstudie aufzustellen seien, um dann erst, in einem zweiten Schritt, am Beispiel einer oder mehrerer anderer Gesellschaften geprüft werden zu können.

Eine nomologische Hypothese ist eine Beschreibung eines regelhaften Zusammenhangs. Auf die Ethnologie bezogen: Wenn ein Phänomen auftritt, dann wird eine bestimmte andere Kulturerscheinung ebenfalls zu beobachten sein. Oder: Wenn eine bestimmte Bedingung in einer Kultur erfüllt ist, dann wird eine andere Eigenschaft ebenfalls auftreten. Schweizer geht es also um gesetzmäßige Verbindungen zwischen verschiedenen Phänomenen einer Kultur. Diese identifiziert er zunächst innerhalb *einer* Gesellschaft und prüft sie dann an anderen Fallstudien, um entweder den gesetzmäßigen Charakter zu bestätigen oder die Hypothese zu verwerfen.

Schweizer selbst präsentiert dazu ein anschauliches Beispiel: Bei der Untersuchung des Konsumwandels in dörflichen Haushalten auf Java fand er heraus, dass immer dann, wenn sich neue Konsumgüter verbreiten, diese zuerst von Personen einer bestimmten sozialen Gruppe verwendet werden (Schweizer 1993a). Dies können die Wohlhabenden sein, es kann sich aber auch um Händler handeln, die aufgrund ihrer Handelsbeziehungen mehr Wissen über neue Güter und Innovationen haben. Schweizer fand außerdem heraus, dass genau bei diesen Personen bestimmte, lokal hergestellte Gegenstände als Zeichen der Tradition zugleich besondere Wertschätzung erfahren. Trotz der neuen Konsumgüter ist man nicht bereit, auf die lokalen Objekte zu verzichten. So weit Schweizers Ausgangsbefund und seine nomologische Hypothese.

Für den Vergleich untersucht er nun zusätzlich eine Kleinstadt im Südwesten der USA, ein Dorf in Mexiko und eines in Deutschland. In allen Vergleichsfällen beobachtet er die Rolle der neuen Konsumgüter und geht der Frage nach, wie sich die Besitzer solcher Dinge vom Rest der lokalen Bevölkerung unterscheiden. Das Ergebnis seines Vergleichs bestätigt seine Hypothese. Auf der Grundlage der Fallstudien stellt er fest, dass der vermutete Zusammenhang überall auftritt (Schweizer 1993b).

Ohne Frage hat Schweizer hier eine allgemeingültige Regel gefunden. Nicht nur in den von ihm untersuchten vier Gesellschaften (in Java, den USA, Mexiko und Deutschland), sondern auch darüber hinaus erfahren lokale Objekte immer dann eine höhere Wertschätzung, wenn Innovationen sich ausbreiten. Wie in vielen Untersuchungen zum Wandel des Sachbesitzes festgestellt wurde, ist dieses Phänomen universell. Die durch den interkulturellen Vergleich gefundene These lässt sich also bestätigen. Unterschiede betreffen nur die Frage, welche soziale Gruppe die neuen Konsumgüter als erste aufgreift. Es ist nicht so, dass immer besonderer Wohlstand mit dem Besitz neuer Konsumgüter korreliert. Der Vergleich zeigt also die Notwendigkeit, die Aussage etwas allgemeiner zu formulieren: In jeder Gesellschaft gibt es Gruppen von Personen, die Innovationen unterstützen. Aber welche Eigenschaften diese Leute haben, ob es sich zum Beispiel um eine Berufsgruppe, um eine Altersgruppe oder eher um eine Verwandtschaftsgruppe handelt, ist offen.

Dieses Beispiel macht die Anwendbarkeit des interkulturellen Vergleichs sehr anschaulich. Dennoch tritt in der Auswertung das schon erläuterte Problem der Vergleichseinheiten auf: Erfolgte die Einführung neuer Konsumgüter in den vier Gesellschaften unabhängig voneinander? Könnten nicht – wie zum Beispiel bei Mobiltelefonen – in Deutschland und in den USA die gleichen Herstellerfirmen durch ihre aggressive Werbung suggerieren, diese Konsumgüter gehörten zum Lebensstil junger Menschen? Oder könnte es nicht sein, dass in Java und Mexiko die dort als Innovation geschätzten Motorräder mit ähnlichen Vorschriften der Verwendung (Führerschein) verknüpft sind? Ist angesichts der Globalisierung überhaupt noch davon auszugehen, dass es ursprüngliche,

»nicht beeinflusste« Gesellschaften gibt? Zerstören globale Einflüsse nicht ganz allgemein die Idee der kulturellen Unabhängigkeit? Wie an den beiden letzten Fragen zu erkennen ist, besteht Galtons Problem weiterhin! Schweizer ist es nicht gelungen, mit dem Kriterium der räumlichen Distanz die Unabhängigkeit der miteinander verglichenen Fälle sicherzustellen.

Dieser ersten Kritik ist noch eine zweite anzuschließen: Die Frage, warum eigentlich Innovationen in der Form neuer Konsumgüter angenommen, gekauft und benutzt werden, übergeht der Vergleich weitgehend. Das Aufstellen nomologischer Hypothesen ist eine strategisch notwendige Vereinfachung, zugleich führt sie zum Verzicht auf die Betrachtung der wichtigen Frage nach den Gründen für den beobachteten Kulturwandel.

In einer späteren Veröffentlichung thematisiert Schweizer genau dieses Problem und möchte das Ergebnis des Vergleichs zunächst als eine fundierte und verbesserte Beschreibung verstanden wissen. Die Gründe für den beobachteten Kulturwandel seien aber nur auf der Ebene einzelner Fallstudien zu finden (Schweizer 2000). Schweizer muss also die entscheidende Frage zurückstellen und ihre Beantwortung einer an den Vergleich anschließenden holistischen Untersuchung überlassen. Damit sind die Grenzen der Methode des interkulturellen Vergleichs deutlich geworden, und es wird klar, wie wichtig die pragmatisch begründete Ergänzung durch eine holistische Vorgehensweise ist.

8.4 *Controlled Historical Comparison*

Es gibt eine Vergleichstechnik, die gleichsam immun gegen das Galton-Problem ist, da eine mögliche wechselseitige Beeinflussung ihre Ergebnisse nicht beeinträchtigt. Es handelt sich um den kontrollierten historischen Vergleich (*Controlled Historical Comparison*). Dieser ist genau genommen kein rein ethnologisches Verfahren, sondern vielmehr als interdisziplinäre Kombination historischer, soziologischer und ethnologischer Methoden zu verstehen. Die Voraussetzung für diesen Vergleich ist die umfassende Kenntnis der in den Vergleich einbezogenen Gesellschaften. Während der interkulturelle Vergleich die vertiefende Untersuchung als Ergänzung des Vergleichs versteht, ist für den kontrollierten historischen Vergleich die Kenntnis der Zusammenhänge und Gründe für Veränderungen schon vor der Anwendung des Vergleichs notwendig und dessen Basis.

Auf Grundlage der Rekonstruktion historischer Entwicklungen wird durch diesen Vergleich nach Gründen für vergleichbare Veränderungen in verschiedenen Gesellschaften gefragt. Ähnlich wie für den interkulturellen Vergleich spielen geografische Zusammenhänge keine Rolle. Diese Vergleichsform kann ebenso gut innerhalb einer Region angewandt werden wie auch Gesellschaften auf verschiedenen Kontinenten betreffen.

Die für einen solchen Vergleich herangezogenen Gesellschaften werden aufgrund bestimmter Kriterien ausgewählt: Für sie muss ein bestimmter Prozess des Kulturwandels dokumentiert sein. Das eigentliche Anliegen des Vergleichs ist es, die Gründe für den Wandel zu identifizieren, die über den Rahmen einer einzelnen Kultur hinausgehen. So etwas kann natürlich nur dann nachgeprüft werden, wenn dieser Wandel auch tatsächlich eingetreten ist. Die notwendige fundamentale Übereinstimmung zwischen den nebeneinandergestellten Gesellschaften ist schon im Begriff des *kontrollierten* Vergleichs ausgedrückt. Damit ist gemeint, dass im Rahmen dieser Methode nur solche Gesellschaften verglichen werden sollten, bei denen bestimmte ähnliche Merkmale vorhanden sind. Diese Methode ist ganz offensichtlich die anspruchsvollste und aufwändigste der drei genannten. Es ist nicht möglich, sie ohne weiteres auf jede Gesellschaft bzw. Kultur anzuwenden. In der Regel kommt dieses Verfahren deshalb auch nur in ganz bestimmten Kontexten der Forschung zum Einsatz: Erst wenn eine bestimmte Form des Wandels einmal oder mehrfach beobachtet wurde, ist es naheliegend, danach zu fragen, welche anderen Parallelen zwischen diesen Gesellschaften zu beobachten sind. Dann werden diese Gesellschaften verglichen, und weitere Kulturmerkmale werden auf Übereinstimmung geprüft. Im Mittelpunkt stehen also die Erkenntnis ähnlicher Wandlungsprozesse und die Frage nach dem Verstehen dieser Prozesse.

Zwei Beispiele sollen die Möglichkeiten solcher Vergleiche anschaulich machen. Zum einen handelt es sich um die klassische, zuerst 1939 veröffentlichte Studie des Soziologen Norbert Elias *Über den Prozess der Zivilisation*. Elias beschreibt, wie sich in den Gesellschaften Europas bestimmte Regeln des Umgangs und des

Verhaltens im öffentlichen Raum immer stärker durchsetzten (Elias 1939). Dabei handelte es sich um einen langen historischen Prozess, der allmählich zu den heute selbstverständlichen Begriffen von Individualität, Öffentlichkeit und Privatheit führte, die Grundlage des heutigen Verständnisses von Gesellschaft geworden sind.

Elias' Leistung besteht darin, die hinter dieser scheinbaren Selbstverständlichkeit stehenden Eigenschaften als das Ergebnis eines differenzierten historischen Wandels beschrieben zu haben. Wie durch seine Studie deutlich wird, ist das heutige Selbstbild der westlichen Gesellschaften keine zeitlich unveränderliche Norm, sondern eine Folge von immer wieder hinterfragten Aushandlungen. Methodisch untersucht Elias eine Reihe europäischer Gesellschaften auf der Basis des Vergleichs und parallelisiert Erlässe der Obrigkeit, Benimmregeln und Beschreibungen über das tatsächliche Verhalten etwa auf öffentlichen Plätzen, bei Tisch oder in Badehäusern. Neben einer Vielzahl an Quellen aus jeder einzelnen Region nutzt er den Vergleich, um zu zeigen, wie groß der Aufwand war, um die betreffenden Normen durchzusetzen. Was Elias den »Prozess der Zivilisation« nennt, ist eine lange historische Aushandlung, durch die in kleinen Schritten das erreicht wurde, was heute als Norm westlicher Gesellschaften gilt.

Indem Elias die Zivilisation als Ergebnis eines historischen Prozesses präsentiert, werden die Eigenschaften dieses Begriffes relativiert. Die Unterschiede gegenüber den so genannten nichtzivilisierten Gesellschaften sind demnach nicht absolut, sondern nur historisch bedingt. Zivilisation ist das Ergebnis einer fragilen Konstellation. Jederzeit könnte sich der Prozess wieder umkehren und durch die »Barbarei« verdrängt werden. Alle europäischen Gesellschaften waren diesem Wandel unterworfen, aber für alle gilt auch, dass die realisierten Normen des Alltags labil sind und ältere Sitten und Gebräuche verdrängt haben. Gerade die Diktaturen des 20. Jahrhunderts (Hitler, Stalin, Mussolini) zeigen, dass die Errungenschaften der Zivilisation jederzeit gefährdet sind.

Das zweite Beispiel ist einer Publikation des Kulturforschers Jared Diamond mit dem Titel *Kollaps* entnommen. Diamond hat für diesen kontrollierten historischen Vergleich eine Reihe von Gesellschaften ausgewählt, von denen heute bekannt ist, dass sie aus ganz unterschiedlichen Gründen untergingen (Diamond 2005). Der Tod einer Gesellschaft ist eine ziemlich radikale Form des

Kulturwandels, aber es ist durchaus legitim, ihn als solchen aufzufassen. Diamond präsentiert seine Fallbeispiele, etwa das Ende der Besiedlung der Osterinseln im pazifischen Ozean oder die vorübergehende Besiedlung Grönlands durch die Wikinger, und baut auf dem Vergleich dessen, was den katastrophalen Wandel im Einzelnen bewirkt hat, seine zentrale These auf: Dass nämlich der Kollaps einer Gesellschaft immer mehrere Gründe hat, von denen einige von den Angehörigen der untergehenden Gesellschaft selbst zu verantworten sind. Die Schlussfolgerung ist ebenso simpel wie spektakulär: Der Zusammenbruch der jeweiligen Gesellschaft wäre zu verhindern gewesen, wenn sich die Menschen nicht einer Illusion über ihre eigene Lage hingegeben hätten. Diamond nutzt dieses Ergebnis für einen Aufruf an unsere heutige Gesellschaft zu einem vorsichtigeren Umgang mit den natürlichen Ressourcen.

In Diamonds Thesen nimmt der Vergleich nicht nur eine besonders dramatische Form an, sondern mehr noch, sie sind ein Beleg dafür, wie es mithilfe ethnologischen Wissens gelingen kann, durch den geschickten Einsatz des Vergleichs weit über die Grenzen des Faches hinaus Beachtung zu erlangen. Selbstverständlich sind Diamonds Thesen nicht ohne Widerspruch geblieben. Wichtig bleibt aber sein Anliegen: Er kann durch den Vergleich zeigen, dass Selbsttäuschungen – falsche Einschätzungen der eigenen Situation – immer wieder für den Untergang von Gesellschaften verantwortlich waren.

Vielleicht ist es ein Kennzeichen guter Vergleiche, dass sie provokativ sind. Autoren wie Diamond, die sich selbst nicht unbedingt der Ethnologie zurechnen, aber sehr wohl auf die Wissensbestände dieses Fachs zurückgreifen, führen Kulturvergleiche nicht nur zwischen fremden oder historischen Kulturen durch, sondern dehnen sie auch kreativ auf die eigene Gesellschaft aus.

Die US-amerikanische Ethnologin Sally Falk Moore (2005) hat einige wichtige Kennzeichen des kontrollierten historischen Vergleichs systematisch zusammengestellt. Wie sie betont, handelt es sich im Kontrast zu den am Anfang dieses Kapitels erwähnten so genannten naiven Vergleichsformen, in denen kulturelle Phänomene parallelisiert werden, bei der hier beschriebenen Vorgehensweise um einen hoch reflektierten, strategisch definierten Vergleich von Prozessen. Das kann, wie im Beispiel von Elias, der Prozess der Zivilisation sein oder, wie bei Diamond, der Prozess des Untergangs von Gesellschaften.

Die Fragen, die mit solchen Vergleichen beantwortet werden können, betreffen das Handeln der untersuchten Gruppen und die Gründe, die zum Wandel einer Gesellschaft geführt haben. Sie betreffen also nicht Kulturen insgesamt, sondern bestimmte Domänen, die innerhalb jeder einzelnen Fallstudie in einer begründeten Weise auszuwählen sind. Mit dem Begriff einer strategischen Definition ist eine von Anfang an definierte Zielsetzung gemeint. Das übergeordnete Ziel solcher Vergleiche ist es, ein besseres Verständnis des Handelns und der Handelnden bzw. von Gesellschaften zu erlangen (Dux 2000).

8.5 Erste Schlussfolgerung: Vergleichsmethoden

In diesem Kapitel wurde die Kritik der Ethnologen am Kulturvergleich ausführlich dargestellt, zugleich aber auch betont, dass die Ablehnung des Vergleichs im Widerspruch zu den Grundlagen der Ethnologie steht. Das gilt sowohl im Hinblick auf die Methoden, da jedes Beobachten auch schon ein Vergleichen ist, als auch im Hinblick auf die Fachgeschichte, da der Vergleich ja überhaupt erst der Ethnologie den Boden bereitet hat. Der richtig durchgeführte Kulturvergleich negiert kulturelle Unterschiede nicht, ordnet sie aber der Idee der Einheit unter (Antweiler 2009).

Die hier vorgestellten drei Vergleichsmethoden haben auf je eigene Weise zur Überwindung des vergleichsfeindlichsten Moments der Ethnologiegeschichte beigetragen. Sie basieren auf unterschiedlichen Techniken und werden in der Ethnologie und darüber hinaus für unterschiedliche Fragestellungen eingesetzt (**Abbildung 8.1**).

Der Kulturvergleich ist und wird eine beständige Herausforderung bleiben. Die Göttinger Ethnologin Brigitta Hauser-Schäublin hat in ihrem Aufsatz *Blick zurück im Zorn* (1996) die aus ihrer Sicht wichtigsten Aufgaben der Ethnologie beschrieben; unter anderem betont sie die Kritik an der eigenen Gesellschaft. Der Kulturvergleich ist also eine hervorragende Methode, um Kulturkritik zu üben (van der Veer 2010).

	Cross Cultural Comparison	Inter-kultureller Vergleich	Controlled Historical Comparison
Wichtige Vertreter	George P. Murdock	Thomas Schweizer	Sally F. Moore, Jared Diamond
Umfang des Vergleichs	möglichst viele Kulturen, soweit in der Datenbank	voneinander weit entfernte Kulturen	einige wenige, historisch gut dokumentierte Kulturen
Ziele	Beschreibungen von Kovarianzen und Gesetzen	nomologische Hypothesen, Aussagen, Regeln	Begründung für historische Entwicklungen, historisches Verstehen
Galtons Problem (= Untersuchungs-Einheiten)	ja, stellt Ergebnisse in Frage	ja, stellt Ergebnisse in Frage	Unabhängigkeit der Einheiten ist nicht erforderlich
Probleme und Kritik	Unabhängigkeit nicht geprüft (= Galtons Problem)	Frage nach Gründen für bestimmte Gesetze bleibt offen	spekulativ, ist nur bei ausgewählten Themen anwendbar

Abbildung 8.1: Gegenüberstellung der Vergleichsmodelle. Jede Strategie des Vergleichs hat eigene Ziele und basiert auf unterschiedlichen Annahmen über die Vergleichseinheiten. Der kontrollierte historische Vergleich verzichtet auf die Suche nach universell gültigen Zusammenhängen.

8.6 Zweite Schlussfolgerung: Der Kulturbegriff

Die Geschichte des Vergleichs ist auch problematisch im Hinblick auf die Zulässigkeit von Abgrenzungen und die Konstruktion von Andersartigkeit. Die Definition einer Kultur als Vergleichsgröße, wie etwa bei der Datenbank HRAF und beim interkulturellen Vergleich, ist als ethnozentrisches Unterfangen problematisch. Die in diesen Vergleichen verwendeten »Einheiten« haben stets den Charakter einer abgegrenzten Kultur, die an eine räumliche Vorstellung gebunden ist und in dieser Form eine heute wenigstens fragwürdige Grundlage des Vergleichs bildet, denn: kann es im Kontext der Globalisierung noch richtig sein, von der Eigenart einer Kultur an einem Ort zu sprechen? Die Krise des Vergleichs zwischen 1950 und 1960 ist zugleich der Moment, in dem der Kulturbegriff selbst einen Niedergang erfährt und auch die Vorstellung von ethnischen Gruppen als primordialen Einheiten immer fragwürdiger wird. Seit diesem Zeitpunkt können Kulturen nicht mehr als geschlossene Einheiten betrachtet werden, was einige Grundannahmen der hier erläuterten Vergleichsformen fragwürdig macht. Im Kontrast dazu ist insbesondere die *Controlled Historical Comparison* als eine Chance aufzufassen, nicht Kulturen, sondern ihre Prozesse und Problemlagen zu vergleichen.

Sicher hat, wie der Soziologe Joachim Matthes feststellt, der Kulturvergleich immer auch damit zu tun, »Macht über andere« zu gewinnen, indem die fremden Kulturen in irgendeiner Weise »festgeschrieben« werden (Matthes 1992). Vergleich ist niemals nur eine wissenschaftliche Arbeitstechnik, sondern stets auch eine kulturell inspirierte Denkweise, bei der es um die Auseinandersetzung mit dem kulturell Anderen geht. Das kulturell Andere war in den Fantasien der Komparatisten immer anderswo. Durch die alltägliche Erfahrung kultureller Diversität könnte auch der Vergleich eine neue Dimension gewinnen und zur Grundlage eines besseren und kritischeren Verständnisses der eigenen Gesellschaft werden (Waldenfels 1994). Idealerweise kann der Vergleich dazu beitragen, Differenzen erkennbar werden zu lassen, ohne deshalb auf die problematische Vorstellung von kulturellen Grenzen zurückzugreifen. Auch wenn Kulturen in engen Wechselbeziehungen zueinander stehen, sind sie untereinander verschieden (Reckwitz 2005).

Vergleiche sollten deshalb nicht so sehr auf die »Identifizierung von Gesetzen« abzielen, sondern eher das Bemühen um ein besseres Verstehen in den Vordergrund rücken (Kaelble 1999, Osterhammel 2004). Die »Bestimmung von Vergleichsvariablen« ist damit problematisch geworden. Die Suche nach den objektiv gültigen Vergleichseinheiten, auf die Murdock und Schweizer sich ja begeben hatten, erweist sich als Jagd nach einer Chimäre.

Diese abschließenden Bemerkungen verweisen noch einmal auf den Anfang dieses Kapitels und machen deutlich: Es geht nicht nur darum, eine oder mehrere empirische Arbeitstechniken zu kritisieren. Das Ziel einer kritischen Betrachtung ist es vielmehr, zugleich die Attraktivität und die Gefahren einer Methode deutlich zu machen. Die Ethnologie teilt dieses Problem mit Fächern wie der Soziologie und der Geschichte. Nur wenn sie die Methode des Vergleichs vorsichtig und reflektiert einsetzt, kann sie daraus einen nachhaltigen Gewinn ziehen.

9. Krise der ethnografischen Repräsentation

Das Thema dieses Kapitels betrifft eine in der gegenwärtigen Ethnologie äußerst kontrovers diskutierte Frage, die über deren zukünftige Ausrichtung insgesamt entscheiden wird. Es geht dabei zunächst um eine fundierte Kritik an den Methoden des Fachs, im Weiteren aber auch um dessen Anspruch auf Wissenschaftlichkeit. Tatsächlich gehen die Einwände gegen die bisher eingesetzten Methoden bis hin zu der Auffassung, die Ethnologie als empirische Wissenschaft habe keine Zukunft mehr.

Auslöser dieser Krise ist eine fundamentale Kritik an den Prinzipien und Möglichkeiten der Ethnografie. Berechtigte Kritik zwingt zur Klärung und Veränderung der eigenen Position und kann damit auch eine Stärkung des Fachs bedeuten. Eine Revision kann zur Überwindung veralteter Theorien beitragen, zum Beispiel im Hinblick auf die Konzepte der Kultur oder Ethnizität, sie kann also eine Chance sein, neue Konzepte stark zu machen. Auch die Kritik, die Gegenstand dieses Kapitels sein soll, befasst sich mit den Schwächen veralteter Konzepte der Ethnografie, sie verlangt allerdings einen grundlegenden Wandel, eine Neubestimmung der Erkenntnismöglichkeiten, von der bis heute nicht abzusehen ist, wohin sie das Fach führen wird. Einzelne Begriffe wie »Kultur« oder »Ethnos« können aufgegeben oder modifiziert werden; wenn aber die Methoden insgesamt in Frage stehen, ist dies eine besondere Herausforderung. Wenn die Möglichkeit ethnografischer Beobachtung *per se* angezweifelt wird, was können die Ethnografie und damit auch die Ethnologie überhaupt noch darstellen? Welche Erkenntnismöglichkeiten hat das Fach dann noch?

Aus heutiger Sicht ist die Praxis ethnografischer Studien – also die Dokumentation und das Schreiben ethnografischer Monografien – ein widerspruchsvoller Prozess, der von vielen und bisher meist nur mangelhaft reflektierten Faktoren beeinflusst wird (Stagl 1985). Dennoch darf man die früheren Leistungen der Ethnologen nicht nur an Widersprüchen und Problemen messen. Gerechterweise ist auch zu fragen, ob es damals die Möglichkeit gab, Hunderte von ethnografischen Monografien, das gesammelte Wissen über Kulturen weltweit, mit anderen Mitteln zu schaffen als den zu jener Zeit gewählten? Und gibt es denn heute bessere Möglichkeiten, fremde Gesellschaften zu beschreiben und zu verstehen?

Wie das Kapitel über ethnografische Methoden gezeigt hat, bemühen sich Ethnologen schon seit der Entstehung des Fachs beständig um die Verbesserung ihrer Methoden und Vorgehensweisen. Eine pauschale Ablehnung der in den letzten einhundertfünfzig Jahren entstandenen Monografien wäre deshalb zu undifferenziert und selbst unwissenschaftlich. Es hat zum Zeitpunkt ihrer Entstehung ganz offensichtlich keine besseren Methoden gegeben.

Trotz aller Mängel sind es bis in jüngste Zeit gerade diese Methoden und nicht die Theorien und Konzepte gewesen, die der Ethnologie die größte Anerkennung eingebracht haben. Wie in Kapitel 3 beschrieben, werden klassische ethnografische Methoden zunehmend in anderen Bereichen eingesetzt. So ist etwa die Teilnehmende Beobachtung mittlerweile auch bei Historikern oder Soziologen weit verbreitet. Dennoch gilt: Die Forderung nach einer kritischen Reflexion über die Vorbedingungen ethnografischen Wissens wird durch diesen Erfolg nicht überflüssig.

Die Kritik an den Methoden und die Krise der ethnologischen Erkenntnis soll hier dargestellt werden anhand einer kleinen Zahl von Personen, die in der Debatte eine besondere Rolle gespielt haben. An erster Stelle sind zu nennen: Bronislaw Malinowski, Begründer der Teilnehmenden Beobachtung, und Clifford Geertz, einer der wichtigsten Ethnologen der Gegenwart, der sich engagiert an der Überwindung der Krise beteiligt. Die Debatte innerhalb der Ethnologie beginnt 1967 mit der posthumen Veröffentlichung von Malinowskis Tagebüchern und findet ihre Fortsetzung in Geertz' Reaktion darauf. Des Weiteren erläutert werden sollen die Konzepte von James Clifford und George Marcus, die beide in den letzten Jahren als Autoren in der Globalisierungsdebatte hervorgetreten sind und im Jahre 1986 die Krise in ihrem Buch *Writing Culture* – Kultur schreiben, ein erstes Mal öffentlich benennen (Clifford und Marcus 1986). Der Begriff *Writing Culture* wird zum geflügelten Wort für die Krise der Ethnografie, deren Höhepunkt im zeitlichen Umfeld dieser Veröffentlichung liegt (**Abbildung 9.1**). Die Diskussion dauert bis heute an.

Die genannten Wissenschaftler sind nicht die Auslöser der Krise, sie stehen vielmehr für Argumente und Sichtweisen auf die Debatte, in die sie mit Spürsinn und scharfen Formulierungen

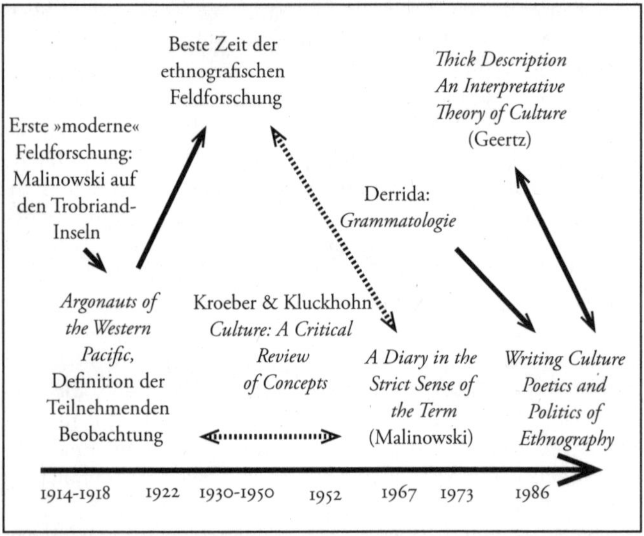

Abbildung 9.1: Daten zur modernen und postmodernen Ethnologie. Die beste Zeit der Ethnografie ist auch zugleich eine Zeit des Konzepts einzelner, in sich abgeschlossener ethnischer Gruppen. Die Krise der modernen Kulturwissenschaften (und Gesellschaften) ging von verschiedenen Denkern (u. a. Derrida) aus. Die Ethnologie erreichte sie mit ca. 20 Jahren Verspätung (1967-86).

eingreifen. Dieses Kapitel soll nicht nur einen Einblick in die der Krise zugrunde liegenden Probleme geben, sondern auch Einsichten in den wissenschaftlichen Zusammenhang vermitteln, der die Krise unausweichlich gemacht hat. Bis heute gibt es keine wirkliche Lösung. Die Suche nach allgemein akzeptierten Antworten wird dadurch erschwert, dass es sich im Grunde nicht um ein spezifisch ethnologisches Problem handelt, sondern um einen in vielen Fächern bis heute diskutierten Konflikt zwischen modernen und postmodernen Positionen.

Neben der Kritik werden deshalb in einem zweiten, kürzeren Teil dieses Kapitels einige Positionen postmoderner Ethnologie präsentiert. Die postmoderne Ethnologie ist konstruktivistisch geprägt; sie befasst sich mit der Dekonstruktion von Alterität, dem

Hinterfragen kultureller Differenz. Ein Beispiel, das noch näher zu erläutern sein wird, ist die westliche Sicht auf orientalische Gesellschaften, wie sie Edward Said im Jahr 1978 in seinem Buch *Orientalism* (*Orientalismus*, 2009) darstellt. Die Dekonstruktion mächtiger Diskurse befasst sich weiterhin mit den Begriffen »Tradition« und »Kultur«. Abschließend wird zu fragen sein, ob es so etwas wie eine postmoderne Ethnografie überhaupt geben und wie eine solche aussehen kann.

9.1 Die Tagebücher Bronislaw Malinowskis

25 Jahre nach dem Tod Bronislaw Malinowskis führt die Veröffentlichung seiner Tagebücher zu einer Neubewertung seiner Person und seiner Arbeiten. Diese Neubewertung hat wesentlich zur Kritik an den Praktiken der Ethnografie beigetragen. Malinowski ist hier schon mehrfach vorgestellt worden, und zwar als Autor der wegweisenden Monografien über die Trobriand-Inseln und als Begründer der Teilnehmenden Beobachtung.[12] Als im Jahr 1967 durch die Veröffentlichung von *A Diary in the Strict Sense of the Term* (*Ein Tagebuch im strikten Sinn des Wortes*, 1985) die andere, dunkle Seite seines Aufenthalts publik wird, ist dies für die Ethnologen im ersten Moment mehr als eine Krise: Es ist ein Schock, weil sich offenbart, dass Malinowski möglicherweise ein ganz anderer war, als er zu sein schien.

Die in vier Sprachen – überwiegend Polnisch mit deutschen und englischen Einsprengseln sowie mit einzelnen Worten der lokalen Sprache der Insel Kiriwina – geschriebenen Tagebücher berichten nicht nur von seiner Arbeit, sondern auch über seine Ängste und seine Tablettenabhängigkeit. Irritierend und schockierend aber sind die Tagebücher, weil sie gespickt sind mit abschätzigen Bemerkungen über die Menschen, mit denen er auf der Insel zusammenlebte. Immer wieder schildert er, wie er sehnsüchtig auf den

12 Er hält sich in den Jahren 1914 bis 1918 auf den Trobriand-Inseln auf, dem Ort seiner umfangreichen Feldforschung. Wie in Kapitel 5 ausführlicher geschildert, veröffentlicht er vier Jahre nach seiner Rückkehr nach England den ersten Band der Monografie zu den Trobriand-Inseln, die ihm den Ruhm als Begründer der modernen Feldforschung und der Methode der Teilnehmenden Beobachtung einbringt.

Händler wartet, der ihn allmonatlich mit Briefen und europäischen Konsumgütern versorgt. In jedem Absatz dieses Buches ist der Hass auf seine Situation und auf die Zwangslage, in der er sich befindet, zu spüren. Jede Stunde des Tages wird ihm zur Qual, er nimmt Valium und Arsen, liest Romane, hört Musik und zwingt sich, mit einem bestimmten Arbeitsziel vor Augen in das Dorf zu gehen. Er wird wütend, wenn er nicht das vorfindet, was er erwartet, wenn seine Informanten Verabredungen nicht einhalten und wenn sich die Arbeit als unerwartet schwierig erweist.

Ist die Trennung von Arbeits- und Privatleben, wie sie hier bei Malinowski offensichtlich wird, nicht eigentlich typisch und eben kein Grund für die Krise eines ganzen Fachs? Zu jedem Beruf sollte doch eigentlich so etwas wie ein Arbeitsende gehören, nach dem man sich privat über seinen Beruf äußern kann. Erst die Prinzipien der Teilnehmenden Beobachtung (vgl. Kapitel 3) machten aus dieser Haltung ein Problem: Wie kann eine zweite Sozialisation des Ethnologen möglich sein, wenn er dabei so große innere Widerstände hat, ja, wenn er der anderen Kultur abwertend gegenübersteht? Einerseits fordert Malinowski von Ethnografen, sie sollten sich in den Alltag der Gesellschaft integrieren und an ihm teilnehmen. Andererseits zeigen seine privaten Aufzeichnungen, wie weit entfernt er selbst von einer solchen Integration ist. Seine Tagebucheinträge zeugen mehr von Hass und Herablassung als von einem Verständnis der anderen Kultur. Von dem Interesse und der Bereitschaft, Menschen anderer Kulturen als gleichberechtigte Partner in einem kommunikativen Prozess anzusehen, ist in diesen Tagebüchern kaum etwas zu spüren. Vielmehr herrschen hier Überheblichkeit, Distanz und Aggressivität vor. Sind Malinowskis Forschungsergebnisse vor diesem Hintergrund überhaupt noch glaubwürdig?

Gerade weil Malinowski als der Begründer der ethnografischen Feldforschung gilt und weil er betont, wie wichtig es sei, die kulturell gegebene Distanz zu überwinden, stehen seine Tagebucheinträge im Widerspruch zu seinen eigenen Thesen (Geertz 1967). Die Methode der Teilnehmenden Beobachtung bezieht den Beobachtenden selbst ein, der Ethnograf wird zum »Messinstrument«. Malinowski betont selbst, wie groß die Rolle dieser doppelten Kompetenz ist: Der Ethnograf beobachtet den Alltag nicht nur, er versteht auch das Beobachtete, weil er durch seine zweite Sozialisation ein besonderes Vorwissen hat. Kann das bei Malinowski funktioniert haben? Und wenn er sogar selbst gegen seine eigenen Richtlinien verstoßen hat, kann diese Methode dann von seinen Schülern richtig angewandt worden sein? Der Genauigkeit halber ist allerdings gleich hinzuzufügen: Die ethnografischen Daten, die Malinowski als Autor der Trobriand-Inseln präsentiert hat, wurden kaum in Frage gestellt (Weiner 1976, Mosko 2000). Die Fülle an Detailinformationen und die Sorgfalt der Beschreibung belegen, dass Malinowski trotz aller Widersprüche offenbar dennoch sehr viele zutreffende Beobachtungen machte.

Fatalerweise treffen diese bohrenden Fragen die wichtigste Methode der Ethnologie, die zugleich die populärste und fortschrittlichste ist. Wenn Authentizität, Objektivität und Unvoreingenommenheit der Beobachter eine uneinlösbare methodische Forderung bleiben, wie glaubwürdig sind dann ethnografische Studien, welche Zukunft hat die Ethnologie dann noch? Das ist der Ausgangspunkt der Krise der ethnografischen Repräsentation.

9.2 Clifford Geertz

Clifford Geertz ist einer der bekanntesten Ethnologen der Gegenwart. Er sammelt erste ethnografische Erfahrungen in den 1950er Jahren in Indonesien und wird dort von den gewaltsam ausgetragenen Konflikten um die Unabhängigkeit des Landes überrascht. Nach 1960 forscht er überwiegend in Marokko, muss jedoch auch dieses Land nach dem Ausbruch gewaltsamer Unruhen verlassen (Geertz 2002).

Ausgangspunkte seiner Studien sind die Modernisierung und der Wandel bäuerlicher Gesellschaften. Für seine Position in der Krise der Ethnografie ist insbesondere der im Jahr 1973 veröffentlichte Sammelband *The Interpretation of Cultures* von Interesse, der zwei aus heutiger Sicht klassische Aufsätze enthält: »Deep play. Notes on the Balinese Cockfight« und »Thick Description. Towards an Interpretative Theory of Culture« (Geertz 1973). »Thick Description« (Dichte Beschreibung) ist die Bezeichnung für ein spezifisches Konzept, das sich als Weiterentwicklung der Teilnehmenden Beobachtung versteht. In den letzten dreißig Jahren wurde die dichte Beschreibung immer dann ins Spiel gebracht, wenn es um die Entwicklung der Methoden nach der Krise der Repräsentation geht.[13]

Geertz' Beitrag zur Diskussion um neue Methoden in der Ethnologie ist eng verknüpft mit seinem Konzept der interpretativen Anthropologie (vgl. Kapitel 1). Die dichte Beschreibung ist deshalb nicht nur eine Erweiterung der Methode, sie bezieht sich auch auf eine eigenständige ethnologische Theorie, die ergänzend zu den in den Kapiteln 4-7 genannten Hauptströmungen zu nennen ist. Viele Ethnologen halten die interpretative Anthropologie für die wichtigste theoretische Perspektive der Gegenwart.

Was ist eine »dichte Beschreibung«? Gibt es so etwas wie eine »dünne Beschreibung«? Geertz würde das bejahen, denn er verwendet den metaphorischen Begriff der dichten Beschreibung ganz gezielt, um die von ihm geforderte höhere Intensität der Beschreibung und ihre durch Vorwissen verbesserte Begründung hervorzuheben. Der Ausgangspunkt jeder ethnografischen Betrachtung ist, wie im Kapitel über Methoden geschildert, die Beobachtung von Menschen bzw. deren Tätigkeiten: Menschen essen, sie arbeiten, und sie sprechen miteinander. Eine »dünne Beschreibung« wäre nach Geertz die vollständige Schilderung zum Beispiel eines Tagesablaufs. Die dichte Beschreibung ist mehr als das: Der Ethnograf soll aufgrund seiner kulturellen Kompetenz jede einzelne Handlung im Tagesablauf interpretieren und bewerten. Er muss die Fähigkeit besitzen, jede Handlung dahingehend deuten zu können, ob sie entsprechend den lokalen kulturellen Regeln etwas Erwartetes darstellt oder außerhalb der Norm steht.

Geertz gibt dafür ein anschauliches Beispiel: Wenn ein Ethnograf beobachtet, dass eine andere Person mit dem linken Auge zwinkert, sollte er beurteilen können, ob dieser Person das Auge schmerzt, oder ob sie dem Ethnografen oder einer dritten anwesenden Person eine nonverbale Botschaft zukommen lassen wollte. Wie Geertz betont, ist es nicht möglich, allein über die Beobachtung zu einer adäquaten Beurteilung des Augenzwinkerns zu kommen (Geertz 1973:6). Nur das Vorwissen des Beobachters führt zur Interpretation und zur Entscheidung, ob es Teil einer bedeutungs-

13 Das deutschsprachige Werk *Dichte Beschreibung* (Geertz 1983) ist keine Übersetzung von *Interpretation of Cultures*, sondern eine eigenständige Auswahl von Aufsätzen, die ins Deutsche übertragen wurden. Zu den Texten, die in beiden Werken enthalten sind, gehört der Essay mit dem Titel »Dichte Beschreibung«.

vollen Kommunikation ist oder nur ein somatisches Phänomen. Die Unterscheidung, ob diese minimale Geste bedeutungsvoll ist oder nicht, erfordert vom Ethnografen eine gewisse Kompetenz. Nur wenn er weiß, dass das Augenzwinkern die Bedeutung haben kann, das Gesagte als ironisch zu betrachten, kann er seine Beobachtung richtig interpretieren.

Eine gelungene Interpretation von kulturellen Phänomenen bezieht stets schon bekannte, zuvor in Erfahrung gebrachte Bedeutungen ein. Kulturen sind ein Gewebe von Bedeutungen; nur durch Interpretationen kann aus ethnografischen Beobachtungen ein Bild der Gesellschaft entstehen. Die Verbindung, die vom Rührkuchenmodell (vgl. Kapitel 1) zu Geertz' Methode führt, ist der unmittelbare Zusammenhang von Kulturelementen in der Bedeutungsproduktion durch jeden Einzelnen in einer Kultur. Die Regeln der dichten Beschreibung verlangen, in einem begrenzten zeitlichen Ausschnitt aus dem Alltag all das wiederzuerkennen und zu erklären, was in der beobachteten Gesellschaft bedeutsam ist.

In welcher Beziehung steht nun Geertz' Methode zur Entdeckung von Malinowskis Tagebüchern? Zunächst ist zu bemerken, wie wichtig auch in Geertz' Ausführungen die Person des Ethnografen geworden ist. Schon die Teilnehmende Beobachtung stellt die Person des Ethnografen in den Vordergrund, sie verwandelt ihn durch die in der sekundären Sozialisation erworbene Alltagskompetenz in ein Messinstrument. Geertz betont und präzisiert diesen Zusammenhang. Er erhebt den Moment der Interpretation zum zentralen Erkenntnisschritt im Prozess der Entstehung der Ethnografie. In dieser Hinsicht versteht er seinen Beitrag als Ergänzung und Korrektur des Paradigmas der Teilnehmenden Beobachtung, die weiterhin eine unentbehrliche Grundlage bildet. Die stationäre Feldforschung, das Erlernen der Sprache und die ausgedehnte Teilnahme am Alltag sind für Geertz Vorbedingungen der dichten Beschreibung. Zusätzlich fordert er vom Ethnografen die Einsicht, dass er die Welt nur interpretierend erschließen kann. Der Ethnograf sieht nicht einfach objektiv und schreibt das Gesehene nieder, sondern er »lebt sich ein« und interpretiert. Interpretation ist das Suchen nach Bedeutungen; sie setzt also voraus, dass es Bedeutungen gibt. Bezogen auf eine Kultur insgesamt gehört dazu die Vorstellung vom Bedeutungsgehalt aller kulturellen Phänomene. Alles in einer Gesellschaft Beobachtete hat einen durch Interpretation zugänglichen Sinn.

Der interpretativen Anthropologie zufolge sind Kulturen zunächst semiotische Gebilde, also Gewebe von Bedeutungen. Diese Bedeutungen sind durch Interpretation zu erschließen und durch Beobachtungen zu überprüfen. Dabei verweist die Betonung der Interpretation auf einen weiteren Aspekt der Geertz'schen Methode, denn Interpretation ist ein fundamentales Verfahren der Philologie, also der Text- und Buchwissenschaften. Wie Geertz selbst anmerkt, hat das Vorgehen des Ethnografen aus dieser Perspektive vieles gemeinsam mit dem Interpretieren eines Romans oder eines Textes.

Ein Beispiel: Eines der Meisterstücke der interpretativen Anthropologie ist der schon erwähnte Text von Geertz über den Hahnenkampf auf Bali (Geertz 1973:412-453). Geertz geht von einer genauen Beschreibung des Geschehens aus. Der in Europa wegen Tierquälerei verbotene Hahnenkampf ist in vielen Ländern Ostasiens ein beliebter Sport und zugleich ein gesellschaftliches Ereignis. Die Besitzer der speziell für diesen Zweck gezüchteten Hähne lassen ihre Tiere miteinander kämpfen, bis eines siegt. Nicht selten sterben die Tiere dabei. Oft werden vor Beginn des Wettkampfes hohe Wetten abgeschlossen, und die Besitzer nutzen verschiedene Tricks und tierquälerische Methoden, um den Kampfgeist der Tiere zu steigern.

Geertz beschreibt und interpretiert den Ablauf dieses Ereignisses. Seine Interpretation hebt die Parallelen zwischen dem Wettkampf und dem Weltbild der Beteiligten hervor. Die Option, alles auf einen Kampf zu setzen und durch das Überwinden des Gegners Ehre, Ruhm und Reichtum zu erlangen, gehört in Geertz' Darstellung zum Selbstverständnis der Besitzer der Tiere. Die Männer identifizieren die Situation des Kampfes mit ihrem Handeln in der Gesellschaft. Der hemmungslose Kampfgeist, der unbedingte Wille, Überlegenheit zu zeigen, und die Bereitschaft, einander zu bekämpfen, sind auf der Ebene des Kampfes Merkmale dieses Ereignisses. Auf der Ebene der Vorstellung von der Gesellschaft beschreiben diese allerdings die Werte und Handlungsweisen der Männer auf Bali.[14]

14 Eine Überprüfung dieses ethnografischen Texts von Geertz hat ergeben, dass diese Bewertung des Hahnenkampfs in Indonesien heute durchaus auf weite Zustimmung stößt (Gottowik 2004).

9.3 *Writing Culture*

Kann die Ethnografie mit der Methode der dichten Beschreibung die durch Malinowkis Tagebücher aufgeworfene Frage beantworten? Was bei Malinowski offensichtlich ein Doppelspiel nach dem Muster von Dr. Jekyll und Mr. Hyde war, soll nach Geertz durch einen reflektierten Prozess der Interpretation und der dichten Beschreibung abgelöst werden. Der Ethnograf wird damit zu einem machtvollen Interpreten (Gottowik 1997). Er ist der Autor, und in seiner Gedankenwelt liegt der Schlüssel zum Verstehen einer Kultur. Nicht mehr einfach nur das Beobachten, sondern das Interpretieren auf der Grundlage von Beobachtungen ist seine wichtigste Leistung.

Paradoxerweise macht Geertz' Position – die Betonung der Rolle des Ethnografen als Interpreten und sein Versuch der Weiterentwicklung der Teilnehmenden Beobachtung – ihn zur Zielscheibe der schärfsten Kritiker der ethnografischen Repräsentation. Tatsächlich gibt es immer noch offene Fragen, die Geertz nicht beantwortet:

- Welche Legitimität kommt der Autorität des ethnografischen Autors zu? Sollte er sich nicht darauf beschränken, möglichst unverfälscht zu berichten, was er gesehen hat?
- Welches Recht zur Interpretation hat der Ethnograf also, wenn er Texte schreibt, die später als ethnografische Monografien eine Grundlage der Ethnologie bilden sollen?

Für viele Ethnologen seiner Zeit ist Geertz' interpretative Anthropologie nicht ausreichend, um diese Fragen zu beantworten. Sie kritisieren seine Idee der Autorität des Ethnografen als desjenigen, der alles zu interpretieren hat. Besonders deutlich wird diese Problematik auf einer Konferenz, die James Clifford und George Marcus im Jahr 1986 organisieren und deren Ergebnisse die beiden noch im gleichen Jahr in einem Sammelband mit dem Titel *Writing Culture* veröffentlichen (Clifford und Marcus 1986). Ein Teil der Beiträge daraus liegt in deutscher Übersetzung vor: *Kultur, soziale Praxis, Text. Zur Krise der ethnographischen Repräsentation* (Berg und Fuchs 1993).

James Clifford hat sich in seinem Beitrag eingehend mit der Frage der Erzeugung ethnografischer Autorität befasst (Clifford 1993). Er stellt Malinowski, Evans-Pritchard, Mead und Geertz in einen

Zusammenhang und wirft ihnen vor, sich eine unberechtigte und problematische Autorität über die von ihnen untersuchten ethnischen Gruppen anzumaßen. Sie geben nur vor, einen Dialog zu führen, nehmen aber stattdessen eine allwissende Rolle ein, ähnlich dem allwissenden auktorialen Erzähler eines Romans. Aus dieser Position heraus entwerfen sie ein Bild der Kultur, hier legen *sie* fest, was als Kontrast und Widerspruch und was als Teil eines stimmigen Bilds der Kultur gelten darf.

Cliffords Kritik stützt sich auf sorgfältige Mikroanalysen: Er zeigt zum Beispiel, wie Evans-Pritchard zunächst berichtet: »Ich habe dies und das gesehen«, um dann zu schlussfolgern: »Die Zande glauben an Hexen.« Evans-Pritchard baut seine Analysen demnach einerseits auf der Idee des unvoreingenommenen unmittelbaren Sehens, andererseits auf der Idee kollektiver Glaubensvorstellungen auf. Außerdem beschreibt Clifford als dritte Vorgehensweise den strategischen Einsatz von Aussagesätzen: Solche Sätze stehen auch an jenen Stellen in Evans-Pritchards Analysen, wenn es im besten Fall um Glaubensüberzeugungen geht. Ein Beispiel dafür: »Die Geister kehren während der Nacht in das Dorf zurück« (Clifford 1993:143). Die Gleichsetzung von (Glaubens-)Überzeugungen und Tatsachen, die Vermischung von Beobachtungen von etwas Konkretem und wertenden Feststellungen über die Gesellschaft insgesamt sind nach Clifford »Stilmittel der monologischen Autorität«.

Geht es in dieser Diskussion um eine Kritik an den Texten oder an den Autoren? James Clifford und die anderen Autoren von *Writing Culture* würden antworten, es gehe nicht um einzelne Personen oder einzelne Texte, sondern um eine Struktur der Diskurse, die eine Wissenschaft wie die Ethnologie betreibt. Diese Diskurse überspielen die Deutungsoffenheit des Erlebten und verabsolutieren die Autorität des Geschriebenen. Durch diese Art des Schreibens entsteht ein »festgeschriebenes« Bild der Kultur. Aus einer Reihe miteinander verknüpfter Beobachtungen werden in sich stimmige Dokumente erzeugt, und nur in dieser Form erlangen Aussagen über Kulturen auch ihre Anerkennung im wissenschaftlichen Diskurs.

Clifford und Marcus sind in ihrem kritischen Ansatz allerdings weniger singulär oder originell, als es scheint. Letztlich ist ihre Kritik nichts anderes als ein Ausdruck der Tatsache, dass im Jahr 1986 die Wende von der Moderne zur Postmoderne in der Ethnologie angekommen ist. Ob diese Wende nun als »*semiotic turn*« oder als »Interpretative Wende« bezeichnet wird, sie führt immer zur selben Kritik an der Ethnografie: Kann ein Autor jemals wirklich das abbilden, was er zu dokumentieren vorgibt? Ist nicht dieses Abbild Träger eigener, ganz neuer Eigenschaften und Bedeutungen? Um dies genauer zu erläutern, ist es nützlich, in der jüngeren Wissenschaftsgeschichte noch einmal zwanzig Jahre zurückzugehen.

9.4 Postmoderne Ethnologie

1967 veröffentlicht Jacques Derrida seine *Grammatologie*, in der er das asymmetrische Verhältnis zwischen einem Ereignis und der mit ihm verbundenen Bedeutung analysiert. Am besten ist dies mit einem Beispiel zu erklären. So ist die Kreide in der Hand im Moment des Schreibens ein Ereignis, das beobachtet werden kann; es könnte auch Gegenstand einer ethnografischen Beobachtung sein. Die Handbewegung ist das Ereignis und zugleich die Ursache der sich danach abzeichnenden Schrift auf der Tafel. Von dem flüchtigen Ereignis bleibt die Spur, also das Zeichen, die Schrift, und schließlich das daraus ablesbare Wort. Derridas Überlegungen beziehen sich auf die unterschiedliche Bedeutung des Beobachteten: Die Beobachtung des Ereignisses oder gar das Miterleben sind weniger wichtig als die Spur, die das Ganze hinterlässt.

Ist ein Text in allen Fällen der Beobachtung überlegen? Diese Frage zielt auf die Verknüpfung von Phänomenen und Zeichen und sollte dafür sensibilisieren, dass es keine unmittelbare Entsprechung von Beobachtung, Schrift und Text gibt. Schrift und Text bilden stets ein Geflecht von Interpretationen, sie konstituieren den wissenschaftlichen Diskurs. Das Ergebnis wissenschaftlicher Tätigkeit ist aus dieser Perspektive immer eine gelungene Fiktion. Diese Verunsicherung gegenüber der Macht des Geschriebenen liegt der Krise der Repräsentation zugrunde und gilt für die Ethnologie wie für alle anderen Kultur- und Textwissenschaften.

Nicht Handeln und Beobachten repräsentieren die wissenschaftliche Erkenntnis in den Humanwissenschaften, sondern Spuren, Zeichen und Texte, die darüber verfasst werden. Derrida und andere postmoderne Philosophen hinterfragen die Autorität der Texte und der damit gesponnenen Diskurse. Autoren können gewissermaßen nicht anders, als sich in einem System von Texten zu verfangen und an deren Autorität teilzuhaben. Diskurse, also die verschiedenen Arten, über ein Thema zu sprechen oder zu schreiben, haben eine eigene Macht. Nach Foucault ist die Macht der Diskurse größer als die Macht von Staat und Regierung, machtvoller auch als das, was die Wissenschaft als objektive Erkenntnis bezeichnet (Foucault 1974).

Zwanzig Jahre braucht die Idee von der Macht der Diskurse, um in der Ethnologie anzukommen. Sie sorgt für einige Aufregung, weil viele empirisch arbeitende Ethnologen keinesfalls damit einverstanden sind, ihre Texte zu hinterfragen, sie also zu dekonstruieren und sie damit einer Analyse im Hinblick auf darin enthaltene Autoritätsverhältnisse zu unterziehen.[15] Geertz, der ohne Scheu die Autorität des Schreibenden und Interpretierenden ins Zentrum ethnografischer Tätigkeit stellt, wird nun selbst dafür kritisiert, den Ethnografen in unangemessener Weise eine absolute Autorität zuzuschreiben.

Geertz sieht sich zu Unrecht auf die Anklagebank gesetzt und wehrt sich. Schon 1988, nur zwei Jahre nach dem *Writing-Culture*-Sammelband, veröffentlicht er einen Essay mit dem Titel *Works and Lives. The Anthropologist as Author* (*Die künstlichen Wilden*, 1990). Geertz spielt hier Hase und Igel mit Clifford und Marcus, indem er selbst in die Rolle des klügeren Igels schlüpft. Ausführlich schildert er, wie Ethnografen schon immer ihren Gegenstand erfunden und literarische Mittel bei der Textproduktion genutzt haben. Geertz argumentiert mit der Logik jeder Texterstellung: Texte müssen geschrieben werden, um wissenschaftliche Argumente deutlich zu machen. Wie Geertz betont, ist auch die Kritik an Texten nichts Neues. Schon immer wurden Texte kritisiert, weil Textkritik für die Wissenschaftlichkeit ebenso wichtig ist wie die Texterstellung.

Süffisant spießt Geertz einzelne Sätze aus dem zwei Jahre zuvor erschienenen Buch auf und macht sich über die Infragestellung des ethnografischen Schreibens lustig. Wenn der Ethnograf nicht die Autorität des Autors in Anspruch nähme, wie hätte sein Schreiben dann überhaupt Bestand haben können? Ironisch spricht er von

15 Nach Rosalind Morris (2007:382) haben Derridas Thesen die Ethnologie erzittern lassen. Das, so Morris sei aber kein Grund für die Ethnologie, sich nicht auf ihre Grundkompetenz zu besinnen: die Beschreibung anderer Lebensweisen auf der Grundlage von Beobachtungen.

der »Tagebuchkrankheit« – und meint damit nicht so sehr Malinowski, sondern eher Clifford und Marcus, bei denen diese Krankheit durch die Lektüre des Tagebuchs ausgelöst wurde. Geertz bezeichnet die Kritik des Schreibens als aufgeblasenes Gerede, da schließlich die Philosophie schon seit etlichen Jahrhunderten wisse, dass der Mensch im Gefängnis der Worte eingesperrt sei. – Einen Ausweg gibt es nicht, so das Statement von Geertz. Vielleicht aber suchen Clifford und Marcus überhaupt nicht nach einem Ausweg, sondern eröffnen lediglich eine zusätzliche Perspektive, die irgendwann einen wichtigen Beitrag zur Verbesserung ethnografischen Vorgehens leisten wird.

Die widersprüchliche Bewertung der ethnografischen Arbeit taucht schon im Wortspiel des Buchtitels auf, das nur im englischen Original verständlich ist: *Writing Culture* lässt sich sehr gut mit »Schreibkultur« übersetzen. Das ist die Kultur des Schreibens, die einer Tradition des Westens entspricht, sich nämlich durch das Dokumentieren die Welt zu erschließen und anzueignen. *Writing Culture* kann aber auch bedeuten, »über Kultur zu schreiben«, also das, was die Ethnologen eigentlich schon immer tun wollten.

Writing Culture fordert von Ethnologen die Einsicht in den doppelbödigen Charakter der Ethnografie: Es ist »Schreiben über Kulturen«, also die Verbreitung von Wissen über fremde Gesellschaften und zugleich Ausdruck einer spezifischen Schreibkultur. Tatsächlich verweist der Platz der Schreib- und Wissenschaftskultur im Westen und deren Verknüpfung mit politischer Macht auf einen nicht hintergehbaren Unterschied gegenüber den Gesellschaften, mit denen sich die Ethnologie befasst und in denen das Schreiben nicht den gleichen Stellenwert einnimmt.

In einem Aufsatz über die *Writing-Culture*-Debatte deutet Henrika Kuklick (1997) den durch Malinowski markierten Übergang von der Lehnstuhlethnologie zur Feldforschung als eine unumgängliche Begleiterscheinung der Professionalisierung des Fachs. Vor Malinowski waren die Anthropologen Liebhaber und Amateure aus höheren gesellschaftlichen Schichten; seit Malinowski sind sie jedoch eher Angehörige der Mittelschicht, für die sich an der Universität eine Möglichkeit zum gesellschaftlichen Aufstieg bietet. Zum Kern der professionellen Qualifikation wird die Feldforschung, durch die der Nachweis eines einzigartigen Zugangs zu ethnografischem Wissen geführt wird. Erst das Schreiben über diese Forschung verbürgt den Status der Wahrhaftigkeit und sichert Überlegenheit. Kuklicks Argumente tragen dazu bei, die Problematik der ethnografischen Autorität in den fachgeschichtlichen Kontext zu stellen. Sie benennt einige grundlegende Merkmale ethnografischer Autoren, die zugleich den artifiziellen Charakter von Ethnografie betonen:

1. Die Position des Ethnografen schöpft aus der Überhöhung des »Dabei-Seins«. Dieses Involviertsein liegt stets in der Vergangenheit. In der sprachlichen Form drückt sich das im Perfekt aus: »Ich war dabei, als …«.

2. Das Sammeln von Daten steht nur scheinbar im Vordergrund. Wichtiger ist das persönliche Engagement, das durch die Autorschaft öffentlich erkennbar gemacht wird. Die Ethnografen verbinden den Bericht über ihr Engagement mit festen Überzeugungen über den Gegenstand ihrer Studie.

3. Dem Ort der Forschung ist durch die Ethnografie ein klarer Raum zugewiesen. Wenn Ethnologen schon kein Labor haben, so doch einen scheinbar präzise definierten Ort, an dem die Forschung stattfindet.

Diese Punkte kennzeichnen in aller Kürze zentrale Argumente in der Debatte um die Gültigkeit ethnografischer Repräsentationen. In den Jahren nach 1986 haben kritische Ethnologen sie vielfach genutzt, um problematische Vereinfachungen älterer Ethnografien offenzulegen.

9.5 Die Macht der Diskurse

Wenn Diskurse und Texte eigene Regeln haben, aus denen Autorität generiert wird, was ist dann naheliegender, als für ausgewählte Fragen zu prüfen, wie sich diese Diskursautorität bemerkbar macht? Hier erschließt sich ein ganz neues Forschungsfeld, das nicht der Ethnografie als Dokumentation empirischer Daten gewidmet ist, sondern der Revision etablierter ethnografischer Studien.

Die Prüfung der Diskursautorität ist ein zentrales Arbeitsfeld postmoderner oder konstruktivistischer Anthropologie geworden. Vermutlich hat kein Buch mehr zur Anerkennung dieser Forschungsrichtung beigetragen als Edward Saids im Jahr 1978 zuerst veröffentlichte Studie *Orientalism* (*Orientalismus*, 2009). Said untersucht darin die Rolle der Orientalisten als Autoren, das heißt als Schöpfer des im Westen dominanten Bildes vom Orient. Natürlich gab es das Bild des Orients bereits lange vor der Entstehung der Orientalistik an den Universitäten. Entscheidend ist für Said jedoch die Tatsache, dass dieses Fach das alte vorurteilsbeladene Bild keineswegs umgestürzt hat. Obwohl Orientalisten manche sachlichen Fehler in frühen Reiseberichten aufzeigen konnten, haben sie doch letztlich das überlieferte Bild vom Orient als dem fremden Ort, als dem ganz andersartigen Gegenüber aufrechterhalten. Said meint, dass die Orientalistik nicht nur eine fachliche Auseinandersetzung mit Gesellschaften, Literaturen und Kulturen des Orients darstellt. Sie sei zugleich eine Ideologie, die sich kaum für die Überwindung des Images einer vollständigen Andersartigkeit des Orientalen eingesetzt habe.

Das ist ein schwerer Vorwurf, und Saids Buch bleibt bis heute umstritten. Die einen verweisen auf die zahlreichen genauen Beschreibungen über Geschichte und Gegenwart islamischer Welten, die der Orientalistik zu verdanken sind; andere betonen, es könne keine Orientalistik ohne eine implizite Ideologie geben. Jede Wissenschaft konstruiert ihren Gegenstand; Wissenschaftler haben das Recht, auf dem künstlichen Charakter ihrer Modelle zu beharren. Ideologische Ansprüche und zeitbedingte Wertungen sind als Teil wissenschaftlicher Thesenbildung anzuerkennen.

Aber wenn wissenschaftliche Disziplinen sich anmaßen, ihren Gegenstand nach den je eigenen Vorgaben zu konstruieren, sind ihre Aussagen dann noch objektiv? Was als genauer Bericht ausgegeben wird, mag dies im Hinblick auf die empirischen Fakten zwar sein. Aber dienen diese Fakten nicht nur als Basis, einen Gegenstand zu erfinden? Diese These steht im Mittelpunkt des Werkes *The Invention of Tradition* (1983) von Eric Hobsbawm und Terence Ranger. Sie kritisieren ethnologische Werke unter anderem dafür, Traditionen zu sehr betont und damit das Bild traditioneller Gesellschaften als Konstrukt der Alterität geschaffen zu haben (s. S. 43).

»Erfinden« bedeutet bei Hobsbawm und Ranger, aus einer bestimmten Sicht auf Kulturen zu sprechen, andere hingegen zu verschweigen oder gar nicht wahrzunehmen. Die Erfindung der Traditionen bedeutet zum Beispiel im Kontext des kolonialen Afrikas, die lokalen Gesellschaften recht einseitig als nur traditionsverbunden und traditionalistisch zu beschreiben, politische und aktuelle Themen hingegen kaum zu erwähnen. Dieses Verschweigen muss nicht aus der Absicht einer Fälschung heraus entstanden sein. Hobsbawm und Ranger betonen, dass die Übereinstimmung mit anderen Ethnologen und mit der europäischen Sicht auf Afrika im allgemeinen vollkommen ausreichend sei, um als ethnografischer auktorialer Autor Afrika als einen Kontinent der Traditionen zu erfinden.

Es gibt zahlreiche weitere konstruktivistische Studien, die schildern, wie ein bestimmter historisch oder kulturell definierter Gegenstand überhaupt erst kreiert wird. Diese Untersuchungen dekonstruieren Texte und Theorien der Ethnologie und beziehen sich, ähnlich wie die Debatte um die *Writing Culture*, auf die Macht der Diskurse und die fragwürdige Autorität von Texten. Zwei Titel seien hier stellvertretend für viele genannt: *Invention of Nature* (Bargatzky und Kuschel 1994) und *Invention of Culture* (Wagner 1975). In diesen Werken wird eine deutliche Kritik an der bisherigen Praxis ethnografischer Repräsentation geäußert. Die Autoren verlangen von Ethnologen wie auch von anderen Kulturwissenschaftlern, das Schreiben von Texten im Sinne der kritischen Selbstreflexion stärker zu kontrollieren.

Es handelt sich dabei nicht nur um ein Problem der Orientalisten, Historiker und Ethnologen, sondern um eine ganz selbstverständliche Grundlage des Argumentierens im Alltag. Überall und in jeder sozialen Gruppe gibt es individuelle und soziale Vorstellungen über die eigene Gesellschaft, ihre Normen, ihre Ideale und ihre Geschichte. Indem diese Vorstellungen immer wieder neu artikuliert werden, konstruieren die Beteiligten die Normen ihrer Gesellschaft.

Der Konstruktivismus gehört zum gleichen Zeithorizont wie die Krise der ethnografischen Repräsentation, er hat sich jedoch unabhängig von der Debatte über die *Writing Culture* entwickelt. Beide Forschungsfelder sind als das Ergebnis der Wende von der Moderne zur Postmoderne zu verstehen. Stets geht es darum, nicht mehr nur das Beobachtete als Grundlage der wissenschaftlichen Erkenntnis anzusehen, sondern sich kritisch auf die Macht der Texte, der Diskurse und auf die Einstellungen der Wissenschaftler zu beziehen.

9.6 Wie ist die Krise der ethnografischen Repräsentation zu überwinden?

James Clifford und George Marcus beschreiben in ihrem Band *Writing Culture* die Fehler und blinden Flecken der Ethnografie. Seitdem wird darüber intensiv diskutiert, und auch wenn es keine definitiven Lösungen gibt, lohnt es sich, neuere Entwicklungen zu betrachten.

(1) Die erste und konsequenteste Reaktion wäre es, keine Ethnografie mehr zu betreiben. Wozu noch über Afrika, Asien oder die beiden Amerikas berichten, wenn dadurch die Überlegenheit Europas und die Andersartigkeit jener Weltteile nur noch stärker betont werden? Gibt es nicht schon genug Berichte in den Bibliotheken, um auf absehbare Zeit mit dem Auswerten und Kritisieren der vorhandenen Monografien beschäftigt zu sein?

Wenn Ethnologen aufhören, Gesellschaften zu betrachten und darüber zu schreiben, wer berichtet dann? Können Journalisten angemessener über andere Kulturen berichten? Oder kann diese Aufgabe Romanautoren überlassen werden? Heute brauchen Experten ebenso wie informierte Mitglieder der Zivilgesellschaft aktuelle Einsichten in die unterschiedlichsten Gesellschaften. Es bedarf immer neuer Versuche, diese Gesellschaften zu verstehen, auch wenn es mitunter wenig populär ist, sich dafür im Detail zu interessieren. Dieses Wissen ist unter anderem auch deshalb erforderlich, weil nur aufgrund neuer Untersuchungen eine ernsthafte Beteiligung an politischen Entscheidungen über Entwicklungszusammenarbeit möglich ist.

(2) Ein zweiter Weg besteht darin, das Entstehen von Dokumenten stärker zu reflektieren. Stephen Tyler (1991) hat dies zum Beispiel versucht, indem er eine Ethnografie des Sprechens und der Rhetorik skizziert. Wenn die Erzeugung von Geschichten, Dokumenten und Interpretationen immer ein Problem der Autorschaft ist, so Tylers Argument, sollte man dann nicht darüber nachdenken, wie solche Aussagen zustande kommen, wie gesprochen wird und wie etwas Gesagtes als Wahrheit anerkannt wird? Ist das nicht das zentrale Problem der Ethnografie – eine Wahrheit hervorzubringen, die interkulturelle Gültigkeit beanspruchen kann? Studien wie die Tylers führten zu neuen Einsichten und begründeten ein neues Spezialgebiet, wichtige Aussagen über die Gesellschaft

insgesamt haben sie jedoch nicht hervorgebracht. Die Ethnografie des Sprechens ist einerseits ein Beitrag zur Weiterentwicklung des Faches, weil damit ein neuer Forschungsgegenstand identifiziert wurde, die Hoffnung auf eine Erneuerung der Ethnografie insgesamt hat sich dadurch allerdings nicht erfüllt.

(3) Weitaus intensiver wird ein dritter Lösungsversuch diskutiert, der sich mit dem Begriff der kollaborativen Ethnografie erfassen lässt, die unter anderem von Lukes Lassiter (2005) vertreten wird. Wenn die Autorität des Autors das eigentliche Problem ist, wäre es dann nicht besser, auf die Person des einzelnen Autors zu verzichten? Texte sollten stattdessen von Autorenkollektiven erstellt werden, die sich aus Personen zusammensetzen, über die berichtet wird, und aus Personen, von denen das ethnografische Interesse ausgeht.

Dies ist die heute am häufigsten praktizierte Lösung. Sie hat den Vorteil, Autoren aus verschiedenen kulturellen Kontexten zusammenzubringen. Das Problem besteht allerdings darin, dass die Texte nicht schon allein aus diesem Grund anders werden. Immer dann, wenn es darum geht, kritische Aspekte einer Gesellschaft zu diskutieren, ist es noch immer erforderlich, dass ein Autor eine Hypothese konsequent zu Ende denkt, sie in allen Aspekten darstellt, seine Belege anführt und – nicht zuletzt – auch für die Schlussfolgerungen einsteht.

Alle drei Lösungsvorschläge stellen sich der Aufgabe einer angemessenen ethnografischen Repräsentation, und doch bleiben auch sie unzulänglich. Von einer überzeugenden Lösung, die neben der Darstellung von Ethnografie auch zur weiteren Entwicklung ethnografischer Methoden beiträgt, hängt aber die Glaubwürdigkeit der Ethnologie in der Zukunft ab. Das folgende Kapitel wird diese Frage aufgreifen und mit dem Thema der Moderne noch eine weitere Lösung präsentieren.

10. Ethnografie der Moderne

Im vorangehenden Kapitel wurden drei Reaktionen auf die Krise der ethnografischen Repräsentation diskutiert: (1) Nichts mehr über andere Kulturen schreiben, (2) über das Erzeugen von Wahrheiten schreiben oder (3) in Teamarbeit schreiben, um dem Einzelnen nicht mehr zu viel Autorität als Autor zu geben. In diesem Kapitel soll ein weiteres zentrales Thema der Ethnologie behandelt werden, das zudem den Weg zu einer vierten Lösung für die geschilderten Probleme weisen könnte.

Auf dem Weg zu dieser vierten Lösung ist es sinnvoll, zunächst die durch *Writing Culture* aufgeworfenen Fragen noch einmal zusammenzufassen. Die Kritik an den Erkenntnismöglichkeiten ethnografischer Feldforschung ist entstanden durch die Einsicht, dass in den Prozess der Beobachtung und Dokumentation viel mehr Faktoren einfließen, als die Ethnografen während des Beobachtens und Schreibens wahrhaben wollen und sich bewusst machen. Nach der kritischen Analyse durch *Writing Culture* wäre es naiv zu glauben, »etwas beobachten« und »das Beobachtete aufschreiben« bildeten eine vollständige Beschreibung dessen, was ethnografische Feldforschung ausmacht. Es ist ferner unzureichend, Feldforschung mit Teilnehmender Beobachtung gleichzusetzen; in diese Falle war Malinowski geraten. Wie seine Tagebücher zeigen, ist es ihm im besten Fall nur partiell gelungen, die eigenen methodischen Prinzipien konsequent anzuwenden. Es ist auch nicht zulässig, so wie es Clifford Geertz mit der *Dichten Beschreibung* versucht hat, den Autor der Ethnografie als allwissenden »Erklärer einer Kultur« zu akzeptieren, der aufgrund seiner Beobachtungen eine Gesellschaft liest wie den Text eines Buches.

Letztlich behandelt *Writing Culture* folgendes Problem: Die Welt, die der Ethnograf beobachtet, ist viel enger verflochten mit dem, was er an Erwartungen und an Wissen mitbringt, als er selbst weiß. Das geistige Gepäck des Ethnologen und seine von ihm selbst nicht zu kontrollierenden Vorurteile haben einen viel größeren Einfluss, als er selbst annimmt. Die Darstellung der ethnografisch erfassten Lebenswelt ist kein objektiver Spiegel des Gesehenen und Gehörten. Vielmehr unterliegt sie als beschreibender und erklärender Text – als Monografie – literarischen Regeln. Solche Darstellungen sind zudem Ausdruck der impliziten oder expliziten Intentionen des Autors. Das heißt, die Kommunikation über die erforschte Gesellschaft bringt eigene Zwänge der Darstellung mit sich, die das Dargestellte nochmals vom Erfahrenen entfernen.

Schon im letzten Kapitel wurde auf Hobsbawms und Rangers Studie *Invention of Tradition* hingewiesen. Sie zeigt anschaulich, wie die Ethnografie afrikanischer Gesellschaften während der Kolonialzeit durch europäische Vorstellungen von der Macht der Traditionen beeinflusst war. Ethnologen sahen überall nur Traditionen und haben deshalb kaum über politische Implikationen berichtet. Solche Aspekte passten einfach nicht in ihre Erwartungen. Stattdessen haben manche Ethnologen sogar betont, wie wenig die Tatsache, in einer Kolonie zu leben, sich bemerkbar mache. Sie vermuteten weiterhin, die von ihnen in Afrika beobachteten Gesellschaften hätten sich seit dem Beginn der Kolonialzeit kaum verändert. Aufgrund der Erwartungshaltung der Ethnologen findet sich in ihren Texten oft das, was sie als Europäer schon vor der Abreise über die Kulturen am Zielort zu wissen glaubten: Dass die afrikanischen Gesellschaften eben ganz anders seien. Auf diese Weise haben ihre Berichte zur Konstruktion von Andersartigkeit beigetragen.

Für dieses Problem könnte es einen pragmatischen Ausweg geben. Wenn der Vorwurf lautet, die Ethnologen hätten die Gegenwart und die Einbindung der außereuropäischen Gesellschaften in globale politische Zusammenhänge nicht hinreichend berücksichtigt, ist es dann nicht naheliegend, ebendiesen Sachverhalt genauer zu untersuchen? Die vierte Antwort auf die im letzten Kapitel geschilderte Krise lautet also, die Gegenwart nichtwestlicher Gesellschaften und ihre Gemeinsamkeiten mit westlichen Kulturen als Thema ethnografischer Studien zu wählen. Das Ziel müsste es sein, die Gegenwart als Zeitgenossenschaft zu betonen. Solche Themen beispielsweise in afrikanischen Gesellschaften zu untersuchen interessiert nicht nur Ethnologen, sondern könnte auch über das Fach hinaus Interesse wecken: Es ist schließlich dringend erforderlich, sich mit der gegenwärtigen Kultur und Gesellschaft zu befassen und scheinbar ungebrochene Traditionen nicht länger zu verklären, sondern vielmehr darzulegen, in welcher Weise weltweit die unterschiedlichsten Gesellschaften und Kulturen an der Moderne partizipieren.

Dieser Ansatz wirft eigene Probleme auf, denn eine wichtige Motivation für das Interesse an Gesellschaften in aller Welt – insbesondere außerhalb Europas – entsteht möglicherweise gerade durch deren Andersartigkeit. Wenn die Exotik nun nicht mehr im Mittelpunkt stehen soll – weil Ethnologen diese allzu lange überbetont haben! –, werden Wissenschaftler dann überhaupt noch die Mühe aufwenden, die Gesellschaften hinreichend sorgfältig zu beschreiben? Der Ethnologe Werner Schiffauer (2004:515) hat dieses Problem gesehen und in folgende Frage gekleidet: Wird es möglich sein, die Akribie und Leidenschaft, mit der das Fremde betrachtet wurde, auf den in Zukunft neu zu definierenden Gegenstand zu lenken, auch wenn dieser nicht mehr radikal unterschieden ist vom Eigenen und Vertrauten?

10.1 Modernität und Teilhabe

In den letzten Absätzen wurde der Begriff der Moderne ohne nähere Erläuterung eingeführt, so als gäbe es eine allgemein anerkannte Definition dafür. Tatsächlich ist jedoch die genaue Bedeutung dieses Begriffs umstritten. Jede nähere Beschäftigung führt zur Einsicht, dass es mehrere, einander widersprechende Modernitätskonzepte gibt. Die verschiedenen Auffassungen vom Begriff der Moderne machen seine Verwendung als Gegenstand ethnografischer Studien besonders schwierig.

Ein Blick auf den Sprachgebrauch gibt erste Hinweise auf das Alltagsverständnis: Die Moderne ist eine Form der Selbstzuschreibung. Wenn Leute glauben, sie und die Gesellschaft, der sie angehören, seien modern, dann haben sie auch diese Eigenschaft. Das ist die einfachste denkbare Definition. Demnach gilt: Modern zu sein bedeutet nichts anderes, als vom Modernsein zu reden und sich selbst mit dieser Eigenschaft zu bezeichnen. Diese Definition gilt ohne Einschränkungen für alle Gesellschaften: Wer würde gerne von sich behaupten, dass er nicht modern sei? Hier handelt es sich um nichts anderes als um eine Selbstzuschreibung, also eine Aussage über sich selbst. Niklas Luhmann hat dies als das Prinzip »autopoietischer Selbstzuschreibung« bezeichnet (Kneer und Nassehi 1993:57 f.). In diesem Sinne modern zu sein kann niemandem abgesprochen werden. Für viele Menschen, die ihre eigene gesellschaftliche Position als marginalisiert empfinden, zum Beispiel weil sie in einem so genannten »Entwicklungsland« leben, ist diese Form der Partizipation an der Moderne das mindeste, was ihnen an den Errungenschaften der Gegenwart zuzustehen scheint.

In der Tat gibt es eine Reihe ethnografischer Studien, die sich auf diese Frage konzentriert haben. Es scheint nicht schwierig, diese Aufgabe ganz praktisch anzugehen: Irgendeine Region Afrikas ist aufzusuchen und die Menschen sind zu befragen, ob sie von sich selbst sagen würden, sie seien modern. Einige Ethnologen haben das in dieser oder ähnlicher Weise tatsächlich in den letzten 25 Jahren gemacht und dabei zum Teil überraschende Resultate vorgelegt. So stellt sich heraus, dass sich häufig Angehörige bestimmter sozialer Gruppen in einem Land als modern bezeichnen. Sie verwenden diese Selbstzuschreibung zudem als Mittel der Abgrenzung: Wir sind modern, aber die meisten anderen und insbesondere unsere Nachbarn sind es nicht!

Beispielsweise schildert James Ferguson in einem ganz spezifischen Kontext in Sambia die Erfahrungen von Moderne in Afrika (Ferguson 1999). Seine Studie beschreibt Erwartungen und Lebenssituationen von Arbeitern in den großen Kupferminen des Landes. Ferguson hat bei diesen Männern und Frauen ein sehr spezielles Verständnis von Moderne beobachtet. Modern zu sein bedeutet für die Minenarbeiter in erster Linie, einen bestimmten Lebensstil zu pflegen. Es bedeutet, sich wie Städter zu kleiden, die urbane Variante der lokalen Sprache zu sprechen, Zugang zu Bildungs- und Gesundheitseinrichtungen zu haben und so weiter. Allerdings waren viele dieser Minenarbeiter zum Zeitpunkt der Untersuchung im Jahr 1995 ohne Job, und es wurde für sie deshalb immer schwieriger, »modern zu sein«. Die Rückkehr aufs Land – woher sie als Migranten vor Jahrzehnten gekommen waren – war für sie undenkbar. Im Kontext der heraufziehenden Massenarbeitslosigkeit, in einem Zeithorizont der weiteren Verarmung vieler nationaler Ökonomien in Afrika wird die Moderne im Sinne der Minenarbeiter in Sambia unerreichbar.

Wenn Moderne als Mittel der Abgrenzung gesehen wird, so ist sie offensichtlich auch problematisch, genauer gesagt: Lokale Konzepte von Modernität werden für Konflikte genutzt. Das zeigt zum Beispiel Harri Englund in einer Studie über die Anhänger einer christlichen Glaubensgemeinschaft in Malawi (Englund 2002). Die

Christen dort verstehen sich als moderne Menschen. Sie betonen, dass sie mit den alten Traditionen gebrochen und durch die christliche Taufe mit anderen modernen Gesellschaften – den Christen in Europa und den USA – viel mehr gemeinsam haben als mit ihren Nachbarn in Malawi. Die Vorstellung einer »modernen« Weltgemeinschaft der Christen wird hier zu einer Motivation, diesem Glauben anzugehören. Die Widersprüchlichkeiten der Vorstellung von Zugehörigkeit zur Moderne durch Taufe exemplifizieren etwa Exorzismen. Sie gelten als sicheres Mittel, um sich aus der Verstrickung in Traditionen zu lösen.

Die Fallstudie von Englund ist in den letzten Jahren mehrfach bestätigt und durch ähnliche Beobachtungen aus anderen Ländern ergänzt worden: Christen behaupten, durch ihre Religion einen Weg zum modernen Dasein gefunden zu haben. »Modernität« bedeutet in den Predigten der Pastoren vor allem Wohlstand für alle Gläubigen, Distanz zu den lokal tradierten Religionsformen und Verbundenheit mit der globalen Gemeinschaft der Christen. Distanz zur lokalen Religion bedeutet häufig auch, dass Verpflichtungen gegenseitiger Unterstützung in der weiteren Verwandtschaft an Bedeutung verlieren. Der moderne Glaube trägt so zu einem Selbstbild als handlungsfähigem Individuum bei. Die alten familiären Bindungen werden durch die neuen Beziehungen mit Angehörigen der Religionsgemeinschaft ersetzt; zusätzlich wird ökonomischer Erfolg als ein Zeichen göttlicher Gnade angesehen (Karlström 2004, Meyer 2007).

Noch ein weiteres Beispiel aus Afrika zeigt überraschende Eigenschaften von Modernität. So werden in manchen Ländern dieses Kontinents wirtschaftlich erfolgreiche Personen beschuldigt, die Grundlage ihres Erfolges seien geheime Kräfte. Plantagenbesitzern in Kamerun wird etwa, wie Peter Geschiere berichtet, unterstellt, sie würden Menschen töten bzw. ihnen die Seele entreißen, um dann deren seelen- und willenlose Körper für sich arbeiten zu lassen (Geschiere 1992, 1997, Nyamnjoh 2001). Ähnliche Berichte gibt es aus Nigeria und benachbarten Ländern: Dort erzählt man von so genannten »Seelen-Essern«, die auf den Märkten als harmlose Kunden auftreten, dann aber die Verkäufer der Waren verzaubern und sie töten, um so das bezahlte Geld wieder zurückzuerhalten (Masquelier 1993, Harnischfeger 1997). Jean und John Comaroff haben aus dem südlichen Afrika weitere Beispiele für neue Formen schwarzer Magie zusammengetragen (Comaroff und Comaroff 1993). Übereinstimmend betonen sie, wie in der Öffentlichkeit Hexerei und schwarze Magie nicht als Gegenspieler erfolgreichen modernen Handelns gesehen werden, sondern zu den Grundfähigkeiten erfolgreicher Geschäftsleute zu gehören scheinen. Phänomene, die aus westlicher Sicht als Aberglauben bezeichnet würden, werden in diesen Studien als Bestandteil des modernen Alltags akzeptiert.[16]

Offensichtlich unterscheiden sich die Auffassungen afrikanischer Modernität deutlich von dem, was zum Beispiel in Europa als selbstverständlich modern gilt, sind doch die gläsernen, längst weit über die Kirchtürme hinausgewachsenen Bürotürme in Europa und den USA als Zeichen moderner Gesellschaften anerkannt. Kaum jemand in Europa glaubt ernsthaft, durch die Annahme des christlichen Glaubens, durch die Taufe oder gar die Austreibung des Teufels würde man zu einem modernen Menschen. Genauso wenig ist die Vorstellung anzutreffen, Hexerei und Magie seien Wege zum wirtschaftlichen Erfolg. Wohlstand in Europa wird auch nicht durch den Verzehr menschlicher Seelen hergestellt. Hier sind andere Grundannahmen vorherrschend. Zu den mit Moderne in Europa vielfach assoziierten Eigenschaften gehören ganz im Gegenteil die Ablehnung religiöser Vorstellungen und der Glaube an die ökonomische Rationalität.

Auf der Grundlage einer *Controlled Historical Comparison* (vgl. Kapitel 7) ist es plausibel, die beiden Pfade zur Durchsetzung von

16 Diese neuen Formen und Vorstellungen von Magie wurden weit über den ethnologischen Expertenkreis hinaus diskutiert. Ironischerweise werden sie als Grund für das Ausbleiben nachhaltiger Entwicklung in Afrika angeführt (Signer 2002). Das pauschale Urteil lautet etwa so: Solange erfolgreiche Geschäftsleute dort nicht geachtet werden, solange sie nicht als Vorbilder gelten, so lange wird wirtschaftliches Wachstum auch nicht als ernsthaftes Anliegen verfolgt. Aus ethnologischer Sicht ist dies eine unzulässige und gefährliche Vereinfachung: Es handelt sich dabei eher um ein Vorurteil als um eine differenzierte Beschreibung der lokalen Verhältnisse.
Allerdings kritisieren neuere Publikationen die von Ethnologen in Afrika und an anderen Orten hervorgehobene Vorstellung einer unmittelbaren Verbindung von Hexerei und Moderne (Rutherford 1999, Englund und Leach 2000, Sanders 2003). Die kritisierten ethnografischen Beschreibungen sind nämlich einem Konzept der Hexerei verpflichtet, das immer noch dem von Evans-Pritchard (vgl. Kap 5) ähnelt und einen historischen Wandel nicht in Betracht zieht.

Moderne zu vergleichen: Offensichtlich vollzieht sich die Modernisierung in Afrika ganz anders als in Europa (Zapf 1996). Doch ein Unbehagen bleibt: Kann es ausreichend sein, Moderne nur als eine Frage der Selbstauslegung zu betrachten? Ist eine solche Gleichsetzung nicht sogar zynisch angesichts der Unterschiede im Hinblick auf Wohlstand und Aufstiegsmöglichkeiten, die zwischen den Gesellschaften in Afrika und Europa bestehen? Haben die ethnografischen Berichte nicht den grundlegenden Fehler, Unterschiede zwischen Gesellschaften zu unterschätzen? Wenn Wissenschaftler den Bewohnern einer afrikanischen Stadt – in der es kaum elektrischen Strom gibt, in der Jugendliche kaum eine Chance auf einen Schulabschluss haben, in der die Mehrheit nicht lesen und schreiben kann, in der jeder Infekt mangels medizinischer Versorgung zum Tod führen kann – erklären, diese urbane Gesellschaft sei genauso modern wie die westlicher Länder, dann sind sie über das Ziel hinausgeschossen. Ethnologen haben das verständliche Anliegen, endlich mit der Konstruktion von Alterität aufzuhören. Wenn das aber dazu führt, dass überall der gleiche Begriff und mit ihm dasselbe Konzept gelten soll, wird damit auch die Chance vergeben, wichtige Unterschiede wahrzunehmen und zu beschreiben.

An dieser Stelle wird deutlich, dass eine genauere Definition des Konzepts der Moderne erforderlich ist. Zu diesem Zweck können aus den geschilderten Szenarien zwei Merkmale von Modernität abgeleitet werden. Im Kontext der Selbstzuschreibung bezeichnet die Moderne eher eine Tendenz als eine Reihe bestimmter Eigenschaften. Die Menschen wollen modern sein, sie haben das Ziel, anders zu sein, und gehen dafür Kompromisse ein: Sie pflegen einen modernen Lebensstil, sie lassen sich in einer »modernen« religiösen Gemeinde taufen. Die Idee, modern zu sein, steht also für die Veränderung von Personen, bestimmten sozialen Gruppen und Gesellschaften. Den befragten Christen in Afrika scheint es zweitens so, als würden sie durch das Christentum wie auch durch die Selbstzuschreibung von Modernität zu einer neuen, weltweiten Gemeinschaft gehören. Die Eigenschaften des autopoietischen Modernitätsbegriffs drücken sich aus in:

(1) dem Bestreben, sich selbst fortwährend zu verbessern, stets nach noch besseren Eigenschaften, nach neuen Normen und nach größerer Perfektion zu suchen.

(2) dem mit der Modernität als Selbstzuschreibung verbunde-

nen Anspruch, der Gemeinschaft der modernen Menschen anzugehören. Modernität in diesem Sinne ist Teilhabe. Sie ist ein Wunsch nach Zugehörigkeit zur »Weltgemeinschaft moderner Gesellschaften«.

Der Modernitätsbegriff im autopoietischen Sinn dreht sich also um Selbstveränderung und globale Zeitgenossenschaft (van der Loo und van Reijen 1992). Dieses Konzept soll im Folgenden als »weicher unstrukturierter Modernitätsbegriff« bezeichnet werden.

10.2 Moderne und Entwicklung

Es gibt einen zweiten Begriff von Moderne, der zum Zweck der klaren Abgrenzung provisorisch als »harter Modernitätsbegriff« bezeichnet werden soll. Im Kontrast zum autopoietischen und offeneren Begriff unterstellt er, dass mit der Moderne stets ein bestimmter gesellschaftlicher Wandel verbunden ist, der nicht rückgängig gemacht werden kann. Moderne bedeutet diesem Konzept zufolge 1. eine bestimmte Form von Rationalität, 2. die Anerkennung wissenschaftlich begründeter Einsichten, 3. ein säkulares Weltbild (Zurückdrängen der Religionen) und 4. Industrialisierung.

Diese harte Form der Modernität führt also zu sozialem und geistigem Wandel und löst tief greifende Transformationen in der Gesellschaft aus. Dazu gehören die rationale Organisation aller Lebensbereiche, zunehmende Mobilität, Verstädterung, Bildung, Industrialisierung und so weiter. Dieses Konzept der Moderne ist bereits über einhundert Jahre alt und basiert auf den Thesen bekannter Soziologen wie Max Weber, Émile Durkheim und Georg Simmel. Es ist heute weithin anerkannt, dass Gesellschaften sich als Konsequenz dieser Phänomene grundlegend und irreversibel gewandelt haben. Demnach erreicht jede Gesellschaft zu einem bestimmten Zeitpunkt den Zustand dieser Moderne. In diesem Sinne sind alle Menschen einem Wandel ohne Alternative ausgesetzt. Wie Max Weber es mit einer drastischen Metapher formuliert hat, existiert in dieser Moderne jeder Einzelne im »stahlharten Gehäuse« der Rationalität (Weber 1920:203). Dieses Sprachbild lässt es angemessen erscheinen, vom »harten Begriff« der Moderne zu sprechen.

Der Soziologe Daniel Lerner hat die Wirkungen dieses Konzepts der Moderne vor rund fünfzig Jahren in einem Kontext untersucht, der über Europa hinausreicht. In seinem Buch *The Passing of Traditional Societies. Modernizing the Middle East* von 1958 schildert er, wie in der Türkei durch das Vorbild der USA und durch die medial vermittelten Informationen aus dem Westen die Mächte der Religion, der Tradition sowie angeborener Vorrechte unweigerlich dahinschmelzen. Das ist nach seiner Auffassung der eigentliche Kern der Modernisierung. Wo immer Modernisierung stattfindet, betrifft sie alle Lebensbereiche und läuft mit der ihr eigenen Logik ab.

Lerner untersucht in den 1950er Jahren das Verhältnis von islamischer Religion und Industrialisierung in der Türkei und prognostiziert, dass sich in der Türkei die Normen moderner Gesellschaften auf lange Sicht durchsetzen werden. Die Geschichte hat Lerner jedoch nur teilweise Recht gegeben. Einerseits versteht sich die Türkei heute als modernes Land, das zum Beispiel die Aufnahme in die EU beantragt hat. Andererseits ist die Religion dadurch keinesfalls verdrängt worden. Die Aktualität des Islam in der Türkei steht für die in vielen Ländern des Vorderen Orients zu beobachtende Tendenz der Neuorientierung an der Religion, die Lerner nicht vorhergesehen hat.

Zu den grundlegenden Elementen der harten Moderne gehört die Anerkennung empirisch begründeter Wahrheiten, die durch die Wissenschaftler artikuliert und argumentativ vertreten werden. Subjektive Vorstellungen und Perspektiven haben sich dem unterzuordnen. In den Rahmen dieser spezifischen Wissensstruktur gehört zweifellos die Arbeitsweise Bronislaw Malinowskis. Seine Modernität besteht darin, dass er als Außenseiter und Bewunderer der britischen Gesellschaft von sich selbst fordert, im Dienst der Wissenschaft seine Persönlichkeit ganz auszublenden und vollständig im »Projekt der Beobachtung« aufzugehen. Er selbst sieht sich als den unermüdlichen Beobachter, der nur noch die Aufgabe der genauen und umfassendsten Beobachtung kennt (vgl. Kap 5). Seine Beobachtungen sind durch keine subjektive Eigentümlichkeit mehr gestört, sie sind objektiv, weil der Beobachter sich vollständig zu integrieren hat. Diese aus heutiger Sicht ohnehin illusionäre Objektivität des Ethnografen ist das »stahlharte Gehäuse«, zu dem viele Ethnologen ihr eigenes Fach stilisiert haben.

Die harte Moderne ist ein Prozess umfassender Transformationen, der zugleich als zielgerichteter Fortschritt verstanden wird und dessen Ende nicht abzusehen ist. Die rationale und wissenschaftliche Durchdringung des Alltags stellt immer mehr und immer präzisere Anforderungen an Mensch und Gesellschaft. Niemand darf oder kann sich einer solchen Moderne verschließen: zum einen, weil dieser Prozess ohnehin unumkehrbar ist, zum anderen, weil die damit einhergehenden Veränderungen dem Wohl der Menschheit dienen. Die Idee einer »Verbesserung« des Lebens verweist darauf, dass dieses Konzept noch in ganz anderen Zusammenhängen von Bedeutung ist: Es geht nämlich davon aus, dass für alle Gesellschaften der Prozess der Modernisierung eine Entwicklung darstellt, also etwas der Vergangenheit Überlegenes ist.

So wie Modernisierung als Konzept und Rahmen für Veränderungen hier knapp skizziert wurde, ist sie also auch als grundlegendes Leitbild für die Entwicklung von Gesellschaften zu verstehen. Ob es um Armutsbekämpfung, Befriedigung der Grundbedürfnisse oder um *good governance* geht, immer stehen sie mit der Modernisierung in Zusammenhang. Aus dieser Perspektive ist das Ziel der Entwicklung stets etwas, das in irgendeiner Weise der historischen Erfahrung der Moderne in den westlichen Gesellschaften entspricht. Die Idee der Entwicklung und der harte Modernitätsbegriff greifen unmittelbar ineinander. Die harte Moderne beschreibt, wie durch bestimmte Maßnahmen für alle Menschen eine objektive Verbesserung der Lebensbedingungen erreicht werden kann. Letztlich zielt dieses Konzept auf eine weltweit einheitliche Gesellschaft, insofern überall einheitliche Standards und Normen gelten sollen.

10.3 Grenzen der herkömmlichen Modernitätsbegriffe

Das Ideal des vollkommen modernen Menschen löst spontanen Widerspruch aus. Heute sind viele Gesellschaften und viele Individuen von dem Konflikt zwischen moderner Rationalität und kultureller Eigenständigkeit ergriffen, auch wenn sie ganz unterschiedliche Sichtweisen auf die Moderne vertreten. Vielfach wird die Durchsetzung der harten Moderne als ein Konflikt zwischen Freiheit und Normierung verstanden.[17]

17 Peter Wagner (1995, 1999) betont den immanenten Charakter dieses Widerspruchs. Die Moderne ist in seiner Perspektive ein Bündel von Eigenschaften,

Bislang wurden zwei Begriffe von Moderne eingeführt und zugleich kritisiert. Um basierend auf dieser Kritik ein neues Modell zu entwickeln, ist es wichtig, beide Konzepte klar vor Augen zu haben:

(1) Weiche Moderne: Selbstzuschreibung, autopoietische Vorgänge und Zeitgenossenschaft. Dieser Begriff ist unbefriedigend, weil er Unterschiede unterschlägt und Differenzen übersieht, die den Menschen (zum Beispiel in Afrika) zumeist sehr genau bewusst sind.

(2) Harte Moderne: Durchsetzung wissenschaftlicher Rationalität und Entwicklung. Auch dieser Begriff muss kritisch gesehen werden. Die stetige Modernisierung mag von der Sache her zutreffend und notwendig sein, aber sie erzeugt unweigerlich Widerspruch.

Diese widersprüchliche Situation hat der israelische Soziologe Shmuel N. Eisenstadt als »Antinomien der Moderne« beschrieben (Eisenstadt 1998). Ihm zufolge treten Widersprüche überall dort auf, wo der Prozess der Durchsetzung moderner Prinzipien vor sich geht. Zur Unvereinbarkeit der Moderne mit sich selbst gehören auch die zwangsläufig auftretenden Gegentendenzen, die jede Modernisierung hervorbringt: Menschen besinnen sich auf ihre Traditionen und verweigern sich der Herrschaft dieser Art von Vernunft. Beide Modernitätsbegriffe haben Defizite, da sie nur unzureichend die tatsächliche Vielfalt verschiedener Gesellschaften beschreiben, so Eisenstadt.

In dieser fächerübergreifenden Debatte können Ethnologen eine wichtige Rolle spielen: Ethnografische Methoden sollten es möglich machen, kritisch zu prüfen, welche Merkmale von Modernität in nichtwestlichen Gesellschaften tatsächlich anzutreffen sind. Dabei darf es nicht nur darum gehen, nach lokalen Auffassungen von Modernität zu suchen. Vielmehr sollten auch die Differenzen zwischen lokalen Wahrnehmungen und dem Konzept der harten Moderne aufgedeckt werden.[18] Tatsächlich gibt es Ansätze

das im Fall seiner Realisierung unweigerlich zum Widerstand in den betroffenen Gesellschaften führen muss.

18 Zur notwendigen Kritik gehört es auch, die Voraussetzungen der »harten« Moderne in Frage zu stellen. Kann es sein, so fragt zum Beispiel der französische Anthropologe Jean-François Bayart (2001), dass die Moderne nicht der einmalige historische Prozess ist, als der er dargestellt wird?

für solche Analysen, und manche Ethnologen stellen zugleich die Forderung auf, keinen der beiden etablierten Modernebegriffe zu nutzen, sondern neue Konzepte zu etablieren, die den spezifischen Bedingungen gegenwärtiger Gesellschaften besser gerecht werden.

Eine Strategie besteht darin, dem Konzept zusätzliche Eigenschaften zuzuweisen. Möglicherweise haben die an Max Weber orientierten Soziologen, welche die Moderne mit Wissenschaftlichkeit gleichsetzten, die Sache zu sehr vereinfacht? Dann müsste das Konzept von Moderne grundlegend erweitert werden, um zu verstehen, warum nichteuropäische Gesellschaften zwar anders, aber auch modern sind.

10.4 *Multiple Modernities*, *Alternative Modernity* und *Uneven Modernities*

Die Diskussion über die unterschiedlichen Modernitätskonzepte ist also der Ausgangspunkt für neue und differenzierte Konzepte wie zum Beispiel das der *Multiple Modernities*. Eingeführt wird dieser Begriff durch den bereits erwähnten Shmuel Eisenstadt, der sich schon in den 1950er Jahren mit dem Wandel der israelischen Gesellschaft befasst hat. In den letzten Jahren vertritt er eine immer eigenständigere und kritischere Perspektive auf die Moderne. Eisenstadt ist zwar davon überzeugt, dass es eine Reihe objektiver und damit unverzichtbarer Kennzeichen der Moderne gibt, unter anderem der Gebrauch moderner Kommunikationsmittel, die Anerkennung individueller Rechte und die Bereitschaft zu Innovationen. Diese universellen Eigenschaften der Moderne umfassen ihm zufolge aber keineswegs alle Aspekte des Lebens. Sie bedeuten einzig, an gewissen Grundlagen teilzuhaben, bestimmte Dinge zu akzeptieren und sie möglicherweise für selbstverständlich zu halten. Die Selbstzuschreibung zur Moderne ist für Eisenstadt kein relevantes Kriterium. Er entwirft vielmehr das Bild von vielgestaltigen Modern*en*: Es gibt zwar verbindliche Merkmale, aber in jeder Gesellschaft treten nur einige davon tatsächlich in Erscheinung. Diese Merkmale können unterschiedlich konfiguriert sein. *Multiple Modernities* sollten in dieser Hinsicht durchaus wörtlich und im Plural verstanden werden: Es gibt eine Vielfalt sehr verschiedener Formen von Moderne (Fourie 2012).

Eisenstadts Modell hat gerade bei der Beschreibung hochmoderner nichtwestlicher Gesellschaften, etwa der Japans, großen Anklang gefunden (Schwinn 2009). Zahlreiche Studien verwenden *Multiple Modernities* als Grundlage für vergleichende Ansätze, in die verschiedene, aber dennoch als modern zu bezeichnende Gesellschaften einbezogen werden. Etwas salopp formuliert lautet die Schlussfolgerung: Der Bauplan der Moderne ist vereinfacht worden; nun reicht es, einige Elemente zur Verfügung zu haben, um eine moderne Gesellschaft zu erhalten. Diesem Konzept zufolge können Gesellschaften vom westlichen Modell der Moderne stark abweichen und dennoch als Teil der Moderne verstanden werden.

Dieses Konzept berücksichtigt zum Beispiel auch islamische Nationen. Gesellschaften mit weltumspannender Kommunikation, einem eigenen Bankensystem und einem spezifischen Bildungssystem sind unverkennbar modern. Die Anerkennung der These, dass selbst der islamische Fundamentalismus Teil der Moderne ist, auch wenn er zum Beispiel im Hinblick auf die Rolle der Religion deutlich von unserem Alltagsverständnis von »modern« abweicht, wäre ohne das Konzept der *Multiple Modernities* kaum möglich gewesen. Das Konzept hat noch einen weiteren Verdienst: Es ermöglicht eine stichhaltige Antwort auf die Vorwürfe Edward Saids gegenüber der Orientalistik und ihren Fixierungen des islamischen Anderen (s. S. 204), indem die islamische Welt zu einem Teil der Moderne erklärt wird. Insbesondere der Blick auf die aktuelle Politik im islamischen Raum hat in der Perspektive der *Multiple Modernities* eine viel größere Bedeutung gewonnen. Dadurch ist es in der Summe schwieriger geworden, den Orient als das ganz andere Gegenüber zu betrachten. Wie der Islamwissenschaftler Georg Stauth (1999) betont, ist heute und im Licht dieses Konzepts die arabisch-islamische Welt unbedingt als Teil moderner Gesellschaften zu verstehen.

Teilhabe wird in dieser Perspektive möglich, ohne sich dem Diktat der Einheitlichkeit zu unterwerfen. »Teilhabe an der Moderne« drückt eine Position gegenüber anderen Gesellschaften aus, sie meint aber keinesfalls den Wunsch oder das Ideal, ununterscheidbar zu werden.

Dennoch hat auch dieses Konzept seine Defizite, die ebenfalls am Beispiel islamischer Gesellschaften deutlich werden: Selbst wenn dort Modernität und Teilhabe an der modernen Welt erkennbar sind, so stehen diese Aussagen doch in krassem Widerspruch zur allgemeinen Fremd- und Selbstwahrnehmung dieser Gesellschaften. Teilhabe an westlichen Lebensstilen ist gerade etwas, das in diesen Gesellschaften nicht unwidersprochen als Ideal bezeichnet würde. Im Kontext seiner Studien zu islamischen Gesellschaften hebt Georg Stauth diese Differenz hervor: Diese Gesellschaften sind zwar modern, streben aber gerade keine Gemeinsamkeiten mit westlichen Idealen an.

Ein Konzept von Modernität, das nur einen Teilaspekt der Gesellschaft beschreibt, führt zum Problem der Vernachlässigung differierender Bestimmungen der sozialen Identität. *Multiple Modernities* erklärt Gemeinsamkeiten, aber das Konzept versagt da, wo der Wunsch nach Differenz übermächtig wird.

Aufgrund dieser unbefriedigenden Situation wurde vor etwa 15 Jahren ein anderer Begriff vorgeschlagen: *Alternative Modernity* (Gaonkar 1999, Friedman 2002). Obwohl dieser Ausdruck bis heute kaum Anwendung über die *Postcolonial Studies* hinaus gefunden hat, lohnt es sich doch, ihn als zusätzliche Präzisierung der *Multiple Modernities* zu betrachten. Bei den so genannten *Postcolonial Studies*, die so wichtig für die Entstehung dieses Begriffs sind, handelt es sich um ein Spezialgebiet der *Cultural Studies*, die wiederum einen relativ neuen Forschungszweig der britischen Sozialanthropologie darstellen und sich hauptsächlich mit modernen Gesellschaften und Alltagskultur in westlichen Gesellschaften befassen. Wissenschaftler, die den Forschungsansatz der *Cultural Studies* in Bezug auf die ehemaligen Kolonien des britischen Empire verfolgen, bezeichnen ihre Forschungen als *Postcolonial Studies*. Die beteiligten Fachleute diskutieren unter anderem intensiv über die gegenwärtige indische Gesellschaft und deren Anspruch, modern zu sein (Nanda 2001). Das Interesse an einer spezifischen Vorstellung von Moderne in Indien erklärt sich sowohl aus der britischen Kolonialzeit als auch aus dessen eigener Geschichte und Kultur (Ferguson 2005). Aus der Perspektive der *Postcolonial Studies* scheint daher der Begriff der *Alternative Modernity* am besten geeignet zu sein, die selbstbewusste Artikulation von eigener Identität und Differenz zu betonen.

Diese Eigenständigkeit bedeutet nicht, auf die von Eisenstadt und anderen vorausgesetzten Merkmale der Moderne zu verzichten, sondern eine stärkere Betonung der eigenen Identität. Ein solches Verständnis von Moderne berücksichtigt die Tatsache, dass Gesellschaften zwar modern sein wollen, aber keinesfalls so, wie es im Westen der Fall ist. Vereinfachend wäre *Alternative Modernity* am besten als eine Verbindung der *Multiple Modernities* mit dem autopoietischen Modernitätsbegriff zu beschreiben.

Die in Zürich lehrende Ethnologin Shalini Randeria hat vor einiger Zeit ein drittes Konzept präsentiert, das auf die verschiedenen Umgangsweisen mit Modernität weltweit eingeht. Sie schlägt dafür den Begriff *Uneven Modernities* vor (Randeria 2002). Der Ausgangspunkt ihrer Überlegungen ist ein altes Problem der Modernisierungstheoretiker, nämlich die Beobachtung, dass bestimmte Bereiche einer Gesellschaft offener für die Modernisierung sind als andere (Rüschemeyer 1969). Schon vor vielen Jahren haben unter anderem Ethnologen beschrieben, wie durch solch partielle Modernisierungsprozesse innerhalb einer Gesellschaft Spannungen entstehen. Diese Spannungen führen oft zu Konflikten zwischen jenen, die für das Festhalten an Traditionen plädieren, und denen, die sich für moderne Prinzipien einsetzen.

Genau diese Beobachtung hat Randeria bei ihrer ethnografischen Studie über die Verwaltung eines Naturschutzgebiets in Indien gemacht (Randeria 2007). Dort begründet die Regierung Zwangsumsiedlungen damit, dass Naturschutz aus wissenschaftlicher Sicht nur durch diese Maßnahme zu erreichen sei. Die betroffenen Dorfbewohner lehnen das jedoch ab und verweisen auf ihre tradierten Rechte am Wald und an der Nutzung der Felder. Im Zentrum des Konfliktes steht die Provinzverwaltung, die sowohl von der nationalen Regierung als auch von der lokalen Bevölkerung kritisiert wird. Die Provinzverwaltung räumt zwar ein, die Anordnung der Regierung zu verstehen, aber sie sieht sich nicht in der Lage, das Vorhaben durchzusetzen, weil ihr angeblich die Mittel dafür fehlen. Schließlich hat sich noch eine lokale Nichtregierungsorganisation eingeschaltet. Traditionen und globale Rechtsvorstellungen greifen hier ineinander.

Das Beispiel zeigt, wie die Anforderungen der Modernisierung (nämlich der Schutz der Natur) von bestimmten Gruppen, die sehr bewusst die Mängel einer partiellen Modernisierung ausnutzen, durch den Rückgriff auf Traditionen unterlaufen werden können. Gruppen, die selbst in bestimmten anderen Kontexten moderne Prinzipien in der indischen Gesellschaft einfordern, können sich in anderen Fällen gerade gegen diese Prinzipien stellen, indem sie auf Traditionen oder beschränkte Handlungsfähigkeit verweisen.

Dieses Wechselspiel zwischen Moderne und Tradition ist in Indien sogar ein Prinzip gesellschaftlichen Erfolgs, wenigstens dann, wenn es um die Durchsetzung der eigenen Interessen geht. Randeria begründet dies auch historisch. Demnach war die koloniale Erfahrung immer die von Außenstehenden. Inder haben als koloniale Subjekte zwar moderne Strukturen durch die Engländer kennengelernt, aber diese niemals ohne Vorbehalte zu ihren eigenen gemacht. Die historische Erfahrung, Außenstehender zu sein, wandelt sich heute um in das taktische Vorgehen, moderne Strukturen nur teilweise anzuerkennen und mit den Unebenheiten einer solchen Modernität ganz gut zu leben.

Dieses aktive Wechselspiel zwischen dem Befolgen der Prinzipien der Moderne und dem Schöpfen aus der lokalen Tradition hat der Kulturwissenschaftler Hartmut Böhme (1997) auch in einem alten Text des Hamburger Kunsthistorikers Aby M. Warburg (1866-1929) über das Schlangenritual der Hopi gefunden. Am Beispiel dieses ethnografischen Texts aus dem Jahr 1938 über Modernität und tradierte Rituale in einem Reservat in den USA erläutert Böhme, wie die indianischen Gruppen scheinbar mühelos zwischen der äußersten Peripherie der Moderne und deren »Zentren« (den Arbeitsplätzen in den Fabriken) wechseln. Aufgrund ihrer Kompetenz in beiden Welten können sie eine eigenständige, kritische Perspektive auf die Moderne entwickeln. Lebensweisen der einen Seite (Moderne) sind in Transformationen der anderen Seite (also in den Traditionen) gespiegelt. Die Moderne bedarf geradezu der distanzierenden Brechung durch die Tradition, um für die Indianer erträglich zu bleiben. Wie das Beispiel dieser unkonventionellen Studie von Warburg klarmacht, werden die Beziehungen zwischen den sich selbst als modern definierenden westlichen Ländern und den Gesellschaften der Peripherie schon sehr viel öfter untersucht, als es aufgrund der Debatten um neue Modernitätsbegriffe scheinen mag.

10.5 Schluss: Eine Moderne – viele Modernen?

Wie die Überlegungen zum Modernitätskonzept deutlich gemacht haben, ist jede Gesellschaft heute Teil der Moderne, wie auch immer diese definiert sein mag. Wird die Moderne als Modernisierung und als Form gesellschaftlichen Wandels aufgefasst, so bietet sich die Möglichkeit, die Methode der *Controlled Historical Comparison* anzuwenden. Immer dann, wenn die Moderne auftritt oder sich ausbreitet, liegt ein Gesellschaftswandel vor, über dessen Beweggründe nachzudenken sich lohnt. Zugleich ist jede Gesellschaft vom Konflikt zwischen den »harten« universalistischen Ansprüchen und sich lokalspezifisch äußernden Identitäten geprägt.

Eine Leistung gegenwärtiger ethnografischer Studien kann es sein, auf solche Konflikte wie auch auf die selbstbewusste Artikulation eigener Identität und Differenz gegenüber dem Westen hinzuweisen. Dabei darf man nicht den falschen Schluss ziehen, der Westen sei auf die »richtige Art und Weise« modern, die nichtwestlichen Gesellschaften dagegen auf eine wie auch immer geartete »kontaminierte« Weise, die sich irgendwann weiterentwickeln müsse. Ethnologen sind in der Lage, sich einen reflektierten Umgang mit dem Modernitätsbegriff zu eigen zu machen und den Nutzen genauer Differenzierung aufzuzeigen. Die stärkere Differenzierung und die genauere Ausrichtung an den beobachteten kulturellen Phänomenen impliziert zugleich die Herausforderung, dabei die analytische Dimension des Modernitätsbegriffs nicht aus den Augen zu verlieren.

Wie Harri Englund in seinem erwähnten Beitrag über die Modernität der Christen in Malawi betont, bringen Ethnografen als Beobachter immer ihre eigenen Vorstellungen über die Moderne ins Spiel. Sie sollten sich dessen bewusst sein, wenn sie die lokale Bedeutung des Begriffs kritisch diskutieren. Es ist auch deutlich geworden, dass die alleinige Beschreibung lokaler Sichtweisen das Konzept der Moderne nur einseitig beleuchtet und daher durch einen Vergleich zwischen verschiedenen Gesellschaften erweitert werden muss.

Gerade weil viele der hier erwähnten Forschungsansätze von der aktuellen Lage der Gesellschaften außerhalb Europas ausgegangen sind und weil immer wieder vom Kontext der eigenen Situation der Ethnografen die Rede war, erscheint der Kulturvergleich mit

Europa naheliegend und nützlich. Im besten Sinne ethnologisch ist dieser Vergleich, wenn er zu der Frage führt, ob es verschiedene Arten von Moderne gibt und, wenn ja, wie diese aussehen.

Wenn es mit dieser Frage gelingt, eine Debatte über die Konsequenzen der Moderne in der westlichen Gesellschaft auszulösen, dann wird die Ethnologie auch in Zukunft eine wichtige Rolle spielen – insbesondere für das Verständnis der eigenen Gesellschaft.

Literaturverzeichnis

Einleitende Bemerkungen

Lazarus, Moritz, »Über den Ursprung der Sitten«, in: *Zeitschrift für Völkerpsychologie und Sprachwissenschaft*, 1 (1860), S. 437-477.

Lévi-Strauss, Claude; Eribon, Didier, *Das Nahe und das Ferne. Eine Autobiographie in Gesprächen*, Frankfurt/M.: S. Fischer, 1989. (Originalausgabe: *De près et de loin*, Paris: Odile Jacob, 1988.)

Lewis, Catherine, *Educating Hearts and Minds*, Cambridge (Mass.): Cambridge University Press, 1995.

Merleau-Ponty, Maurice, »Von Mauss zu Lévi-Strauss«, in: Métraux, Andrée; Waldenfels, Bernhard (Hg.): *Leibhaftige Vernunft Spuren von Merleau-Pontys Denken*, München: Fink, 1986, S. 13-28.

Kapitel 1

Abu-Lughod, Janet L. »Writing Against Culture«, in: Richard G. Fox (Hg.): *Recapturing Anthropology*, Santa Fe: School of American Research, 1991, S. 137-162.

Anderson, Benedict, *Die Erfindung der Nation. Zur Karriere eines erfolgreichen Konzepts*, Frankfurt/M.: Campus, 1988. (Originalausgabe: *Imagined Communities. Reflections on the Origin and Spread of Nationalism*, London: Verso 1983.)

Bloch, Maurice, »From Cognition to Ideology«, in: Richard Fardon (Hg.), *Power and Knowledge*, Edinburgh: Scottish Academic Press, 1985, S. 21-48.

Burkitt, Ian, *Bodies of Thought: Embodiment, Identity and Modernity*, London: Sage, 1999.

Cassirer, Ernst, *Philosophie der symbolischen Formen*, Berlin: Cassirer, 1923.

Csordas, Thomas J. (Hg.), *Embodiment and Experience. The Existential Ground of Culture and Self*, Cambridge (Mass.): Cambridge University Press, 1994.

Derrida, Jacques, *Grammatologie*, Frankfurt/M.: Suhrkamp, 1974. (Originalausgabe: *De la grammatologie*, Paris: Ed. De Minuit, 1967.)

Elias, Norbert, *Über den Prozess der Zivilisation*, Bern: Francke, 1969. (Originalausgabe: 1939.)

Febvre, Lucien, »Zur Entwicklung des Wortes und der Vorstellung von ›Civilisation‹«, in: Lucien Febvre (Hg.), *Das Gewissen des Historikers*, Berlin: Wagenbach, 1988, S. 39-77.

Freilich, Morris, »Introduction. Is Culture still Relevant?«, in: Morris Freilich (Hg.), *The Relevance of Culture*, New York: Bergin & Garvey, 1989, S. 1-26.

Geertz, Clifford, »Dichte Beschreibung. Bemerkungen zu einer deutenden Theorie von Kultur«, in: Clifford Geertz (Hg.), *Dichte Beschreibung. Beiträge zum Verstehen kultureller Symbolik,* Frankfurt/M.: Suhrkamp, 1983, S. 7-43. (Originalausgabe: »Thick Description. Toward an Interpretative Theory of Culture«, in C. Geertz: *The Interpretation of Cultures. Selected Essays*, S. 3-30, New York: Basic Books, 1973.)

Gellner, Ernest, *Nationalismus. Kultur und Macht,* Berlin: Siedler, 1999. (Originalausgabe: *Nationalism*, London: Weidenfeld & Nicolson, 1997.)

Hannerz, Ulf, »When Culture is Everywhere: Reflections on a Favourite Concept«, in: *Ethnos* 5 (1993), S. 95-111

Hauser-Schäublin, Brigitta, »Blick zurück im Zorn: Ethnologie als Kulturkritik«, in: *Zeitschrift für Ethnologie* 122 (1996), S. 2-17.

Keesing, Roger M., »Anthropology as an Interpretative Quest«, in: *Current Anthropology* 28 (1987), S. 161-169.

Klemm, Gustav F., *Allgemeine Cultur-Geschichte der Menschheit*, Leipzig: Teubner, 1843-1952.

Kroeber, Alfred L., Kluckhohn, Clyde, *Culture. A Critical Review of Concepts and Definitions*, Cambridge: Harvard University, 1952.

Marcus, George E., Fischer, Michael M. J., *Anthropology as Cultural Critique. An Experimental Moment in the Human Sciences*, Chicago: The University of Chicago, 1986.

Petermann, Werner, *Geschichte der Ethnologie*, München: Hammer, 2004.

Petermann, Werner, »Real sind einzig die Individuen. Theodor Waitz und die ›Anthropologie der Naturvölker‹«, in: *Paideuma* 55 (2009), S. 241-261.

Plessner, Helmuth, *Die Stufen des Organischen und der Mensch. Einleitung in die philosophische Anthropologie*, Berlin: Walter de Gruyter, 1928.

Redfield, Robert, »The Peasant's View of the Good Life«, in: Robert Redfield (Hg.), *Human Nature and the Study of Society*, Chicago: University of Chicago, 1962, S. 310-326.

Stagl, Justin, *Kulturanthropologie und Gesellschaft. Wege zu einer Wissenschaft*, München: List, 1974.

Tylor, Edward B., *Primitive Culture*, London: John Murray, 1871.

Kapitel 2

Arhin, Kwame (Hg.), *The Papers of George Ekem Ferguson. A Fanti Official of the Government of the Gold Coast, 1890-1897*, Leiden: Afrika-Studiencentrum, 1974.

Barth, Frederik (Hg.), *Ethnic Groups and Boundaries The Social Organization of Culture Difference*, Bergen: Universitets Forlaget, 1969.

Barth, Frederik, »Sixty Years in Anthropology«, in: *Annual Review of Anthropology* 36 (2007), S. 1-16.

Baudrillard, Jean, *Figures de l'altérité*, Paris: Descartes, 1993.

Beck, Kurt, »Über die Verflechtung von Vergesellschaftungsweisen im Sudan«, in: Heidi Willer u. a. (Hg.), *Macht der Identität – Identität der Macht. Politische Prozesse und kultureller Wandel in Afrika*, Münster: Lit, 1995, S. 223-239.

Croucher, Sheila L., *Globalization and Belonging. The Politics of Identity in a Changing World*, Lanham: Rowman & Littlefield, 2004.

Dittrich, Eckhard J., Radtke, Frank-Olaf, »Einleitung: der Beitrag der Wissenschaften zur Konstruktion ethnischer Minderheiten«, in: Eckhard J. Dittrich, Frank-Olaf Radtke (Hg.), *Ethnizität. Wissenschaft und Minderheiten*, Opladen: Westdeutscher Verlag, 1990, S. 11-39.

Fabian, Johannes, *Time and the Other. How Anthropology Makes its Object*, New York: Columbia University, 1983.

Ferguson, James, »Power Topographies«, in: David Nugent, Joan Vincent (Hg.), *A Companion to the Anthropology of Politics*, Oxford: Blackwell, 2004, S. 383-399.

Gupta, Akhil, Ferguson, James, »Culture, Power, Place: Ethnography at the End of an Era«, in: Akhil Gupta, James Ferguson (Hg.), *Culture, Power, Place: Explorations in Critical Anthropology*, Durham: Duke University, 1997, S. 1-29.

Jenkins, Richard, »Rethinking Ethnicity: Identity, Categorization and Power«, in: *Ethnic and Racial Studies* 17 (1994), S. 197-223.

Kapuscinski, Ryszard, *Der Andere*, Frankfurt/M.: Suhrkamp, 2008.

Keese, Alexander, *Ethnicity and the Long-Term Perspective. The African Experience*, Frankfurt/M.: Peter Lang, 2010.

Lentz, Carola, »Colonial Constructions and African Initiatives: The History of Ethnicity in Northwestern Ghana«, in: *Ethnos* 65 (2000), S. 107-136.

Lentz, Carola, *Tribalismus und Ethnizität in Afrika*, Berlin: Das Arabische Buch, 1993.

Mühlmann, Wilhelm E., »Ethnogonie und Ethnogenese. Theoretisch-ethnologische und ideologiekritische Studie«, in: Rheinisch-Westfälische Akademie der Wissenschaften (Hg.), *Studien zur Ethnogenese*, Opladen: Westdeutscher Verlag, 1985, S. 9-27.

Passarge, Siegfried, »Togo«, in: Hans Meyer (Hg.), *Das deutsche Kolonialreich. Eine Länderkunde der deutschen Schutzgebiete*, Leipzig: Bibliographisches Institut, 1910, S. 1-128.

Sahlins, Marshall D., »Reports on the Death of Culture have been Exaggerated«, in: Howard Marchitello (Hg.), *What Happens to History. The Renewal of Ethics in Contemporary Thought*, London: Routledge, 2001, S. 189-213.

Sahlins, Marshall D., »Two or Three Things that I Know about Culture«, in: *Journal of the Royal Anthropological Institute* N. S. 5 (1999), S. 401-421.

Said, Edward W., *Orientalismus*, Frankfurt/M.: Fischer, 2009 (Originalausgabe: *Orientalism*, London: Routledge, 1978.

Sökefeld, Martin, »Problematische Begriffe: ›Ethnizität‹, ›Rasse‹, ›Kultur‹, ›Minderheit‹«, in: Brigitta Schmidt-Lauber (Hg.), *Ethnizität und Migration. Einführung in Wissenschaft und Arbeitsfelder*, Berlin: Reimer, 2007, S. 31-50.

Weber, Max, *Wirtschaft und Gesellschaft. Grundriss der verstehenden Soziologie*, Tübingen: Mohr, 1972. (Originalausgabe: Tübingen: Mohr, 1921, hg. von Marianne Weber.)

Kapitel 3

Aiello, Leslie A. (Hg.), *Engaged Anthropology: Diversity and Dilemmas*, Chicago: Wenner-Gren-Foundation, 2010.

Amborn, Hermann, »Handlungsfähiger Diskurs: Reflexionen zur Aktionsethnologie«, in: Wolfgang Schmied-Kowarzik, Justin Stagl (Hg.), *Grundfragen der Ethnologie. Beiträge zur gegenwärtigen Theorie-Diskussion*, (2., überarb. und erw. Auflage), Berlin: Reimer, 1993, S. 129-150.

Barth, Heinrich, *Reisen und Entdeckungen in Nord- und Central-Afrika*, Gotha: Perthes, 1857.

Borofsky, Robert, *Yanomami. The Fierce Controversy and What We Can Learn from It*, Berkeley: University of California, 2005.

Bourdieu, Pierre, *Entwurf einer Theorie der Praxis auf der ethnologischen Grundlage der kabylischen Gesellschaft*, Frankfurt/M.: Suhrkamp, 1976. (Originalausgabe: *Esquisse d'une théorie de la pratique, précédé de trois études d'ethnologie kabyle*, Genf: Librairie Droz, 1972.)

Burgess, Robert G., *Field Research: A Sourcebook and Field Manual*. London: Allen & Unwin, 1982.

Chagnon, Napoleon, *Die Yanomamö. Leben und Sterben der Indianer am Orinoko*, Berlin: Byblos, 1994. (Originalausgabe: *Yanomamö – The Last Days of Eden*, New York: Holt, Rinehart and Winston, 1992.)

Fischer, Hans, »Feldforschung«, in: Hans Fischer (Hg.): *Ethnologie. Eine Einführung*, Berlin: Reimer, S. 69-88.

Fluehr-Lobban, Carolyn, *Ethics and the Profession of Anthropology. Dialogue for Ethically Conscious Practice*, (2nd ed), Walnut Creek: AltaMira, 2003.

Forsey, Martin G., »Ethnography as Participant Listening«, in: *Ethnography* 11 (2010), S. 558-572.

Frobenius, Leo, »Ethnologische Ergebnisse der zweiten Reiseperiode der Deutschen Innerafrikanischen Forschungsexpedition (DIAFE)«, in: *Zeitschrift für Ethnologie* 41 (1909), S. 759-783.

Frobenius, Leo, *Kulturtypen aus dem Westsudan. Auszüge aus den Ergebnissen der Zweiten deutschen innerafrikanischen Forschungsexpedition nebst einem Anhang über Kulturzonen und Kulturforschung in Afrika*, Gotha: Perthes, 1910.

Frobenius, Leo, *Auf dem Wege nach Atlantis... Bericht über den Verlauf der zweiten Reiseperiode der DIAFE in den Jahren 1909/1910*, Berlin: Vita, 1911.

Gadamer, Hans-Georg, *Wahrheit und Methode. Grundzüge einer philosophischen Hermeneutik*, Tübingen: Mohr, 1960.

Gonzalez, Roberto J., »Towards Mercenary Anthropology? The New US Army Counterinsurgency Manual FM 3-24 and the Military-Anthropology Complex« in: *Anthropology Today*, 22/3 (2007):14-19.

Hahn, Hans P., »Leo Frobenius' Reise durch Nord-Togo in den Jahren 1908-09: Ethnographische Dokumentation und koloniale Sichtweise«, in: Peter Heine, Ulrich von der Heyden (Hg.), *Studien zur Geschichte des deutschen Kolonialismus in Afrika*, Pfaffenweiler: Centaurus, 1995, S. 259-279.

Hahn, Hans P. »Ethik und Ethnologie. Auf dem Weg zu einer Ethikerklärung in der Deutschen Gesellschaft für Völkerkunde«, in: *Entwicklungsethnologie*, 20 (2013), S. 73-90.

Hauschild, Thomas, Warneken, Bernd J., *Inspecting Germany. Internationale Deutschland-Ethnographie der Gegenwart*, Münster: Lit, 2002.

Herle, Anita und Sandra Rouse, »Introduction« in: Anita Herle und Sandra Rouse (Hg.): *Cambridge and the Torres Strait. Centenary Essays on the 1898 Anthropological Expedition*, Cambridge: Cambridge University 2008, S. 1-22.

Kohl, Karl-Heinz, »Dialogische Anthropologie – Eine Illusion?«, in: Iris Därmann, Christoph Jamme (Hg.), *Fremderfahrung und Repräsentation*, Weilerswist: Velbrück, 2002, S. 209-225.

Kohl, Karl-Heinz, *Entzauberter Blick. Das Bild vom Guten Wilden und die Erfahrung der Zivilisation*, Berlin: Medusa, 1981.

Lahontan, Louis-Armand de, *Neueste Reisen nach dem mitternächtlichen Amerika*, Berlin: Freitag, 1982. (Originalausgabe: *Nouveaux Voyages de Mr. le Baron de Lahontan dans l'Amérique Septentrionale*, Den Haag: Honoré, 1703.)

Leicht, Hans D., *Reisen ans Ende der Welt. Das grösste Abenteuer des Mittelalters: Ibn Battuta 1325-1353*, Tübingen: Erdmann, 1974.

Little, Peter D., »Anthropology and Development«, in: Satish Kedia, John van Willigen (Hg.), *Applied Anthropology. Domains of Application*, New York: Praeger, 2005, S. 33-61.

Lutz, Catherine, »Selling Ourselves? The Perils of Pentagon Funding for Anthropology« in: *Anthropology Today*, 24/5 (2008), S. 1-3.

Malinowski, Bronislaw, *Coral Gardens and Their Magic. A Study of the Methods of Tilling the Soil and of Agricultural Ritus in the Trobriand Islands*, London: Allen & Unwin, 1935.)

Royal Anthropological Institute, *Notes and Queries on Anthropology*, London: Routledge, 1951. (Originalausgabe: London: E. Stanford, 1874.)

Saage, Richard, »Der Ethnologe als Utopist. Zu Lahontans Bon Sauvage-Utopie«, in: *Paideuma* 47 (2001), S. 43-60.

Schütz, Alfred, *Der sinnhafte Aufbau der sozialen Welt. Eine Einleitung in die verstehende Soziologie*, Wien: Springer, 1932.

Spittler, Gerd, »Wissenschaft auf Reisen. Dichte Teilnahme und wissenschaftlicher Habitus bei Heinrich Barths Feldforschung in Afrika«, in: Gabriele Cappai (Hg.), *Forschen unter Bedingungen kultureller Fremdheit*, Wiesbaden: VS Verlag für Sozialwissenschaften, 2008, S. 41-67.

Spradley, James, *Participant Observation*, New York: Holt, Rinehart & Winston, 1980.

Stagl, Justin, »Feldforschung als Ideologie«, in: Hans Fischer (Hg.), *Feldforschungen. Berichte zur Einführung in Probleme und Methoden*, Berlin: Reimer, 1985, S. 289-310.

Stocking, George W., »The Ethnographer's Magic. Fieldwork in British Anthropology from Tylor to Malinowski« in: George W. Stocking, *Observers Observed. Essays on Ethnographic Fieldwork*, Madison 1983: University of Wisconsin, S. 70-120.

Tedlock, Dennis, »Interpretation, Participation, and the Role of Narrative in Dialogical Anthropology«, in: Dennis Tedlock, Bruce Mannheim (Hg.), *The Dialogic Emergence of Culture*, Urbana: University of Illinois, 1995, S. 253-287.

Urry, James, »Notes and Queries on Anthropology and the Development of Field Methods in British Anthropology 1870-1920«, in: *Proceedings of the Royal Anthropological Institute*, 1972, S. 45-57.

Waines, David, *The Odyssey of Ibn Battuta: Uncommon Tales of a Medieval Adventurer*, London: Tauris, 2010.

Young, Michael W., *Malinowski. Odyssey of an Anthropologist, 1884-1920*, New Haven: Yale University, 2004.

Kapitel 4

Benedict, Ruth, *Urformen der Kultur*, Reinbek bei Hamburg: Rowohlt, 1955. (Originalausgabe: *Patterns of Culture*, Boston: Houghton Mifflin, 1934.)

Benedict, Ruth, *Chrysantheme und Schwert. Formen der japanischen Kultur*, Frankfurt/M.: Suhrkamp, 2006. (Originalausgabe: *The Chrysanthemum and the Sword. Patterns of Japanese Culture*, Boston: Houghton Mifflin, 1946.)

Boas, Franz, »The Limitations of the Comparative Method of Anthropology«, *Science* N. S. 4 (1896), S. 901-908.

Boas, Franz, *Rasse und Kultur*, Jena: Gustav Fischer, 1932.

Boas, Franz, »Die Individualität primitiver Kulturen«, in: Gerhard Albrecht u. a. (Hg.), *Reine und angewandte Soziologie. Eine Festgabe für Ferdinand Tönnies zu seinem achtzigsten Geburtstage am 26. Juli 1935*, Leipzig: Buske, 1936, S. 163-168.

Boas, Franz, *Kwakiutl Ethnography*, Chicago: University of Chicago, 1966.

Côté, James E. (Hg.), *The Mead-Freeman Controversy in Review*, Berlin: Springer, 2000.

Freeman, Derek, *Margaret Mead and Samoa: The Making and Unmaking of an Anthropological Myth*, Cambridge: Harvard University, 1983.

Frobenius, Leo, »Konflikt der Kulturstile«, in: *Abwehr-Blätter. Mitteilungen aus dem Verein zur Abwehr des Antisemitismus* 40 (1930), S. 70-74.

Harris, Marvin, *The Rise of Anthropological Theory. A History of Theories of Culture*, New York: Harper & Row, 1968.

Harris, Marvin, *Wohlgeschmack und Widerwillen. Die Rätsel der Nahrungstabus*, Stuttgart: Klett, 1988. (Originalausgabe: *Good to eat. Riddles of Food and Culture*, New York: Simon and Schuster, 1985.)

Jacknis, Ira, »Franz Boas and Exhibits. On the Limitations of the Museum Method in Anthropology«, in: George W. Stocking (Hg.), *Objects and Others: Essays on Museums and Material Culture*, Madison: University of Wisconsin, 1985, S. 75-111.

Lotter, Maria-Sybilla, »Schweine für die Vorfahren. Zu Roy Rappaports Kybernetik des Heiligen«, in: Erich Hörl, Michael Hagner (Hg.), *Die Transformation des Humanen. Beiträge zur Kulturgeschichte der Kybernetik*, Frankfurt/M.: Suhrkamp, 2008, S. 275-298.

Mead, Margaret, *Coming of Age in Samoa. A Psychological Study of Primitive Youth for Western Civilization*, New York: William Morrow, 1928.

Mead, Margaret, *Jugend und Sexualität in primitiven Gesellschaften*, Band 3: *Geschlecht und Temperament in drei primitiven Gesellschaften*, München: dtv, 1970. (Originalausgabe: *Sex and Temperament in Three Primitive Societies*, New York: William Morrow, 1935.)

Mead, Margaret, *Brombeerblüten im Winter. Ein befreites Leben*, Reinbek: Rowohlt, 1978. (Originalausgabe: *Blackberry Winter*, New York: Morrow, 1972.)

Müller-Wille, Ludger, »Franz Boas und seine Forschungen bei den Inuit«, in: Friedrich Pöhl, Bernhard Tilg (Hg.), *Franz Boas – Kultur, Sprache,*

Rasse. Wege einer antirassistischen Anthropologie, Münster: Lit, 2009, S. 39-54.

Rappaport, Roy A., *Pigs for the Ancestors. Ritual in the Ecology of a New Guinea People*, Yale: Yale University, 1967.

Sahlins, Marshall D., »Culture as Protein and Profit«, in: *The New York Review of Books* 25 (1978), S. 45-53.

Schmuhl, Hans-Walter (Hg.), *Kulturrelativismus und Antirassismus. Der Anthropologe Franz Boas (1858-1942)*, Bielefeld: Transcript, 2009.

Shelton, Anthony, »Museums and Anthropologies: Practices and Narratives«, in: Macdonald, Sharon (Hg.), *A Companion to Museum Studies*, London: Blackwell, 2006, S. 64-80.

Urry, James, »The Ethnographicisation of Anglo-American Anthropology: Causes and Consequences«, in: *Sites: Journal of Social Anthropology and Cultural Studies* 3 (2006), S. 3-39.

Verne, Markus, »Promotion, Expedition, Habilitation, Emigration. Franz Boas und der schwierige Prozess, ein wissenschaftliches Leben zu planen (1881-1887)«, in: *Paideuma*, 50 (2004), S. 79-100.

Woods, Carter A., »A Criticism of Wissler's North American Culture Areas«, in: *American Anthropologist* 36 (1934), S. 517-523.

Kapitel 5

Douglas, Mary, *Ritual, Tabu und Körpersymbolik. Sozialanthropologische Studien in Industriegesellschaft und Stammeskultur*, Frankfurt/M.: Fischer, 1974. (Originalausgabe: *Natural Symbols. Explorations in Cosmology*, London: Barrie and Rockliff, 1970.)

Douglas, Mary, *Reinheit und Gefährdung. Eine Studie zu Vorstellungen von Verunreinigung und Tabu*, Berlin: Reimer, 1985. (Originalausgabe: *Purity and Danger. An Analysis of Concepts of Pollution and Taboo*, London: Routledge, 1966.)

Evans-Pritchard, Edward E., *Hexerei, Orakel und Magie bei den Zande*, Frankfurt/M.: Suhrkamp, 1978. (Originalausgabe: *Witchcraft, Oracles, and Magic among the Azande*, Oxford: Clarendon Press, 1937.)

Frazer, James G., *Der Goldene Zweig*, Bd. 1/2, Frankfurt/M.: Ullstein, 1977. (Originalausgabe: *The Golden Bough. A Study in Magic and Religion*, London: Macmillan, 1922.)

Gellner, Ernest, »The Stakes in Anthropology«, in: *The American Scholar*, 57/1 (1988), S. 17-30.

Gellner, Ernest, *Language and Solitude. Wittgenstein, Malinowski and the Habsburg Dilemma*, Cambridge: Cambridge University, 1998.

Hann, Chris, »Tradition, sozialer Wandel, Evolution: Defizite in der sozialanthropologischen Tradition«, in: Hansjörg Siegenthaler (Hg.), *Ra-*

tionalität im Prozess kultureller Evolution; Rationalitätsunterstellungen als eine Bedingung der Möglichkeit substanzieller Rationalität des Handelns, Tübingen: Mohr, 2005, S. 283-301.

Kohl, Karl-Heinz, *Abwehr und Verlangen: zur Geschichte der Ethnologie*, Frankfurt/M.: Campus, 1987.

Langness, Lewis L., *The Study of Culture – Revised Edition*, Novato: Chandler & Sharp, 1987.

Malinowski, Bronislaw, »Anthropology«, in: *Encyclopædia Britannica*, Bd. 1, London: The Encyclopædia Britannica Company, 1930, S. 131-140.

Malinowski, Bronislaw, »Die Funktionaltheorie«, in: Bronislaw Malinowski (Hg.), *Eine wissenschaftliche Theorie der Kultur,* Frankfurt/M.: Suhrkamp, 1975, S. 19-44. (Originalausgabe: »The Functional Theory« (1939), in: Malinowski, Bronislaw: *A Scientific Theory of Culture and Other Essays*, Chapel Hill: Univ. of North Carolina Press, 1944.)

Malinowski, Bronislaw, *Argonauten des westlichen Pazifik*, Frankfurt/M.: Syndikat, 1979. (Originalausgabe: *Argonauts of the Western Pacific. An Account of Native Enterprise and Adventure in the Archipelagoes of Melanesian New Guinea*, Bd. I, London: Routledge, 1922.)

Malinowski, Bronislaw, *Korallengärten und ihre Magie,* Frankfurt/M.: Syndikat, 1981. (Originalausgabe: *Coral Gardens and Their Magic. A Study of the Methods of Tilling the Soil and of Agricultural Ritus in the Trobriand Islands*, Bd. I, London: Allen & Unwin, 1935.)

Malinowski, Bronislaw, *Das Geschlechtsleben der Wilden in Nordwest-Melanesien,* Frankfurt/M.: Syndikat, 1983. (Originalausgabe: *The Sexual Life of Savages in North-Western Melanesia, An Ethnographic Account of Courtship, Marriage and Family Life among the Natives of the Trobriand Islands*, London: Routledge, 1929.)

Malinowski, Bronislaw, Witkiewicz, Ignacy, *Malinowski – Witkacy, Photography: Between Science and Art: A Journey from Zakopane, Cracow… to the World. The Origins of One of the Greatest Anthropological Adventures of the 20th Century*, Krakau: Institute of Art of the Polish Academy of Sciences, 2000.

Morton, Christopher, »Evans-Pritchard and Malinowski: The Roots of a Complex Relationship«, in: *History of Anthropology Newsletter* 34 (2007), S. 10-15.

Radcliffe-Brown, Alfred R., »The Comparative Method In Social Anthropology. Huxley Memorial Lecture for 1951«, in: *Journal of the Royal Anthropological Institute* 81 (1951), S. 15-22.

Radcliffe-Brown, Alfred R., »On the Concept of Function in Social Sciences«, in: *American Anthropologist* 37 (1935), S. 394-402.

Senft, Gunter, »Bronislaw Malinowski and Linguistic Pragmatics«, in: *Lodz Papers in Pragmatics* 3 (2007), S. 79-96.

Stocking, George W., »What's in a Name? The Origins of the Royal Anthropological Institute (1837-71)«, in: *Man* N. S. 6 (1971), S. 369-390.
Thornton, Robert J., »›Imagine Yourself Set Down…‹: Mach, Frazer, Conrad, Malinowski and the Role of Imagination in Ethnography«, in: *Anthropology Today* 1 (1985), S. 7-14.
Tylor, Edward B., *Primitive Culture*, London: John Murray, 1871.

Kapitel 6

Caduff, Corina und Joanna Pfaff-Czarnecka, *Rituale heute. Theorien, Kontroversen, Entwürfe*, Berlin: Reimer, 2001.
Copans, Jean, Jamin, Jean, *Aux origines de l'anthropologie française. Les mémoires de la société des observateurs de l'homme en l'an VIII*, Paris: Sycomore, 1978.
Dégerando, Joseph-Marie, »Erwägungen über die verschiedenen Methoden der Beobachtung der wilden Völker«, in: Sergio Moravia (Hg.), *Beobachtende Vernunft. Philosophie und Anthropologie in der Aufklärung*, München: Hanser, 1973, S. 219-251.
Dias, Nélia, *Le musée d'ethnographie du Trocadéro: (1878-1908); anthropologie et muséologie en France*, Paris: Editions du Centre National de la Recherche Scientifique, 1991.
Durkheim, Emile, *Der Selbstmord*, Frankfurt/M.: Suhrkamp, 1973. (Originalausgabe: *Le Suicide*, Paris: o.V., 1897.)
Durkheim, Emile, *Die elementaren Formen des religiösen Lebens*, Frankfurt/M.: Suhrkamp, 1981. (Originalausgabe: *Les formes élémentaires de la vie réligieuse*, Paris: Alcan, 1912.)
Durkheim, Emile, *Über die soziale Arbeitsteilung. Studie über die Organisation höherer Gesellschaften,* Frankfurt/M.: Suhrkamp, 1988 (Originalausgabe: *De la division du travail social*, Paris: Alcan, 1893.)
Gennep, Arnold van, *Übergangsriten*, Frankfurt/M.: Campus, 1986. (Originalausgabe: *Les rites de passage*, Paris: Nourry, 1909.)
Grimes, Ronald L., *Deeply Into the Bone: Re-Inventing Rites of Passage*, Berkeley: University of California Press, 2000.
Hahn, Hans P., »Durkheim und die Ethnologie«, in: *Paideuma* 58 (2012), S. 261-282.
Hollstein, Bettina, »Reziprozität in familialen Generationenbeziehungen«, in: Frank Adloff, Steffen Mau (Hg.), *Vom Geben und Nehmen. Zur Soziologie der Reziprozität*, Frankfurt/M.: Campus, 2005, S. 187-209.
Jakobson, Roman, »Language in Relation to Other Communication Systems«, in: Roman Jakobson (Hg.), *Selected Writings*, Bd. 2, *Word and Language*, The Hague: Mouton, 1971, S. 697-708.

Jorion, Paul, »Aux origines de l'anthropologie francaise«, in: *L'Homme. Revue française d'anthropologie* 20 (1980), S. 91-98.
King, Anthony D., »Functionalism and Structuralism«, in: Ian C. Jarvie (Hg.), *The Sage Handbook of the Philosophy of Social Sciences*, London: Sage, 2011, S. 431-444.
Lévi-Strauss, Claude, *Strukturale Anthropologie*, Suhrkamp: Frankfurt/M., 1967. (Originalausgabe: *Anthropologie structurale*, Paris: Plon, 1958.)
Lévi-Strauss, Claude, *Rasse und Geschichte*, Frankfurt/M.: Suhrkamp, 1972. (Originalausgabe: *Race et Histoire*, Paris: UNESCO, 1952.)
Lévi-Strauss, Claude, *Die elementaren Strukturen der Verwandtschaft*, Frankfurt/M.: Suhrkamp, 1981. (Originalausgabe: *Les structures élémentaires de la parenté*, Paris: Presses Universitaires de France, 1949.)
Lévi-Strauss, Claude, *Traurige Tropen*, Frankfurt/M.: Suhrkamp, 1981. (Originalausgabe: *Tristes tropiques*, Paris: Plon, 1955.)
Mauss, Marcel, »Die Techniken des Körpers«, in: Marcel Mauss (Hg.), *Soziologie und Anthropologie*, Bd. 2, München: Hanser, 1975, S. 197-220. (Originalausgabe: »Techniques du corps«. in: *Journal de Psychologie* 32, 1936, S. 271-293.)
Mauss, Marcel, *Die Gabe: Form und Funktion des Austauschs in archaischen Gesellschaften*, Frankfurt/M.: Suhrkamp, 1968. (Originalausgabe:« Essai sur le don. Forme et raison de l'échange dans les sociétés archaïques«, in: *L'Année Sociologique*, n. s., 1, S. 30-186 1925.)
Moebius, Stephan, *Marcel Mauss*, Konstanz: UVK, 2006.
Moebius, Stephan, »Von Mauss zu Hénaff. Eine kleine Wirkungsgeschichte des *Essai sur le don*«, in: *WestEnd* 7 (2010), S. 68-80.
Müller, Hans-Peter, »Emile Durkheims Moralpolitik des Individualismus«, in: *Berliner Journal für Soziologie* 19 (2009), S. 227-247.
Parry, Jonathan, »The Gift, the Indian Gift and the ›Indian Gift‹«, in: *Man* N. S. 21 (1986), S. 453-473.
Rawls, Anne W., »Durkheim's Epistemology: The Neglected Argument«, in: *American Journal of Sociology* 102 (1996), S. 430-482.
Reinhardt, Thomas, *Claude Lévi-Strauss zur Einführung*, Hamburg: Junius, 2008.
Sahlins, Marshall D., *Stone Age Economics*, New York: Aldine, 1972.
Schechner, Richard, »The Future of Ritual«, in: Richard Schechner (Hg.), *The Future of Ritual. Writings on Culture and Performance*, London: Routledge, 1993, S. 228-265.
Stagl, Justin, »Übergangsriten und Statuspassagen. Überlegungen zu Arnold van Genneps ›Les rites de passage‹«, in: Karl Acham (Hg.), *Gesellschaftliche Prozesse. Beiträge zur historischen Soziologie und Gesellschaftsanalyse,* Graz: Akademische Druck- und Verlagsanstalt, 1986, S. 83-96.

Wolf, Jan J. de, »Wundt and Durkheim. A Reconsideration of a Relationship«, in: *Anthropos* 82 (1987), S. 1-23.

Kapitel 7

Ankermann, Bernhard, »Kulturkreise und Kulturschichten in Afrika«, in: *Zeitschrift für Ethnologie* 37 (1905), S. 54-90.

Bastian, Adolf, *Der Völkergedanke im Aufbau einer Wissenschaft vom Menschen: Und seine Begründung auf ethnologische Sammlungen*, Berlin: Dümmler, 1881.

Bastian, Adolf, *Ethnische Elementargedanken in der Lehre vom Menschen*, Berlin: Weidmann, 1895.

Buchheit, Klaus P., *Die Verkettung der Dinge. Stil und Diagnose im Schreiben Adolf Bastians*, Münster: Lit, 2007.

Fiedermutz-Laun, Annemarie, »Adolf Bastian und die Begründung der deutschen Ethnologie im 19. Jahrhundert«, in: *Berichte zur Wissenschaftsgeschichte* 3 (1986), S. 167-181.

Fischer, Hans, *Völkerkunde im Nationalsozialismus. Aspekte der Anpassung, Affinität und Behauptung einer wissenschaftlichen Disziplin*, Berlin: Reimer, 1990.

Fischer, Manuela, Peter Bolz, und Susan Kamel (Hg.), *Adolf Bastian and his Universal Archive of Humanity. The Origins of German Anthropology*, Hildesheim: Olms, 2007.

Franzen, Christoph J. u. a., *Der Kaiser und sein Forscher. Der Briefwechsel zwischen Wilhelm II. und Leo Frobenius (1924-1938)*, Stuttgart: Kohlhammer, 2012.

Frobenius, Leo, »Der westafrikanische Kulturkreis«, in: *Petermanns Mitteilungen* 43/44 (1897/98), S. 225-271.

Frobenius, Leo, *Karten als Sinnbilder der Kulturbewegung. Einführung in den Atlas Africanus und in das Verständnis der kinematographischen Karten*, München: C. H. Beck, 1922.

Graebner, Fritz, *Methode der Ethnologie*, Heidelberg: Winter, 1911.

Hahn, Hans P., »Leo Frobenius' Reise durch Nord-Togo in den Jahren 1908-09: Ethnographische Dokumentation und koloniale Sichtweise«, in: Peter Heine, Ulrich von der Heyden (Hg.), *Studien zur Geschichte des deutschen Kolonialismus in Afrika*, Pfaffenweiler: Centaurus, 1995, S. 259-279.

Heine-Geldern, Robert, »One Hundred Years of Ethnological Theory in the German-Speaking Countries: Some Milestones«, in: *Current Anthropology* 5 (1964), S. 407-418.

Heinrichs, Hans-Jürgen, *Die fremde Welt, das bin ich. Leo Frobenius: Ethnologe, Forschungsreisender, Abenteurer*, Wuppertal: Hammer, 1998.

Joch, Markus, »Deutsche Anti-Evolutionisten? Konzeptionen der Kulturkreislehre um 1900«, in: Alexander Honold, Klaus R. Scherpe (Hg.), *Das Fremde. Reiseerfahrungen, Schreibformen und kulturelles Wissen*, Frankfurt/M.: Peter Lang, 1999, S. 83-103.

Köpping, Klaus-Peter, *Adolf Bastian and the Psychic Unity of Mankind. The Foundations of Anthropology in Nineteenth Century Germany*, St. Lucia: University of Queensland, 1983.

Köpping, Klaus-Peter, »Bastian and Lévi-Strauss. From ›Entelechy‹ to ›Entropy‹ as »Scientific« Metaphors for Cultural Teleologies«, in: Fischer, Manuela, Peter Bolz, Susan Kamel (Hg.), *Adolf Bastian and his Universal Archive of Humanity. The Origins of German Anthropology*, Hildesheim: Olms, 2007, S. 22-31.

Lowie, Robert H., »Historical Schools: German Diffusionists«, in: Robert H. Lowie (Hg.), *The History of Ethnological Theory*, New York: Rinehart, 1937, S. 177-195.

Marchand, Suzanne, »Leo Frobenius and the Revolt against the West«, in: *Journal of Contemporary History* 32 (1997), S. 153-170.

Michel, Ute, »Neue ethnologische Forschungsansätze im Nationalsozialismus? Aus der Biographie von Wilhelm Emil Mühlmann (1904-1988)«, in: Thomas Hauschild (Hg.), *Lebenslust und Fremdenfurcht. Ethnologie im Dritten Reich*, Frankfurt/M.: Suhrkamp, 1995, S. 141-167.

Mischek, Udo, »Der Weg zu einer Planungs- und Verfügungswissenschaft für den kolonialen Raum«, in: Bernhard Streck (Hg.), *Ethnologie und Nationalsozialismus*, Gehren: Escher, 2000, S. 129-147.

Mühlmann, Wilhelm E., *Chiliasmus und Nativismus*, Berlin: Reimer, 1961.

Mühlmann, Wilhelm E., »Ethnogonie und Ethnogenese. Theoretisch-ethnologische und ideologiekritische Studie«, in: Rheinisch-Westfälische Akademie der Wissenschaften (Hg.), *Studien zur Ethnogenese*, Opladen: Westdeutscher Verlag, 1985, S. 9-27.

Mühlmann, Wilhelm E., *Rassen- und Völkerkunde. Lebensprobleme der Rassen, Gesellschaften und Völker*, Braunschweig: Vieweg, 1936.

Penny, H. Glenn, »The Civil Uses of Science: Ethnology and Civil Society in Imperial Germany«, in: *Osiris* 17 (2002), S. 228-252.

Penny, H. Glenn und Matti Bunzl (Hg.), *Worldly Provincialism. German Anthropology in the Age of Empire*, Ann Arbor: University of Michigan, 2003.

Rössler, Martin, *Die deutschsprachige Ethnologie bis ca. 1960: Ein historischer Abriss*, Köln: Institut für Völkerkunde, 2007.

Schmidt, Wilhelm, *Der Ursprung der Gottesidee*, 12 Bde., Münster: Aschendorff, 1926-1954.

Schmidt, Wilhelm, *Handbuch der Methode der kulturhistorischen Ethnologie*, Münster: Aschendorff, 1937.

Seidensticker, Wilhelm, *Das Konzept der Ethnologie im Werk Adolf Bastians* (= Diss.), Hamburg: V.F. Röver, 1969. (Originalausgabe: *Jahrbuch der Wittheit zu Bremen*, Bd. 13, 1969.)

Seidler, Christoph, »›Opfer ihrer Erregungen‹: Die deutsche Ethnologie und der Kolonialismus«, in: *iz3w* (2004), S. 36-38.

Senghor, Léopold S., »The Lessons of Leo Frobenius«, in: Eike Haberland, Inter Nationes (Hg.), *Leo Frobenius 1873-1973; an Anthology*, Wiesbaden: Steiner, 1973, S. VII-XIII.

Spengler, Oswald, *Der Untergang des Abendlandes. Umrisse einer Morphologie der Weltgeschichte*, München: Beck, 1919.

Stocking, George W. (Hg.), Volksgeist *as Method and Ethic: Essays in Boasian Ethnography and the German Anthropological Tradition*, Madison: University of Wisconsin, 1996.

Streck, Bernhard, »Diffusionism and Geopolitics in the Work of Friedrich Ratzel«, in: Marco Antonsich *et al.* (Hg.), *Europe between Political Geography and Geopolitics. On the Centenary of Ratzel's* Politische Geographie, Rom: Società Geografica Italiana, 2001, S. 51-66.

Thiel, Josef F., *Religionsethnologie. Grundbegriffe der Religionen schriftloser Völker*, Berlin: Reimer, 1984.

Waldenfels, Hans, »Wilhelm Schmidt (1868-1954)«, in: Axel Michaels (Hg.), *Klassiker der Religionswissenschaft. Von Friedrich Schleiermacher bis Mircea Eliade*, München: Beck, 1997, S. 184-197.

Zimmerman, Andrew, *Anthropology and Antihumanism in Imperial Germany*, Chicago: University of Chicago, 2001.

Zwernemann, Jürgen, *Culture History and African Anthropology*, Stockholm: Almqvist & Wiksell, 1983.

Kapitel 8

Antweiler, Christoph, »Universalien im Kontext kultureller Vielfalt«, in: *Erwägen Wissen Ethik* 20 (2009), S. 341-410.

Boas, Franz, »The Limitations of the Comparative Method of Anthropology«, *Science* N. S. 4 (1896), S. 901-908.

Bock, Kenneth E., »The Comparative Method of Anthropology«, in: *Comparative Studies in Society and History* 8 (1966), S. 269-280.

Brather, Sebastian, *Ethnische Interpretationen in der frühgeschichtlichen Archäologie. Geschichte, Grundlagen und Alternativen*, Berlin: Walter de Gruyter, 2004.

Diamond, Jared M., *Kollaps. Warum Gesellschaften überleben oder untergehen*, Frankfurt/M.: Fischer, 2005.

Dux, Günter, *Kulturvergleich als Methode historischen Verstehens*, ⟨www.

soziologie.uni-freiburg.de/Personen/dux/china.htm⟩, letzter Zugriff 5.2.2013.

Elias, Norbert, *Über den Prozess der Zivilisation*, Bern: Francke, 1969. (Originalausgabe: 1939.)

Evans-Pritchard, Edward E., »The Comparative Method in Social Anthropology«, in: *L. T. Hobhouse Memorial Trust Lecture* 33 (1963), S. 3-30.

Fox, Richard G., Gingrich, André, »Introduction«, in: Richard G. Fox, André Gingrich (Hg.), *Anthropology, by Comparison,* London: Routledge, 2002, S. 1-24.

Hauser-Schäublin, Brigitta, »Blick zurück im Zorn: Ethnologie als Kulturkritik«, in: *Zeitschrift für Ethnologie* 122 (1996), S. 2-17.

Kaelble, Hartmut, *Der historische Vergleich. Eine Einführung zum 19. und 20. Jahrhundert*, Frankfurt/M.: Campus, 1999.

Mace, Ruth, Pagel, Mark, »The Comparative Method in Anthropology«, in: *Current Anthropology* 35 (1994), S. 549-564.

Matthes, Joachim, »The Operation called ›Vergleichen‹«, in: Joachim Matthes (Hg.), *Zwischen den Kulturen? Die Sozialwissenschaften vor dem Problem des Kulturvergleichs*, Göttingen: Schwartz, 1992, S. 75-102.

Moore, Sally F., »Comparisons: Possible and Impossible«, in: *Annual Review of Anthropology*, 34 (2005), S. 1-11.

Murdock, George P., *Outline of Culture Materials*, New Haven: Human Relations Area Files, 1982. (Originalausgabe: New Haven: Yale University, 1938.)

Osterhammel, Jürgen, »Die Vielfalt der Kulturen und die Methoden des Kulturvergleichs«, in: Friedrich Jaeger, Jürgen Straub (Hg.), *Handbuch der Kulturwissenschaften*, Bd. 2, *Paradigmen und Disziplinen*, Stuttgart: Metzler, 2004, S. 50-68.

Reckwitz, Andreas, »Kulturelle Differenzen aus praxeologischer Perspektive: Kulturelle Globalisierung jenseits von Modernisierungstheorie und Kulturessentialismus«, in: Ilja Srubar, Joachim Renn, Ulrich Wenzel (Hg.): *Kulturen vergleichen. Sozial- und kulturwissenschaftliche Grundlagen und Kontroversen*, Wiesbaden: VS Verlag für Sozialwissenschaften, (2005)S. 92-111.

Schweizer, Thomas, *Methodenprobleme des interkulturellen Vergleichs. Probleme, Lösungsversuche, exemplarische Anwendung*, Köln: Böhlau, 1978.

Schweizer, Thomas, »The Cultural Use of Things: Consumption in Rural Java«, in: *Indonesia Circle* 63 (1993a), S. 3-20.

Schweizer, Thomas, »The Dual Ordering of Actors and Possessions«, in: *Current Anthropology* 34 (1993b), S. 469-483.

Schweizer, Thomas, »Besitzstrukturen: Eine vergleichende Analyse«, in: *Archiv für Völkerkunde* 51 (2000), S. 59-93.

Tenbruck, Friedrich H., »Was war der Kulturvergleich, ehe es den Kulturvergleich gab?«, in: Joachim Matthes (Hg.), *Zwischen den Kulturen? Die Sozialwissenschaften vor dem Problem des Kulturvergleichs*, Göttingen: Schwartz, 1992, S. 13-36.

Veer, Peter van der, »The Value of Comparison«, in: *The Newsletter* 54 (2010), S. 19.

Waldenfels, Bernhard, »Eigenkultur und Fremdkultur. Das Paradox einer Wissenschaft vom Fremden«, in: *Studia Culturologica* 3 (1994), S. 7-26.

Welz, Gisela, »Ethnology«, in: Neil J. Smelser, Paul B. Baltes (Hg.), *International Encyclopedia of the Social & Behavioral Sciences*, Oxford: Pergamon, 2001, S. 4862-4865.

Wiley, Andrea S., Katz, Salomon H., »Geophagy in Pregnancy: A Test of a Hypothesis«, in: *Current Anthropology* 39 (1998), S. 532-545.

Kapitel 9

Bargatzky, Thomas, »Introduction«, in: Thomas Bargatzky, Rolf Kuschel (Hg.), *The Invention of Nature*, Frankfurt/M.: Peter Lang, 1994, S. 9-25.

Berg, Eberhard und Martin Fuchs (Hg.), *Kultur, soziale Praxis, Text: die Krise der ethnographischen Repräsentation*, Frankfurt/M.: Suhrkamp, 1993.

Clifford, James, Marcus, George E. (Hg.), *Writing Culture: the Poetics and Politics of Ethnography*, Berkeley: University of California, 1986.

Clifford, James, »Über ethnographische Autorität«, in: Eberhard Berg, Martin Fuchs (Hg.), *Kultur, soziale Praxis, Text: die Krise der ethnographischen Repräsentation*, Frankfurt/M.: Suhrkamp, 1993, S. 109-157. (Originalausgabe: »On Ethnographic Authority«, in: James Clifford (Hg.), *The Predicament of Culture: Twentieth-Century Ethnography*, Cambridge: Harvard University, 1988, S. 21-54).

Clifford, James, »Über ethnographische Selbststilisierung: Conrad und Malinowski«, in: Doris Bachmann-Medick (Hg.), *Kultur als Text. Die anthropologische Wende in der Literaturwissenschaft*, Frankfurt/M.: Fischer, 1996, S. 194-225. (Originalausgabe: »On Ethnographic Self-Fashioning: Conrad and Malinowski«; in: Thomas C. Heller, Morton Sosna, David Wellbury (Hg.) (1986): *Reconstructing Individualism*, Stanford, S. 140-163.)

Derrida, Jacques, *Grammatologie*, Frankfurt/M.: Suhrkamp, 1974. (Originalausgabe: *De la grammatologie*, Paris: Ed. de Minuit, 1967.)

Foucault, Michel, *Die Ordnung des Diskurses. Inauguralvorlesung am Collège de France*, Frankfurt/M.: Fischer, 1974. (Originalausgabe: *L'ordre du discours*, Paris: Gallimard, 1971.)

Geertz, Clifford, »Under the Mosquito Net«, in: *The New York Review of Books* 9 (1967), S. 11-12.

Geertz, Clifford, *The Interpretation of Cultures, Selected Essays*, New York: Basic, 1973.

Geertz, Clifford, »Dichte Beschreibung. Bemerkungen zu einer deutenden Theorie von Kultur«, in: Clifford Geertz (Hg.), *Dichte Beschreibung. Beiträge zum Verstehen kultureller Symbolik*, Frankfurt/M.: Suhrkamp, 1983, S. 7-43. (Originalausgabe: »Thick Description. Toward an Interpretative Theory of Culture«, in C. Geertz: *The Interpretation of Cultures. Selected Essays*, S. 3-30, New York: Basic Books, 1973.)

Geertz, Clifford, *Die künstlichen Wilden. Anthropologen als Schriftsteller*, München: Hanser, 1990. (Originalausgabe: *Works and Lives. The Anthropologist as Author*, Stanford: University Press, 1988.)

Geertz, Clifford, »An Inconstant Profession: The Anthropological Life in Interesting Times«, in: *Annual Review of Anthropology* 31 (2002), S. 1-19.

Gottowik, Volker, *Konstruktionen des Anderen – Clifford Geertz und die Krise der ethnographischen Repräsentation*, Berlin: Reimer, 1997.

Gottowik, Volker, »Clifford Geertz in der Kritik. Ein Versuch, seinen Hahnenkampf-Essay ›aus der Perspektive der Einheimischen‹ zu verstehen«, in: *Anthropos* 99 (2004), S. 207-214.

Hobsbawm, Eric, Ranger, Terence (Hg.), *The Invention of Tradition*, Cambridge: University of Cambridge, 1983.

Kuklick, Henrika, »After Ishmael. The Fieldwork Tradition and its Future«, in: Akhil Gupta, James Ferguson (Hg.), *Anthropological Locations*, Berkeley: University of California, 1997, S. 47-65.

Lassiter, Luke E., *The Chicago Guide to Collaborative Ethnography*, Chicago: University of Chicago, 2005.

Malinowski, Bronislaw, *Ein Tagebuch im strikten Sinn des Wortes. Neuguinea 1914-1918.* Frankfurt/M.: Syndikat, 1985. (Originalausgabe: *A Diary in the Strict Sense of the Term*, London: Routledge, 1967.)

Morris, Rosalind C., »Legacies of Derrida: Anthropology«, in: *Annual Review of Anthropology* 36 (2007), S. 355-389.

Mosko, Mark S., »Inalienable Ethnography: Keeping-While-Giving and the Trobriand Case«, in: *Journal of the Royal Anthropological Institute* N. S. 6 (2000), S. 377-397.

Said, Edward W., *Orientalismus*, Frankfurt/M.: Fischer, 2009 (Originalausgabe: *Orientalism,* London: Routledge, 1978.)

Stagl, Justin, »Die Beschreibung des Fremden in der Wissenschaft«, in: Hans Peter Duerr (Hg.), *Der Wissenschaftler und das Irrationale*, Bd. 2, *Beiträge aus Ethnologie und Anthropologie*, Frankfurt/M.: Syndikat, 1985, S. 96-118.

Tyler, Stephen A., *Das Unaussprechliche. Ethnographie, Diskurs und Rhetorik in der postmodernen Welt*, München: Trickster, 1991. (Originalausgabe: *The Unspeakable. Discourse, Dialogue, and Rhetoric*, Madison, Wisc. u. a.: Univ. of Wisconsin Press, 1987.)

Wagner, Roy, *The Invention of Culture,* Chicago: University of Chicago, 1975.
Weiner, Annette B., *Women of Value, Men of Renown: New Perspectives in Trobriand Exchange*, Austin: University of Texas, 1976.

Kapitel 10

Bayart, Jean-François, »The Paradoxical Invention of Economic Modernity«, in: Arjun Appadurai (Hg.), *Globalization*, Durham: Duke University, 2001, S. 22-51.
Böhme, Hartmut, »Aby M. Warburg (1866-1929)«, in: Axel Michaels (Hg.), *Klassiker der Religionswissenschaft. Von Friedrich Schleiermacher bis Mircea Eliade*, München: Beck, 1997, S. 133-156.
Comaroff, John L. und Jean Comaroff, *Modernity and its Malcontents. Ritual and Power in Postcolonial Africa*, Chicago: University of Chicago, 1993.
Eisenstadt, Samuel N., *Die Antinomien der Moderne. Die jakobinischen Grundzüge der Moderne und des Fundamentalismus. Heterodoxien, Utopismus und Jakobinismus in der Konstitution fundamentalistischer Bewegungen*, Frankfurt/M.: Suhrkamp, 1998.
Englund, Harri, Leach, James, »Ethnography and the Meta-Narratives of Modernity«, in: *Current Anthropology* 41 (2000), S. 225-248.
Englund, Harri, »Ethnography after Globalism: Migration and Emplacement in Malawi«, in: *American Ethnologist* 29 (2002), S. 261-286.
Ferguson, James, *Expectations of Modernity. Myths and Meanings of Urban Life on the Zambian Copperbelt*, Los Angeles: University of California, 1999.
Ferguson, James: »Decomposing Modernity: History and Hierarchy after Development«, in: Ania Loomba (Hg.), *Postcolonial Studies and Beyond*, Durham: Duke University, 2005, S. 162-187.
Fourie, Elsje, »A Future for the Theory of Multiple Modernities: Insights from the New Modernization Theory«, in: *Social Science Information* 51 (2012), S. 52-69.
Friedman, Jonathan, »Modernity and Other Traditions«, in: Bruce M. Knauft (Hg.), *Critically Modern: Alternatives, Alterities, Anthropologies*, Bloomington: Indiana University, 2002, S. 287-313.
Gaonkar, Dilip P., »On Alternative Modernities«, in: *Public Culture* 11 (1999), S. 1-18.
Geschiere, Peter, »Kinship, Witchcraft and ›the Market‹«, in: Roy Dilley (Hg.), *Contesting Markets. Analyses of Ideology, Discourse, and Practice,* Edinburgh: Edinburgh University, 1992, S. 159-179.
Geschiere, Pete, *The Modernity of Witchcraft. Politics and the Occult in Post-*

colonial Africa, Charlottesville: University of Virginia, 1997. (Originalausgabe: *Sorcellerie et Politique en Afrique – La viande des autres*, Paris: Karthala, 1995.)

Harnischfeger, Johannes, »Unverdienter Reichtum: Über Hexerei und Ritualmorde in Nigeria«, *Sociologus* N. F. 47 (1997), S. 129-156.

Karlström, Mikael, »Modernity and its Aspirants. Moral Community and Developmental Eutopianism in Buganda«, in: *Current Anthropology* 45 (2004), S. 595-619.

Kneer, Georg, Nassehi, Armin, *Niklas Luhmanns Theorie sozialer Systeme*, München: Fink, 1993.

Lerner, Daniel, *The Passing of Traditional Society. Modernizing the Middle East*, Glencoe: Free Press, 1958.

Loo, Hans van der, Reijen, Willem van (Hg.), *Modernisierung. Projekt und Paradox*, München: dtv, 1992.

Masquelier, Adeline, »Narratives of Power, Images of Wealth. The Ritual Economy of *Bori* in the Market«, in: Jean Comaroff, John L. Comaroff (Hg.), *Modernity and its Malcontents. Ritual and Power in Postcolonial Africa*, Chicago: University of Chicago, 1993, S. 3-33.

Meyer, Birgit, »Pentecostalism and Neo-Liberal Capitalism: Faith, Prosperity and Vision in African Pentecostal- Charismatic Churches«, in: *Journal for the Study of Religion* 20 (2007), S. 5-28.

Nanda, Meera, »We are All Hybrids Now: The Dangerous Epistemology of Post-Colonial Populism«, in: *Journal of Peasant Studies* 28 (2001), S. 162-186.

Nyamnjoh, Francis B., »Delusions of Development and the Enrichment of Witchcraft Dicourses in Cameroon«, in: Henrietta L. Moore, Todd Sanders (Hg.), *Magical Interpretations, Material Realities. Modernity, Witchcraft and the Occult in Postcolonial Africa*, London: Routledge, 2001, S. 28-49.

Randeria, Shalini, »Entangled Histories of Uneven Modernities«, in: Yehudia Elkana (Hg.), *Unraveling Ties – From Social Cohesion to New Practices of Connectedness*, Frankfurt/M.: Campus, 2002, S. 284-311.

Randeria, Shalini, »Global Designs and Local Lifeworlds. Colonial Legacies of Conservation, Disenfranchisement and Environmental Governance in Postcolonial India«, in: *Interventions* 9 (2007), S. 12-30.

Rüschemeyer, Dietrich, »Partielle Modernisierung«, in: Wolfgang Zapf (Hg.), *Theorien des sozialen Wandels*, Köln: Kiepenheuer & Witsch, 1969, S. 382-396.

Rutherford, Blair, »To Find an African Witch. Anthropology, Modernity, and Witch-Finding in North-West Zimbabwe«, in: *Critique of Anthropology* 19 (1999), S. 89-109.

Sanders, Todd, »Reconsidering Witchcraft: Postcolonial Africa and

Analytic (Un)Certainties«, in: *American Anthropologist* 105 (2003), S. 338-352.

Schiffauer, Werner, »Der *Cultural Turn* in der Ethnologie und der Kulturanthropologie«, in: Friedrich Jaeger, Jürgen Straub (Hg.), *Handbuch der Kulturwissenschaften*, Bd. 2, *Paradigmen und Disziplinen*, Stuttgart: Metzler, 2004, S. 502-517.

Schwinn, Thomas, »Multiple Modernities: Konkurrierende Thesen und offene Fragen. Ein Literaturbericht in konstruktiver Absicht«, in: *Zeitschrift für Soziologie* 38 (2009), S. 454-476.

Stauth, Georg, *Authentizität und kulturelle Globalisierung. Paradoxien kulturübergreifender Gesellschaft*, Bielefeld: Transcript, 1999.

Wagner, Peter, *Soziologie der Moderne. Freiheit und Disziplin*, Frankfurt/M.: Campus, 1995.

Wagner, Peter, »The Resistance that Modernity Constantly Provokes. Europe, America and Social Theory«, in: *Thesis Eleven* 58 (1999), S. 35-58.

Warburg, Aby, *Schlangenritual. Ein Reisebericht*, Berlin: Wagenbach, 1988. (Originalausgabe: *A Lecture on Serpent Ritual*, in: Journal of the Warburg Institute 2, 1938, S. 222-292.)

Weber, Max, *Schriften zur Religionssoziologie. Die protestantische Ethik und der Geist des Kapitalismus*, Tübingen: Mohr, 1920.

Zapf, Wolfgang, »Die Modernisierungstheorie und unterschiedliche Pfade der gesellschaftlichen Entwicklung«, in: *Leviathan* 24 (1996), S. 63-77.

Weitere Materialien zu dieser Einführung finden Sie auf der Webite: ⟨www.ethnologie-einfuehrung.de⟩

Claude Lévi-Strauss
im Suhrkamp Verlag

Die andere Seite des Mondes. Schriften über Japan. Übersetzt von Eva Moldenhauer. Mit zehn Abbildungen. Gebunden. 175 Seiten

Anthropologie in der modernen Welt. Übersetzt von Eva Moldenhauer. 148 Seiten. Gebunden

Der Blick aus der Ferne. Mit einem Bildteil von Anita Albus. Aus dem Französischen von Hans-Horst Henschen und Joseph Vogl. stw 1893. 429 Seiten

Die elementaren Strukturen der Verwandtschaft. Übersetzt von Eva Moldenhauer. stw 1044. 720 Seiten

Das Ende des Totemismus. Übersetzt von Hans Naumann. es 128. 141 Seiten

Die Luchsgeschichte. Zwillingsmythologie in der Neuen Welt. Übersetzt von Hans-Horst Henschen. stw 1686. 296 Seiten

Mythologica I. Das Rohe und das Gekochte. Übersetzt von Eva Moldenhauer. stw 167. 492 Seiten

Mythologica II. Von Honig zur Asche. Übersetzt von Eva Moldenhauer. stw 168. 567 Seiten

Mythologica III. Der Ursprung der Tischsitten. Übersetzt von Eva Moldenhauer. stw 169. 601 Seiten

Mythologica I-IV. Der nackte Mensch. Übersetzt von Eva Moldenhauer. stw 170. 885 Seiten

NF 149/1/8.12

Mythos und Bedeutung. Fünf Radiovorträge. Gespräche mit Claude Lévi-Strauss. Herausgegeben von Adelbert Reif. es 1027. 283 Seiten

Sehen, Hören, Lesen. Übersetzt von Hans-Horst Henschen. stw. 1661. 184 Seiten

Strukturale Anthropologie I. Übersetzt von Hans Naumann. Mit Bildtafeln. stw 226. 453 Seiten

Strukturale Anthropologie II. Übersetzt von Eva Moldenhauer, Hans Henning Ritter und Traugott König. stw 1006. 426 Seiten

Traurige Tropen. Übersetzt von Eva Moldenhauer. Mit einem Bildteil. stw 240. 424 Seiten

Der Weg der Masken. Übersetzt von Eva Moldenhauer. Mit zahlreichen, teils farbigen Abbildungen. stw 1685. 150 Seiten

Das wilde Denken. Übersetzt von Hans Naumann. Mit Illustrationen. stw 14. 352 Seiten

Zu Claude Lévi-Strauss

Wirkungen des wilden Denkens. Zur strukturalen Anthropologie von Claude Lévi-Strauss. Herausgegeben von Michael Kauppert und Dorett Funcke. stw 1892. 446 Seiten

NF 149/2/8.12

Kulturgeschichte im Suhrkamp Verlag Eine Auswahl

Peter Burke. Was ist Kulturgeschichte? Aus dem Englischen von Michael Bischoff. 204 Seiten. Gebunden

Lorraine Daston/Peter Galison. Objektivtität. 531 Seiten. Gebunden

Uta Gerhardt. Soziologie der Stunde Null. Zur Gesellschaftskonzeption des amerikanischen Besatzungsregimes in Deutschland 1944-1945/1946. stw 1768. 457 Seiten

Michael Giesecke. Der Buchdruck in der frühen Neuzeit. Eine historische Fallstudie über die Durchsetzung neuer Informations- und Kommunikationstechnologien. stw 1357. 960 Seiten

Michael Giesecke. Von den Mythen der Buchkultur zu den Visionen der Informationsgesellschaft. Trendfroschungen zur kulturellem Medienökologie. Mit einer CD-Rom mit dem Text des Buches sowie weiteren Aufsätzen und Materialien. stw 1543. 458 Seiten

Raphael Gross. Carl Schmitt und die Juden. Eine deutsche Rechtslehre. Gebunden und stw 1754. 459 Seiten

Hans Ulrich Gumbrecht. 1926 – Ein Jahr am Rand der Zeit. stw 1655. 560 Seiten

Menschenversuche. Eine Anthologie. Herausgegeben von Birgit Griesecke, Marcus Krause, Katja Sabisch und Nicolas Pethes. stw 1850. 779 Seiten

NF 161/1/4.08

Paul Martin Neurath. Die Gesellschaft des Terrors. Innenansichten der Konzentrationslager Dachau und Buchenwald. 462 Seiten. Gebunden

Adriano Prosperi. Die Gabe der Seele. Geschichte eines Kindsmords. 516 Seiten. Gebunden

Philipp Sarasin. Reizbare Maschinen. Eine Geschichte des Körpers 1765-1914. stw 1524. 512 Seiten

Georg Simmel

- Briefe 1880-1911. Gebunden und stw 822. 1094 Seiten
- Briefe 1912-1918, Jugendbriefe. Gebunden und stw 823. 1241 Seiten

Die Transformation des Humanen. Beiträge zur Kulturgeschichte der Kybernetik. Herausgegeben von Michael Hagner und Erich Hörl. stw 1848. 450 Seiten

NF 161/2/4.08

Pierre Bourdieu
im Suhrkamp Verlag

Schriften zur Kultursoziologie. Band 13: Religion. Herausgegeben von Franz Schultheis und Stephan Egger. Übersetzt von Andreas Pfeuffer, Hella Beister und Bernd Schwibs. stw 1975. 278 Seiten

Algerische Skizzen. Übersetzt von Andreas Pfeuffer, Achim Russer, Bernd Schwibs u. a. 523 Seiten. Gebunden

Entwurf einer Theorie der Praxis. Übersetzt von Cordula Pialoux und Bernd Schwibs. Mit Abbildungen. stw 291. 493 Seiten

Ein soziologischer Selbstversuch. Übersetzt von Stephan Egger. Mit einem Nachwort von Franz Schultheis. es 2311. 151 Seiten

Die feinen Unterschiede. Kritik der gesellschaftlichen Urteilskraft. Übersetzt von Bernd Schwibs und Achim Russer. Gebunden und stw 658. 910 Seiten

Homo academicus. Übersetzt von Bernd Schwibs. Gebunden, kartoniert und stw 1002. 455 Seiten

Die männliche Herrschaft. Übersetzt von Jürgen Bolder. 211 Seiten. Gebunden

Meditationen. Zur Kritik der scholastischen Vernunft. Übersetzt von Achim Russer. Gebunden und stw 1695. 335 Seiten

Praktische Vernunft. Zur Theorie des Handelns. Übersetzt von Hella Beister. es 1985. 226 Seiten

NF 147/1/02.12

Rede und Antwort. Übersetzt von Bernd Schwibs. es 1547. 237 Seiten

Die Regeln der Kunst. Genese und Struktur des literarischen Feldes. Übersetzt von Bernd Schwibs und Achim Russer. stw 1539. 552 Seiten

Sozialer Sinn. Kritik der theoretischen Vernunft. Übersetzt von Günther Seib. stw 1066. 503 Seiten

Soziologische Fragen. Übersetzt von Hella Beister und Bernd Schwibs. es 1872. 256 Seiten

Zur Soziologie der symbolischen Formen. Übersetzt von Wolfgang Fietkau. stw 107. 201 Seiten

Reflexive Anthropologie. Mit Loïc J. D. Wacquant. Übersetzt von Hella Beister. stw 1793. 351 Seiten

Zu Pierre Bourdieu

Bourdieu und Luhmann. Ein Theorienvergleich. Herausgegeben von Armin Nassehi und Gerd Nollmann. stw 1696. 350 Seiten

Pierre Bourdieu: Deutsch-französische Perspektiven. Herausgegeben von Catherine Colliot-Thélène, Etienne François und Gunter Gebauer. stw 1752. 329 Seiten

Soziologie ist ein Kampfsport. Pierre Bourdieu im Portrait. Von Pierre Carles. fes 5. DVD, OmU, 140 min.

NF 147/2/02.12